はじめに

一九二四年一月一日付けの「消息一通」で、当時のドイツ哲学界を留学先マールブルクから『思想』三月号に紹介した三木清は、精神科学の基礎づけの問題に関して、次のように語っている。

「科学の学的性質を明証の伴ふ普遍妥当性として規定し、その根拠を求めてゆくと言ふ形式的な方法は、ある種の科学にとってはその本質的な特性を毀すことになり、それが自然に成育してゆく形態を曲げることになりはしないかと私は疑ふのです」。

三木は当時、精神科学の基礎づけはこれまで試みられてきたのとは全く別の方法によって新しく始められなければならないことを自覚していた。彼のこの疑念は、まさしくディルタイの精神科学の方法論的基礎づけの基点(Motiv)だったのである。

ディルタイは所与の個別的な現象を一定の概念のもとに統一し、そして一定の仮説、特に因果律を媒介して個別的な連関を構成する自然科学に対して、精神的世界の独自性を擁護した。ディルタイの生の哲学と精神科学的方法は、彼の弟子たち、フリッシュアイゼン＝ケーラー、ノール、シュプランガーの哲学的・教育学的思惟に大きな影響を及ぼし、それが一般に「精神科学的教育学」と呼称されているような、二〇世紀初頭のドイツ教育学の大きな流れを形づくっていったのである。後にリットが加わり、やや遅れてノールの弟子W・フリットナーとヴェーニガーがこの学派に加わった。この間の動向・消息に関しては、小笠原道雄編著『精神科学的教育学の研究』（玉川大学出版部、一九九九年）の序および第一部、さらにはボルノウの「精神科学的教育学」（H・レールス、H・ショイアール編（天野正治他訳）『現代ドイツ教育学の潮流』玉川大学出版部、一九九二年所収）に詳しく語られている。

一九世紀からの教育学的課題は、教育学の自律性をめざして、教育学を哲学や神学への隷属から解放し、科学の世界においてその決定的な市民権を獲得することであった。すでに、ヘルバルトは教育学を倫理学と心理学とによって基礎づけ、科学的教育学の礎を築いた。しかしその場合、ヘルバルトは教育学全体を教育の目的から演繹しようとした。このヘルバルト教育学体系の批判的克服として現われたのが、モイマンの「実験教育学」であり、ナトルプの「社会的教育学」であり、ディルタイの「生の哲学」「精神科学的教育学」である。従って、二〇世紀初頭におけるドイツ教育学の歴史は、ある意味で一九世紀の教育学的遺産との対決ないし批判として綴られるであろう。その対決ないし批判の仕方の相違によって、種々の潮流が生ずるのである。これらの潮流のなかで、ディルタイの流れをくむ精神科学的教育学は、一九二〇年代のドイツ教育学界の中心的役割を果たし、その相貌を作りあげたのであった。

本書で取り上げた人物のなかで、フリッシュアイゼン＝ケーラーは、一般的な教育学説史においては、精神科学的教育学派のなかに正しく位置づけて論じられていることは珍しい。名前があがっていたとしても、それは中心的な位置づけではない。そのことは、八〇歳以上の長命を保ち多くの業績と弟子たちを産出し、二〇世紀初頭のドイツ教育学の主流を形成したノール、リット、シュプランガーに比べて、四五歳の若さで夭折したフリッシュアイゼン＝ケーラーには、それに相当するものがないからかも知れない。しかし、ラサーンも評価しているように、彼は「ディルタイ学派の哲学的思想を教育学的に省察した最初の人」(小笠原編著、前掲書)だったとすれば、それは遺憾なことといわざるを得ない。前にあげた精神科学的教育学派の三巨匠のように、もし彼が長命を保つことができていたならば、ドイツの哲学や教育学に多大な貢献をしたであろうことは推測に難くない。たとえそれが「トルソー」(torso)に終わっているとしても、彼の教育学理論をここに取り上げその思惟構造を分析・解明することは、これまで精神科学的教育学において看過されていた部分に光りをあてることになり十分意味のあることだと考える。

本書の本論は便宜上二部構成にした。その分類は厳密な「くくり」ではない。第一部は、「二〇世紀初頭ドイツ教育学の系譜と課題」として、生の哲学およびその教育学的展開である精神科学的教育学の系譜と課題を論じている。そこでは、「教育学の自律性」と「教育的関係論」が主なテーマになっている。精神科学的教育学、とりわけノールの教育学は改革教育運動の教育学的理論化として展開したといわれている。二〇世紀初頭のドイツ教育学は、改革教育運動と教育学の学問的形成とのからみ、その展開のダイナミズムとして描き出すことができるだろう。シュプランガーの「覚醒」論は、第二次世界大戦後の思想展開であり、ここに入れることには問題があるかも知れない。しかしこの問題提起によって、精神科学的教育学の輪郭が明らかになるのではないだろうか。

第二部は、「二〇世紀初頭ドイツ教育学の方法問題」として、ドイツ教育学の方法問題を、哲学と教育学、教育学と心理学(実験心理学)との関係において論じている。当時、勃興しつつあった自然科学的実証主義的潮流に抗して、精神科学としての教育学の独自性を擁護しようとしたフリシュアイゼン＝ケーラーの学理論的方法論的立場を明らかにした。また同時に、経験と思弁の問題、歴史と体系の問題を、教育哲学の方法論的課題として取り上げ、体系的教育学(教育学の体系性)への可能性を検討したのである。

これらの論稿は、それぞれの教育学理論の単なる「祖述」に終わって研究といえるものではないかもしれない。また、教育思想史学会が行っているように、これらの教育学理論を近代の産物として相対化しその歴史的・社会的被制約性を暴き、教育学を新たに再構築することは企図しなかった。それは、今後の課題としたい。

ところで、本書で「現代」とは、教育史家が厳密に時代を画するような意味での「現代」ではない。いくらか緩やかな用語法である。これまでの論述から明らかなように、それは、「二〇世紀初頭」といいかえたほうが適切であるかもしれない。ただこのような方便を選んだのは、表題を簡潔に表したかったからである。

最後になって恐縮であるが、本書の出版もまた東信堂にお世話になることになった。この出版をこころよくお引き受けくださった社長・下田勝司氏に深く感謝申し上げたい。

平成一八年二月

林　忠　幸

現代ドイツ教育学の思惟構造／目次

現代ドイツ教育学の思惟構造

第一部　二〇世紀初頭ドイツ教育学の系譜と課題

第一章　生の哲学と教育学

第一節　生の哲学の勃興―その精神史的背景―

一　生の哲学

「生の哲学」とは、理性の哲学あるいは精神の哲学である「学の哲学」に対立して起った哲学の一つの立場である。それは、一般的には生活・生命・人生に関する哲学の総称であるが、ここではヘーゲル哲学に代表されるドイツ観念論哲学の理性主義・主知主義に反対したショーペンハウアー(Schopenhauer, A.)とニーチェ(Nietzsche, F., 1844–1900)を先駆者とし、二〇世紀初頭より有力になった現代哲学の一潮流のことであり、その代表者はディルタイ(Dilthey, W., 1833–1911)、ジンメル(Simmel, G.)、ベルグソン(Bergson, H.)などである。

この「生の哲学」という概念は、一八二七年シュレーゲル(Schlegel, F.)が「内的な生の経験」という意味で、ヘーゲル(Hegel, G. W. F.)の精神の哲学に対するものとして最初に用いた、といわれている。その後、この意味はさまざまに変化した。しかし、生の哲学が合理的なもの・理性的なものに対する不信から生まれたものであることには変りない。高坂正顕が語っているように、「合理的・理性的なるものへの反発、抗議、不信更に否定、従って逆に非合理的なるもの、衝動的なるもの―要するに生と呼ばれるもの―への憧憬、復帰、信頼こそ、広く生の哲学の特徴をなすのである」[1]。

ところで、このような思潮はいつごろから、どのようにして起ったのであろうか。われわれは、それをルソー(Rousseau, J. J.)の文化批判にまでさかのぼることができるであろう。

二　自然に還れ

ルソーが文化に対して投げかけた最初の判決は、「自然に還れ」ということであった。彼はこの宣言によってなんら逆行を望んだのではなく、文化の健全化と若返りを望み、すでに耐え難きものとなっていた束縛から本源的な人間性を解放しようと望んだのであった。

ルソーは過飽和した文明であるボンパドゥル時代のロココ風(ポンパドゥル夫人がルイ一五世時代に流行させた様式にみられるように、繊細で複雑な飾りを多く用いた華麗な曲線模様を特色とする)の社交的人間に滅亡の兆しがはっきり現われていると抗議し、真に道徳性を高めうるのは、科学や文明を生み出した悟性ではなく、自己のうちにある根源的な自然の質朴さと純粋さとにめざめた人間だけである、と考えた(『学問芸術論』一七五〇年)。まだ永久に失われてしまったわけではなく、やがて帰ってきていつかは真実になるであろうという希望をもってわれわれの心をはずませるもの、それはシュプランガー(Spranger, Ed.)が『文化と教育』のなかで描いているように、「活気にみちた自由と軽快さとが私たちの心を燃え立たせた過去の歳月、私たちの軽快な気分で遍歴し歩いたあの太陽の輝き渡る風景、明朗な生のよろこびと心の平和とにみちた世界、素朴な深い感覚と幸福の予感にみちた世界」である。「手枷足枷に束縛された現実の像がたまたま私たちの眼から消え去り、それに代わって愛すべき夢の像が魂の深底から立ち現われてくることがある」[2]

という、まさにその像なのである。

現代のように、作られた人為的な世界に住んでいると、人はかかる素朴な自然の世界に憧れるものである。技術的な発展と経済的な繁栄によって外面的には高度になった現代の生活は、逆に人間の内面的な現存在をその深奥において脅かし、破壊し始めた。外面的な利益は内面的な重圧へと転化したのである。人はこのような文明化され、反自然化された世界の無味乾燥さに耐えきれなくなって、人為的秩序に対して自然的秩序を、人為性に対して自然性を呼び求める。かかる憧憬を、ルソーは「自然に還れ」と集約的に表現したのではなかったろうか。

外面化し、硬直化した文化に対する批判は、あらゆる生の哲学の不変の基盤であった。その端緒を、われわれはいまルソーにみたのである。ルソーのこの問題意識を新しい情熱をもってとらえたのは、「疾風怒濤時代」の若い世代であった。

三　疾風怒濤の時代

生の哲学の思想的源流をドイツの精神史のなかに求めるとすれば、われわれはそれをボルノウ(Bollnow, O. F.)とともに、一八世紀のヘルダー(Herder, J. G.)、ゲーテ(Goethe, J. W.)、ヤコープ(Jakob, F.)などの若い世代の、いわゆる疾風怒濤の時代に見出すことができるであろう。ボルノウはこの時代の特徴について次のように述べている。

「社会的な慣習は、彼らには自由な人間活動のブレーキであり、支配的な道徳のきまりは、独自の法則にむかって展開する生命の抑圧にすぎず、外面的に身につけた知識は、すべて空虚なものに見えた。彼らは独自な体験によって現実を知ろうとした。生の喜びも苦痛も、明るい面も暗い面も、自分で体験しようとした。生命の充実した体験をとらえるには、知性ではそれは不可能であり、感情がすべてであるように思われた。生命がこうして新しい態度の根本概念になった」[3]。

既存の確立された秩序や形式である慣習・道徳・知識は、ここでは人間にとってネガティブな性質しかもたず、新たに積極的なものとして、体験や感情や生命が脚光を浴びてくる。疾風怒涛時代の若い世代にとって、生とは外面的な生活条件ではなく、人間の内的本性と関係のある根源的本性のことであった。

以上述べてきたように、生の哲学の思想的端緒は、ボルノウが指摘しているように、常に革新的な精神運動とともに現われた。そして、「文化批判」と「非合理主義」とは、生の哲学の不可分の随伴現象として展開したのである。

四　ニーチェとディルタイ

固有の意味での生の哲学も、一九世紀の無味乾燥な思考に反対して起った運動である。ニーチェとディルタイとはその代表者であった。ボルノウによれば、彼らによって初めて「これまで文学的形態をもった生の概念が、真の哲学の形に凝縮された」[4]のである。しかし、この二人は対照的な思想家であった。

ニーチェは、生をデモーニッシュな創造とし、「権力への意志」を主張した。当時のドイツ文化は、人びとに類型的な思考をおしつけ、浅薄な人間を作り出していた。そのようにして作り出された、いわゆる「教養俗物」(Bildungsphilister)のうちに、ニーチェは人間の頽廃をみたのである。彼はまた、キリスト教倫理を「奴隷道徳」として批判した。それはニーチェにとって、生を阻止し下降させるものでしかなかったのである。そこで彼は、旧来の一切の価値の転倒を企てる[5]。

「神は死んだ!」とニーチェは宣言し、「超人」(Übermensch)の思想を説く。超人とは、権力への意志、すなわちより強い、より高い生への意志を真に体得した人間の典型である。このような超人はいまだかつて歴史に存在したことはなかった。「超人への道は、単独者、例外者の道であり、即ち実存の道である」[6]。このように、ニーチェの生の哲学は実存的・革命的性格をおびている。それに対して、ディルタイのそれは静的である。というのは、ディルタイの問題意識は生を学問的に把握することにあったからである。ニーチェが「生きている生」を強調するあまり、科学的精神から離れてしまって客観性を失う傾向にあったのに対して、ディルタイは生の表現、生の形式としての歴史や文化の理解を通じて生をとらえようとする。ディルタイは語っている。「私の哲学的思惟におけ支配的な衝動は、生を生そのものから理解しようとすることであった」[7]と。この前提に立って、ディルタイは精神科学の認識論的基礎づけを企てたのであった。

以上述べたことから、生の哲学の二つの性格が取り出される。それはニーチェの情熱的・革命的性格とディルタイの静的・科学的性格である。そしてこの二つの性格は、後に述べるように、二〇世紀初頭の教育学的思潮と運動の展開のなかで、ある場合にはそれぞれ独立して、ある場合には互いに交渉し合って、その様相を規定したのである。

第二節　ディルタイの精神科学とその方法

この節ではまず、二〇世紀初頭のドイツにおける教育学的理論形成にとってきわめて重要な意味をもつディルタイの精神科学的方法論について触れておきたい。

一　精神科学の立場

一七世紀以来の自然科学の勃興、その技術化による自然界の支配と利用の拡大、それに伴う自然科学・技術に対する礼讃と傾倒とは、人々をして不当にもこの方法をそのまま精神的世界へもちこませた[8]。人々は、このことになんの疑いも懐かなかった。こういう時代の傾向に抗して、ディルタイは精神的世界の独自性を擁護したのである。

ディルタイによれば、われわれに直接与えられている具体的な世界は、体験の世界である。根源的な姿においては、いわゆる自然界と呼ばれるものも、われわれの体験の内容としてある。そういう、われわれの生を促進させたり阻害したりする具体的な自然のなかから、われわれの生への関係を切断し、それを客観化し抽象化した結果を、自然科学は対象とする。そこには、価値や意味や目的を捨て去った認識の純粋な客体が存在するだけである。つまり、意志や感情から切り離された時間・空間・質量・運動などの世界が成立する。したがって、自然科学の考える自然は、われわれの体験に連なっている自然からの抽象物なのである。[9]

ところが、精神科学の対象は直接的・内面的な現実そのものであり、しかも内から体験される連関としての現実である。精神科学の対象のうちには、精神が客観化され、目的が形成され、価値が実現されている。対象のなかに客観化されたかかる精神的なもの（たとえば、意味や価値や目的など）を理解するのが、精神科学の課題である。

二　生とその理解

「生を生そのものから理解する」こと、これはディルタイの歴史的理性批判の根本命題である。ところで、ディルタイにおいて、生とは「外的世界の制約の下での、諸個人間の相互作用の連関である」[10]。生は、ここでは人間の世界に限定して用いられている。つまり、それは「人間によって生きられた生」である。

ディルタイにおいて、人間の生は「体験」「表現」「理解」の三つの作用の円環的な運動において成立する。人間はなんらかの体験をもっている。その体験は表現として客観化され、客観化された表現はわれわれによって理解される。理解されることによって、表現の内容はわれわれの体験内容となる。このように、生は体験→表現→理解→体験という円環運動を構成している。高坂正顕はこの事態を次のような例で説明している。

「一人の画家がある景色を眺めて感銘を受ける。それが彼の体験内容である。ところがその感銘の内容を表現したものが彼の描く画であり、その画を見てそれを了解（理解）したときに、画家がえた体験内容は、彼の作品という表現を通じてわれわれの了解（理解）の内容となり、われわれは画家の体験をわれわれ自身の体験としてもつ」[11]。

〈括弧内は筆者註〉

生とは、このように外的世界の制約のもとにありながら、人びとが相互に作用し合っている、その相互作用を成立せしめている連関のことである。ところで、ディルタイにおいて体験・表現・理解とはいかなるものであろうか。

体験（Erlebnis）とは、個々の主観のなかに直接見出される意識内容・意識過程のことである。つまり、存在が意識の事実として在るところの存在の様式である。ディルタイの場合、生は歴史的・社会的な生であるから、彼のいう体験は歴史的・社会的に規定されたものである。表現（Ausdruck）とは、歴史的・社会的に規定された人間の体験の外的な表現（ディルタイはそれをまた「生の表出」とか「生の客観態」とかいい表わしている）であり、ディルタイはそれを次の三つの範疇に分類している。第一は、概念・判断・思惟形象で、概念、判断およびその体系化されたものが学問であり、そこには思惟内容が表現されている。第二は行動、その行動には、目的が与えられている。したがって、それは厳密にいえば、目的的行為のことである。第三は、体験の表現で、その最も典型的なものは、すぐれた偉大な芸術作品である。そこには、生の深い体験内容、いつわりのない真実の生が表現されている。

理解（Verstehen）は、初歩的理解（Elementales Verstehen）と高次の理解（Höheres Verstehen）とに区別される。初歩的理解は、たとえば人が泣いているのを見て、その人の悲しみを理解する場合のように、悲しみの表情（表現）と悲しみの気持（体験内容）とが一つの統一を構成している場合で、表現と体験内容との連関は、この連関が与えられている共通性(Gemeinsamkeit)から推論される。言葉・命題・身振り・作用・芸術作品・歴史的行為が理解され得るのは、これらに自己を表現する人々と、これらを理解しようとする人々とを結びつける共通性があるからである。[12] 高次の理解は、われわれは悲しみを懐きながら、それをことさら笑顔をもって表現したり、あるいは相手に好意を懐きながら素気ない態度をとったりする場合がある。つまり、体験内容と表現とが矛盾する場合である。その場合は、それぞれの表現を通じて、その根底にあるまとまった人格的なものを理解すること、あるいはそこまで到達することが求められる。[13] ここに、高次の理解が成立する。それは、それぞれの行為や表現の理解ではなくて、ある特定の人間の生の全体的連関の理解である。そしてこの事態は、生の表出である精神的客観態の理解の場合も同じである。

三　体験・表現・理解の連鎖

さて、体験と表現、表現と理解、理解と体験といった、それぞれの関係はどのようになっているだろうか。まず第一に、体験と表現との関係をみてみよう。表現とは、単に体験の内容をそのまま模写的に外に表わしたものではない。体験から表現への移行は、同じ内容の反復ではなく、むしろ新しい内容の創造であり、前進である。体験は表現において一段と深められるのである。では次に、表現と理解との関係はどうであろうか。ディルタイは、そこに同じ内容の反復と、異なる新しい創造の面とをみる。「解釈学的な手続きの最後の目標は、著者自身が自分を理解していた以上によく、著者を理解することである」。[14] 表現は、理解を通じてより深い体験にひきもどされるのである。最後に、他者を理解することと自己の体験とは、どのように関係するのであろうか。ディルタイによれば、理解は体験を前提とし、体験は理解によって、体験の狭さと主観性とから、全体的なもの・普遍的なものへと解放されるのである。つまり、他者を理解することによって、自己の体験の不明瞭なところは明瞭となり、主観的な狭隘さは改善され、体験そのものが拡大される。

以上がディルタイの精神科学の方法としての理解論の概略である。この方法論が教育学の領域でどのように具体的に展開したかは、次節の二で述べることにする。

第三節　生の哲学の教育学的展開

一　改革教育運動

教育的熱狂

二〇世紀初頭のドイツの教育学的状況を、ボルノウにならって特色づけるならば、それは「教育的熱狂」(Pädagogische Enthusiasmus)の時代であった、といえる。当時ドイツでは、多種多様な教育改革の諸運動が相継いで展開し、ドイツ全土はそのるつぼと化した。ドイツ国民は、挙ってこの改革的諸運動を熱狂的に歓迎したのであった。

というのは、工業や大都市の発達、労働や住宅事情の変化、自然科学の進歩、専門科学の発達によって、当時のドイツ国民は新しい社会的・道徳的・精神的危機におそわれていた。そうしたなかで、人間主体の自己価値は失われ、その業績力のゆえに価値があると認められた人間は、単なる大衆と化した。そして、人間の社会的現存在の絆はすべて消え失せてしまった。それと並行して、人間の精神的発達に関しても、ドイツ国民の、とりわけ上流・中流階層の精神的支柱を形成した古典的な人間性の理想は打ち砕かれたのであった。倫理学においても、客観的な道徳的世界が讃美され、そして客観的な力とその自己発展のためには、人間主体はいつも無視される傾向にあった。

文化は人間よりも業績を重んじて、人間そのものを忘れてしまった。このような文化危機感および文化批判は、教育的な確信となり、それがただちに教育的な情熱へと変わっていったのである。文化的諸力に対して、新しい人間性

(Menschentum) の理念が打ち樹てられた。この新しい教育的精神は、いわば空気のように、生活のあらゆる領域に侵透し、革新運動を展開させたのである。[15]

人間の内的形成

一般の精神史における一連の諸潮流に呼応して、教育の領域においても、人間の「内的形成」の問題が新しい時代の中心的関心事となる。それは、人間の内的更新によって外的状況の回復を導き出そうとするものであった。

二〇世紀初頭に現われた教育改革の諸運動は、その内容からみれば、いずれも一九世紀の教育的精神に対する鋭いアンチテーゼであった。教育における主知主義と機械主義に対しては、芸術教育運動や労作学校運動が、教育・教授の分裂と皮相化に対しては、合科教授への努力、田園教育舎、共同社会学校などが現われた。これらの運動の支柱をなす基本的理念は、「子どもの創造的な生命性の解放であり、客観的諸力の強制から、その生命性を解放することであった」[16]。それは、まだ汚れを知らない子どものうちに、過去の重荷にわずらわされていない子どものうちに、新しいよりよい生活秩序の担い手たりうる人間を創り出すためであった。そこには、人間のうちにある根源的に善なる核心への信頼の念があった。人間のなかの本源的な善性へのこの信頼は、たとえば施設の子や囚人たちのなかにも、いまわしい犯罪者の性格を見ずに、不幸な偶然によって正しい道を踏みはずした悩める人間の仲間を見てとるのである。[17]

このような人間観が改革教育運動の基調をなす。そこから、子どものなかの創造的な諸力の発展が教育改革の中心テーマになった。教育とは外面的な強制なしに、人間のうちにある根源的な善なる力を発展させ、それを壊す影響を取り除いてやることである、というルソー以来の消極的教育論が、再び人々の心をとらえたのである。われわれは、この基調を青年運動の思想のなかに見出すことができる。

青年運動

青年運動は一九世紀の末葉、近代文化が生んだ唯物論的世界観、機械的な文明、生命の色あせた主知主義の教育、心情のうるおいと誠実さとの消え失せた社会等に対する青年の抑え難い反抗の叫びであった。したがって、青年運動の本質ないしは核心は、かかる弊害の根源でもあれば生産者でもある古い世代の束縛と支配とから離れ、青年の純潔と自由を守り、青年固有の新たな価値と文化を創造しようとすることであった。[18] ボルノウも語っている。

「われわれがドイツ精神史のなかで繰り返しながめる現象は、若い世代が伝来の硬化した形式にたいして反抗する現象である。それは、彼らが既存の確立された形式によって、彼ら自身の生命の展開が抑圧されているのを感じるからである」[19]。

それがもっとも典型的に現われたのが、ドイツの青年運動であった。

二〇世紀初頭のドイツ青年運動は、最初ワンダーフォーゲル運動として展開した。一八九六年、ベルリン郊外のシュテークリッツのギムナジウムの生徒たちが速記術を身につけるためにサークルを作った。このサークルは時折グループで徒歩旅行を行っていた。このグループ徒歩が発展して、全国的に広がっていったのが、ワンダーフォーゲル運動である。「ワンダーフォーゲルの主要な活動は、両親や教師や監督者から独立した、放浪的、冒険的な徒歩旅行であった」[20]。

一九一三年一〇月、ライプチッヒ戦百年祭が成人世代によって催されたとき、青年たちはこれとは全く別個に、しかも故意に対立して、ホーエ・マイスナーの丘に集って、「ドイツ青年祭」を開催した。「この集会には、ワンダーフォーゲル・グループとそれに近い学生団体、改良主義的教育学の立場の学生団体が参加した」[21]。そこで決議された有名な「ホーエ・マイスナー宣言」は、「自己の決定により、自己の責任を前にして内的誠実さでその生活を形成する。この内的自由は、どんなことがあっても一致してこれをたたかい守る」[22]と、青年の青年自身による自己組織を強調している。この宣言に端的に現われているように、青年運動は青年の世代が成人世代から圧迫を受けている状態を自覚し、それから自分たちを解放しようとする運動であった。青年たちは、青年を指導する成人世代の無能力を前提とし、青年を教育するのはもはや古い世代ではなく、青年自身であると主張した。

しかしここで、成人世代との関係を廃棄して、青年はいかに精神の自由を獲得し、成熟することができるか、という疑問が生ずる。青年は他者の意志との交渉を経てのみ、成長発達を遂げることができるのである。ディルタイの弟子、ノール(Nohl.H.)は「青年文化は、それが古い世代からのその解放において、その生命の最も深い契機を放棄する」[23]と指摘している。

客観への新たな志向

青年運動にもみられたように、改革教育の諸運動は、当然その限界につきあたり、それを越えていく新たな形式を求めなければならなかった。それは、人間の創造的諸力の発展はいかに可能か、という問題である。ボルノウが指摘しているように、「人間は本来まさしく文化的存在である。すなわち、人間の創造的諸力は単に内部から発展し得るのではなく、その発展のためには、既存の文化の媒介が必要である」[24]ということが認識され始めたのである。そこに、客観的内容に専念する、新しい文化教育学が現われる。成長しつつある人間を客観的な文化のなかへ導き入れることによって、彼のなかに眠っている才能の発達を援助することが、文化教育学の代表者たちに共通する基本的立場であった。

二　精神科学的教育学

ディルタイの生の哲学と彼が基礎づけた精神科学的方法は、ディルタイ学派の代表者たち、つまりノール、リット(Litt,Th.)、シュプランガーの教育学的理論形成の支柱になった。それが、第一次世界大戦後改革教育運動を背景にして教育固有の科学が発達したとき、その学問的性格を方向づけた。彼らの教育学は、わが国では「文化教育学」と呼ばれているが、一般にはその方法論的観点から、「精神科学的教育学」と呼ばれている。さてここでは、ディルタイの思想をもっとも忠実に継承しているといわれているノールに限定して、彼の教育学方法論について述べてみたい。

教育学的解釈学

ノールは、ディルタイが発展させた解釈学的方法を用いて、「教育的現実」(Erziehungswirklichkeit)の構造分析にとりかかる。それによって、彼は教育と教育学の自律性を基礎づけ得ると考えたからである。

教育学的解釈学は、実践のなかで組織と方法とを伴ってすでにいつも展開されてきた教育、いわゆる「教育的現実」を、いわば教育学理論のなかで解釈され、意味づけされなければならない「原典」(Text)とみなす。ノールの場合、教育的現実は主観主義と客観主義との二元論を克服する統一点であり、方法論的手懸りとしては「教育的体験」(Pädagogisches Erlebnis)と「教育学的客観態」(Pädagogische Objektivationen)とにおいてわれわれに与えられている。[25]

教育的体験は、教育を受けた(Gebildetwerden)体験、自己教育(Sichbilden)の体験、教育した(Bilden)体験の三つの位相に区別される。とりわけ、前二者は職業的教師の特権ではなく、すべての人間の基礎体験である。これらの体験を通して、われわれは教育の本質にせまることができる。しかし、体験は狭隘であり主観的であるため、教育史の体系的分析によって補われなければならない、とノールは考える。

教育学的客観態は、ノールの場合も歴史的にとらえられている。それは「教育活動の歴史的発展」のことであり、「教育理念の展開の連続性」のことである。そこで、教育史が決定的に重要になる。ノールは語っている。「教育とは本来何であるか、われわれはそれを……教育の歴史の体系的分析からのみ理解する」と。[26]

ところで、教育史の体系的分析から得られる教育の本質についての言明は、認識価値という点では、個人的な教育体験から得られる理解よりもたしかに大きいであろう。しかしこの客観的世界は、それが繰り返し自己の教育的体験へ再帰されるときのみ、生命と意味を得る。このように、ノールの教育学的解釈学においては、体験と客観態との相互的解明が強調されている。つまり、教育的体験から出発して、歴史における教育学的客観態を体系的に分析し、その分析を体験へひきもどす。この方法的歩みは、もちろん段階的系列をたどるものと考えられてはならない。それは循環的関係であり、円環的運動をなしているのである。ここに、われわれはディルタイの解釈学の一般モデルが彼の弟子ノールの教育学的理論形成において具体的に展開されているのを見ることができる。

教育活動の本質と構造

さて、このような解釈学的方法によって把握された「教育の本質」とは、どのようなものであろうか。教育的体験の分析から、ノールは教育者と被教育者との人格的関係を、他の生の諸関係から区別される独特の関係として取り出し、それに「教育的関係」(Pädagogischer Bezug)という名辞をあてた。[27] そして彼は、理念や価値や客観的精神をその人格において代表する教育者の変革意志・形成意志と被教育者の自発性・成長意志との緊張関係のなかに、教育活動の創造的秘密をみる。[28]

次に、ノールは教育の歴史を検討し、そこに国家・社会・教会・学問・身分・職業等からの要請としての客観的課題に奉仕する「古い教育学」から、子どもの主観的生命とその発達を中核にすえる「新しい教育学」への展開の歴史的必然性を認める。その重要な転換点がルソーであったことはいうまでもない。

教育要求としての業績能力(有能性)は、個人をまったく国家の目的のもとにおく啓蒙絶対主義の国家教育学において発展してきた。そこでは、子どもはこの目的の手段とみなされ、その人権と権利は認められなかった。また、教師は国家や宗派や職業といった他の諸勢力の下僕となってしまった。ここに、教育目的の危険な客観化がある。ところが、こういう諸勢力に対して「人間性」(Menschentum)を教育の理念としてうちたてることにより、教育と教育学は初めてその固有の本質とエネルギーを自覚するようになった。教育の目的は、「知識のための知識の普及でも、あるいは科学的および職業的目的のための学習能力でもなく、常に生ける人間とあらゆる国民同胞の健全な品位ある精神生活の覚醒にある」[29]と考えられたのである。

ノールは、この客観的目的から子どもの主観的生命およびその諸力の発達へのラジカルな視点の転換に、教育活動の秘密とそのもっとも固有なエートスがあると認め、この「新しい教育学」の意義を積極的に評価した。しかし、彼は純粋の「子どもからの教育学」や極端な「青年教育学」には批判的である。というのは、これらの教育学は教育活動の他の不可欠の契機、つまり客観的文化の形成力を無視するからである。

主観はみずからその諸力を発展させようとする。そして、その目標を自己自身のなかに求める。それに対して、客観的内容・文化連関・社会的共同体はそれ自身の法則をもち、主観の意志や法則を問題にしない。むしろ、この主観を自己の要求に従わせようとする。ノールは、教育をこれら二つの契機の対極的緊張のなかで行われる特殊な活動とみる。彼にとって、主観的生命と客観的諸勢力とは教育活動における重要な対極的契機なのである。とはいえ、彼が「客観的文化や社会的関係からのどんな要求も、それが子どもの生の形成や諸力の向上にとってどんな意味があるか、という問いによって変形されなければならない」[30]と語っていることから、彼が子どもの主観的生命にアクセントをおいていたことは首肯されるであろう。

主観と客観的内容との対極的緊張のなかに、教育活動の成立する場を確定したノールは、すべてを子どもから定立しようとする「心理学的教育学」とも、文化の進歩に主要課題を見出す「文化教育学」ともちがった第三の教育学の立場を求めなければならなかった。それが彼のいう「自律的教育学」(Autonome Pädagogik)の立場である。すなわち、「自律的教育学は、たしかにその目標点を主観のなかにおく。そしてこの教育学にとって常に問題なのは、人間とその人間性である。しかし、この教育学は、主観の質はそれが客観の質へ献身することによってのみ獲得されるということも心得ている」[31]と。

三　わが国への影響

ディルタイ学派の教育学説は、わが国へは大正末期から昭和の初期にかけて、「文化教育学」として紹介された。そこでは、ディルタイ、シュプランガー、リット、ケルシェンシュタイナー(Kerschensteiner, G.)の教育学説が主にとりあげられた。ところが、さきに触れたノールの教育思想は、当時、ほとんどといっていいくらい紹介がなされていない。それは、当時まだノール自身の業績にみるべきものがなかったからであろう。

このようなディルタイ学派の思想への関心は、大浦猛によれば、「大正年代を通じてしだいに醸成された、教育界における『文化』への注目(広義の文化教育学的傾向)」[32]である。大正の初期には、ドイツ観念論の流れに属する教育学、とりわけ人格的教育学が、後期には新カント学派の教育学が熱心に研究され、このような思潮から、自然科学に対する「文化科学」、自然主義に対する「文化主義」が力説され、文化と教育との関連が教育学研究における重要な課題として注目されるようになった。また、大浦は、ディルタイ学派の理論には人格的教育学に通じる側面、西南ドイツ学派と結びつく点、文学的解釈の基礎理論となり得る部面もあったと指摘し、このようにして、当時の文化教育学的雰囲気とディルタイ学派の思想とが結びつく可能性が醸成されていた、とみるのである。

ところが、昭和六、七年頃より、「日本教育学」とか「民族教育学」とかいった名の書物が出版され始め、わが国の教育思潮はしだいに国粋主義的色彩を色こくしていく。その原因を、大浦はディルタイ学派の影響以外のところに求めている。「国内的には神道・儒教などを中心とした国粋主義の勃興があり、国外的な要因としては、ドイツなどの全体主義理論の流入、とりわけ代表的な教育思潮としてはクリーク等の教育科学、さらには政治的教育学の影響があった」[33]。そこで、このような国粋主義的な教育学の立場から、ディルタイ学派の教育理論の観念論的性格に対する批判も起ってくるが、また他面では改めてこの学派の理論が見直されたり、利用されたりもした。そして昭和一一年には、この学派の代表者の一人であるシュプランガーが日独交換教授として来日し、日本各地で講演を行なった。この講演は、小塚新一郎の編・訳により、『文化哲学の諸問題』(岩波書店、一九三七年)と『現代文化と国民教育』(岩波書店、一九三八年)の二冊として刊行されている。

戦後のわが国の教育と教育学研究は、アメリカの教育思想、とりわけデューイの経験主義の教育思想の影響下にあって、戦前優位を占めたドイツ教育学は背景へ退いてしまった。ところが、教育哲学界ではドイツ教育学に対する関心が根強く残っており、やがてリットやシュプランガーについての本格的研究が現われてくる。杉谷雅文『現代哲学と教育学』(柳原書店、一九五四年)、村田昇『国家と教育』(ミネルヴァ書房、一九六九年)、長井和雄『シュプランガー研究』(以文社、一九七三年)などは、その成果として特記されよう。また、ノールの弟子ボルノウの教育思想に対する関心は格別である。一九五九年(昭和三四年)に来日し、各地で行った講演が翌年『希望の哲学』(小島威彦訳、新紀元社)として出版されて以来、ボルノウは多くの人から注目されるようになった。訳書が二〇冊を超え、しかもそれらが広く読まれているということは、教育学者のものとして異例のことである。

第四節　現代教育と生の哲学の立場

一　現代教育の問題性

　さて、教育現実を「哲学する」という教育哲学の課題に対して、生の哲学はいかなる示唆をあたえてくれるであろうか。われわれは、すでに述べてきたことのなかから、その示唆の数々を汲み取ることができるが、紙幅の制約上、ここでは教育機能としての「文化財の伝達」という問題をとりあげて検討してみたい。そのために、まず現代教育の点検から始めたい。

　現代の教育においてもっとも欠けているもの、それは現代の教育が若い人々に彼らの現存在の真の意味を開示するのに不十分である、ということである。

　ロンドン大学名誉教授・ニブレット（Niblett, W. R.）が語っているように、二〇世紀の今日のような社会においては、興味をそそり、熱中させることがあまりにも多く、そのために人々は本質的なものを求めなくなった。彼らが求めるものは、「経済的に繁栄し、物質的に幸福になること」でしかない。したがって、彼らは「世の中をうまく渡って、より多くの金とより多くの権力と、それゆえにより多くの幸福とを獲得することができるように、子どもたちに援助してやること」[34]が教育の本来の役割だと誤解してしまった。ところが、そういう教育を受けた結果、青年期に達した多くの男女は自分自身との接触を失い、彼らの驚きの感覚は傷められ、また彼らの精神的エネルギーの流れはその源からせき止められて、枯渇してしまったのである。そのために、彼らの多くは人生をより深く生きることの意味と目的とを見失って、動物のごとく瞬間から瞬間へと、無為にその日その日を過ごしている。そういう彼らをして、本来の自己に立ち還らせ、充実した人生を送らせるには、今日の教育はどういうことに心をくだかなければならないか。また、その手立ては何であるか。

二　教育の本質的課題

第二次世界大戦後の西欧文化の危機に直面して、シュプランガーがその教育学的思惟の中心にすえたのは、「覚醒」(Erweckung)という概念であった。シュプランガーは、この覚醒のうちに「人間になることのまったく新しい次元」をみてとる。この次元において、究極的なもの・最高の価値あるもの、すなわち聖なるものへの、魂の奥深く達する関係として、「内面性」が覚醒させられるのである。そこは、人格成立の固有の場でもある。

さて、われわれはこの「内面性の覚醒」を現代教育のもっとも本質的課題だと考える。内面性が覚醒されることによって、現代教育の病弊である、人生における目的感覚・方向感覚の欠如は修復されるであろう。またそのことによって、現存在の真の意味は開示されるであろう。次に、その手立てを探ってみよう。

古来、教育といえば、一般に「文化財の伝達」と理解されてきた。文化財の伝達とは、もちろんそのことによって文化の存続と発展がめざされているわけであるが、他面では、若い世代の精神の形成が意図されている。文化教育学の著名な学者、パウルゼン(Paulsen, F.)は、「教育とは先立つ世代から後に続く世代への理念的文化財の伝達である」[35]と定義した。このような定義は、ややもすると文化の存続と発展が中心の課題であるかのように誤解され、人間はその単なる担い手として、背後へ追いやられる。もし教育機能としての「文化財の伝達」がこのような意味にのみ解されるならば、それは本来教育とはいえないだろう。なぜなら、教育は人間の精神の形成をめざすことにあるからである。文化はそのための手段である。教育は、人間が低い生活や狭い生活を克服して、高い生活や広い生活をあこがれ求めるように仕向けていかなければならない。そういう意図のもとに、文化内容は価値あるものとして伝達されるのである。

このことをめざす教育過程が「陶冶」(Bildung)と呼ばれている。

陶冶とは、伝来の文化財に具現されている諸価値に対して、若い人の感受性を豊かにすることをめざす、若い人への教育者の働きかけである。その場合、偉大な作品や高貴な生活形式を生み出した精神との出会いによって、若い人が変わることが期待されているのである。換言すれば、単に知識を記憶して蓄積したり、思考作用を訓練したりするのではなく、それ以上に新しいより豊かな内容をもった形式を得させることにより、若い人の全人格が変わること、そのことが期待されているのである。

三　文化批判

ところで、外面化した文化に対す批判は、あらゆる生の哲学の不変の基盤であった。この文化批判は、ボルノウも指摘しているように、文化の全体に向けられているのではない。それは、堕落した文化に対する戦い、換言すれば、文化の革新と若返りを意図したものであった。それは、文化をその創造の根源においてとらえようとする立場である。そこで「文化財の伝達」というとき、その教育機能は当然文化批判の契機を内在していなければならない。シュプランガーは文化活動を「文化創造」と「文化伝達」とに区別したが、若い人の心の全体的価値受容性や価値形成能力を内側から発展させようと意図する教育は、文化をその創造の根源においてとらえようとする「文化創造」の契機を内包していなければならないだろう。もしそうでなければ、若い人の全人格を変えるほどの教育機能を果たすことはできないであろう。教育は、文化がたえずそこで若返る「場所」でなければならない。そのとき、人間と文化とのダイナックな根源的な関係が回復されるのである。生の哲学がわれわれに教えてくれるもの、現代の教育がたえず注意を払わなければならないことは、ここにあるといえる。

【注】

1 高坂正顕『現代哲学』著作集第四巻（理想社、一九六四年）七五頁。

2 シュプランガー（村井・長井訳）『文化と教育』（玉川大学出版部、一九六二年）五四頁。

3 O. F. Bollnow, Die Pädagogik in anthropologishen Sicht, 1971, S.12. ボルノウ（浜田正秀訳）『人間学的に見た教育学』第二版（玉川大学出版局、一九七三年）、一三〜一四頁。

4 ボルノウ（戸田春夫訳）『生の哲学』（玉川大学出版部、一九七五年）二二頁。

5 ニーチェ（秋山英夫訳）『反時代的考察』（角川文庫、一九五〇年）。
ニーチェ（秋山英夫・高橋健二訳）『こうツアラツストラは語った』世界の大思想二五巻（河出書房、一九六五年）。

6 高坂正顕『前掲書』注1、一〇八頁。

7 W. Dilthy, Gesammelte Schriften, Bd. V, S.4.

8 杉谷雅文『現代哲学と教育学』（柳原書店、一九五四年）一〇頁。

9 高坂正顕『教育哲学』著作集第六巻（理想社、一九六九年）一〇四頁。

10 ディルタイ（尾形良助訳）『精神科学における歴史的世界の構成』（以文社、一九八一年）二〇四頁。

11 高坂正顕『前掲書』注9、九〇頁。

12 ディルタイ『前掲書』注10、一七七―一八〇頁。

13 高坂正顕『前掲書』注9、九四頁。

14 ディルタイ（久野昭訳）『解釈学の成立』（以文社、一九七三年）四〇頁。

15 H. Nohl, Die pädagogische Bewegung in Deutschland und ihre Theorie, 7. Aufl., 1970, S.9.

16 O. F. Bollnow, a.a.O., S.11. ボルノウ（田中正秀訳）『前掲書』注3、二一頁。

17 ditto, S.11. ボルノウ（田中正秀訳）『前掲書』注3、二〇頁。

18 杉谷雅文『前掲書』注8、三〇一―三〇二頁。

19 O. F. Bollnow, a.a.O., S.1. ボルノウ（田中正秀訳）『前掲書』注3、一三頁。

20 竹内真一『青年運動の歴史と理論』（青木書店、一九七六年）二一八頁.

21 竹内真一『前掲書』注20、二二七頁。

22 H. Nohl, a.a.O.(15), S.16.

23 H. Nohl, Das Verhältnis der Generationen in der Pädagogik(1914), in: Erziehungswissenschaft und Erziehungswirklichkeit. Hrsg. von H. Röhrs, 1964, S.33.

24 O. F. Bollnow, a.a.O., S.11. ボルノウ（田中正秀訳）『前掲書』注3、二一頁。
25 H. Nohl, a.a.O. (15), S.1-9.
26 ditto, S.1-9.
27 ditto, S.130.
H. Nohl, Ausgewälte pädagogische Abhandlungen. Besorgt von Josef Offermann, 1967, S.63. u. S.69.
28 H. Nohl, a.a.O. (15), S.137.
29 ditto, S.127.
30 ditto, S.127.
31 ditto, S.78.
32 大浦猛「第二次大戦前の日本におけるディルタイ派文化教育学研究の推移」『教育哲学研究』第一〇号（一九六四年）二頁。
33 大浦猛『前掲書』注32、二二頁。
34 W. R. Niblett, Education -The Lost Dimension, 1955, pp.1-2.
35 F. Paulsen, Pädagogik, 1911, S.9.
Derselbe, Ausgewählte pädagogische Abhandlungen. Besorgt von Clemens Menze, 1960, S.25.

第二章　フリッシュアイゼン＝ケーラーにおける教育的関係論の成立

第一節　初期論文「教師と生徒」の教育学史的位置

レーマン（Lehmann, R.）がその愛弟子であり、また同僚でもあった若き有能な教育学徒、フリッシュアイゼン＝ケーラー（Frischeisen-Köhler, M., 1878-1923）の死に捧げた『追悼文』[1]に次のような一節がある。

「この若々しい論文には、単に個人的な関心以上のものがある。わたしは今でもなおそれを公刊する価値があると思っている。もし機会が与えられるならば、遅ればせながら、わたしはそれを公刊しようと思っている。いずれにせよ、それは二二歳という若者には驚くべき業績である。多くの理知と情熱とでもって書かれたこの論文は、事実包括的な教育理論への萌芽を含んでいる」[2]。

レーマンがここで問題にしている論文とは、フリッシュアイゼン＝ケーラーが二二歳のときに書いた「教師と生徒」(Meister und Schüler, geschr.1900)という草稿である。この草稿は一九〇〇年に書かれていながら、公刊されて日の目を見たのは一九二五年、雑誌『ドイツの学校制度』(Das Deutsche Schulwesen)においてであり、それはフリッシュアイゼン＝ケーラーが死んだ翌年のことであった[3]。この公刊には、レーマンの推奨があずかって力があったと推定される。

さて、この草稿の教育学史的位置ないしは価値はどういうものであろうか。稲毛金七は大著『教育哲学』において、教育哲学の歴史的発展という観点から、この草稿に注目し高く評価した。

「彼〈フリッシュイゼン＝ケーラー〈筆者注〉〉は、……一九〇〇年に『教師と生徒』といふ一文を草し、且、これに『教育の哲学の理念』(Meister und Schüler. Ideen zu einer Philosophie der Erziehung)といふ副名を附し、而もこれを生涯の研究主題としたればこそ、ノールもいってゐるやうに、フリッシュアイゼン・コエーラーは、正しくディルタイの筆頭弟子となったと共に教育哲学の研究者として大なる功績を挙げ、随って高い地位を占めるやうになったのである。『教師と生徒』の問題は、ディルタイが、彼の所謂精神科学的新心理学と教育学との新問題として提出しただけで、解決しなかった問題だからである」〈原文のママ〉[4]。

つまり、稲毛は、フリッシュアイゼン＝ケーラーがこの草稿のサブタイトルに、「教育の哲学の理念」という言葉を用いている点に注目して、—ただそれが名称だけで、それに関する説明が何らなされていない点を遺憾としながらも、—彼がすでに早くから「教育哲学」に関する自覚をもっていた、とみるのである。稲毛はリット、シュプランガー、ノールの教育学説を論評し、彼らの教育学説が依然として哲学的教育学の範囲内に跼蹐せざるを得ないと過少評価しているのに対して、フリッシュアイゼン＝ケーラーについては、「只、『教育哲学』に関する自覚を有する点に於ては、截然其の撰を異にするばかりでなく、其の結果は、哲学的教育学の攀籠を超脱して教育哲学の領域に一歩踏入れるといふ重大な役目を果すことが出来た」〈原文のママ〉[5]と評価し、彼をクレッチュマーとともに、哲学的教育学から教育哲学への橋渡しをした代表者としてあげているのである。

ところで、稲毛のこの評価の当否は、フリッシュアイゼン＝ケーラーの教育学説の実質的内容の検討によって裏づけされなければならない。この草稿の実質的な教育学史的価値は何であろうか。われわれはそれを「教育的関係論」の系譜のなかに位置づけ得ると考える。そのことは、稲毛自身も次のように認めている。

「コェーラーが師弟関係を教育本質論の中心問題と見たばかりでなく、これを心理学的に見ることに安んじないで、更に文化哲学的に見、且師弟関係を以て人間関係の真髄と見たのは、断じて卓見と称しなくてはならない」。[6]

〈原文のママ〉

ただし、この洞察は不徹底であるとみなければならない。というのは、稲毛は別の箇所で、「師弟論即ち所謂陶冶性論」[7]と述べ、教育的関係論（彼のいう師弟論）を被教育者論（陶冶性論）に矮小化し、師弟関係をそれ自体独自に存在する新しい対象領域としてとらえていないからである。稲毛の所論に対するこの批判的修正を通して、われわれはこの草稿を正しく教育的関係論史のなかに位置づけることができるのである。

バルテルス（Bartels, K.）は「教育的関係論の成立と体系化」の考察において、その開拓者として、ヘルバルト、ディルタイ、フリッシュアイゼン＝ケーラーをあげ、ディルタイからノールへと展開する結節点として、フリッシュアイゼン＝ケーラーの「教師と生徒」をとりあげている。[8]つまり、教育的関係論はまず最初にディルタイにおいて主題としてとりあげられ、フリッシュアイゼン＝ケーラーを経て、ノールにおいてその教育学の中心テーマとして体系化されたのである。[9] 稲毛も述べているように、『教師と生徒』の問題は、ディルタイが、彼の所謂精神科学的新心理学と教育学との新問題として提出しただけで、解決しなかった問題」である。この問題はフリッシュアイゼン＝ケーラーにおいて彼の教育学の固有のテーマとして展開される。彼はこの草稿において、教育的関係を「取りかえ得ない生の関係」(ein unverwechselbares Lebensverhältnis) として示す。「この関係は個々人の生活においても、全体社会においても、副次的な関係ではない。それは愛と同じく、大きな生の関係の一つである」[10] と。まさしくフリッシュアイゼン＝ケーラーのこの基本的モチーフは、後年ノールによって彼の教育学理論の中心テーマにまで形成されるのである。ノールは次のように定式化する。

「あらゆる教育活動の基礎は、教育的関係、すなわち被教育者と教育者との内的結合である」[11]。
「教育活動の最後の秘密は、正しい教育的関係、すなわち教育者と被教育者とを結びつける固有の創造的関係である」[12]。
「教育の基礎は、成長した人間と成長途上にある人間との情熱的な関係である。しかも、それは成長途上にある人間自身のための、彼がその生とその形式を獲得するための関係である」[13]。

従って、この関係は相手が独立の人格として成長することを援助するという構造を有するものである。ノールはこの点において、教育的関係を他の生の諸関係から区別される「独特の関係」(ein Verhältnis sui generis) と呼び、それに "Pädagogischer Bezug" という名辞を与えた[14]。

以上、われわれはディルタイ→フリッシュアイゼン＝ケーラー→ノールの系譜において、教育的関係論の展開過程をたどってきたわけであるが、ここで明らかになったごとく、「教育的関係」はフリシュアイゼン＝ケーラーの最初の教育学的テーマであり、かつまた精神科学的教育学の中核的問題だったのである。

第二節　初期論文の草稿成立をめぐって

ここで、われわれはこの草稿の成立をめぐって、フリッシュアイセン＝ケーラーと彼の二人の師レーマンおよびディルタイとのかかわりについて触れておかなければならない。

稲毛がこの草稿について適切に叙述しているように、「而もこの論文は、単なる論理的思索の成果ではなくて彼の体験の記録、殊に生徒・学生としての教師の追体験―了解の記述たる所に、ディルタイ派としての彼の真面目が現われている」[15]。生徒としての教師の追体験とは、ギムナジウム時代のレーマンの教え子としての教師の追体験であり、学生としてのとは、ベルリン大学時代のディルタイの感化である。篠原助市の『欧州教育思想史』下巻に、「高等学校時代レーマンに、大学時代ディルタイに師事し、特にこの二人の感化を受く」[16]とある。フリッシュアイゼン＝ケーラーが入学したルイゼンシュタット・ギムナジウム(Luisenstadt Gymnasium)には、当時レーマンが教師として在職していた。従って、接触の客観的可能条件としては、入学から卒業までの九年間あったわけだが、実際どれだけの期間教えを受け、またいかなる影響を受けたかは、ここでは詳らかではない。推測するに、レーマンからは、教育者としての人格的影響を受けたと考えられる。レーマンはその間の消息を「彼の一人の教師の人格的影響が決定的に加わる」[17]と表現しているが、この教師がレーマンであることは疑いないであろう。フリッシュアイゼン＝ケーラーがこの草稿において、教育作用における教師の人格的影響の決定的な役割を非常に高く評価していることから、レーマンのこの影響は彼の教育学理論形成において見逃がすことのできない重要な点である。「直接的な体験として、これらの思想の特徴の基礎をなしているものを、彼は教育者としてではなく生徒として体験したのであった」[18]。

さらに、レーマンがベルリン大学私講師となった六年間(1900-1906)も、フリッシュアイゼン＝ケーラーはベルリン大学にいたわけだから、ここでも彼らの接触は考えられるが、しかしそのとき、すでにこの草稿は起草されていたので問題にならない。次にディルタイとの場合を考察してみよう。

フリッシュアイゼン＝ケーラーがベルリン大学に入学した最初の学期(1897/98 Winter-Semester)およびフライブルク大学に遊学した一八九八年の夏学期には、ディルタイとの接触がなかったことは明らかである。従って、ディルタイとの接触は、彼がフライブルク大学からベルリン大学へ戻った一八九八年の冬学期に、初めてディルタイに接触して以來、ディルタイが退職するまでの七年間ということになる。しかし、この草稿成立にとって重要なのは、一八九八年の冬学期のディルタイとの邂逅である。

ディルタイとの邂逅により、その知的発達に決定的な転向を見出すまでの、フリッシュアイゼン＝ケーラーの精神的傾向はどうであったか。それは「合理主義の精神」であったということができる。彼の人生における啓蒙期には、彼にとって「悟性」が絶対的な判断の基準であった。彼はこの時期の精神的状況を一種の狂信的合理主義として叙述する。「すべての不合理なものは、破棄されると私は信じたい。火と血で純化することが私の念頭に浮かんだ」[19]と。この精神の発展と関連して、彼の興味は精密な自然科学へ向かうのである。ところが、この合理主義的精神傾向が揺ぎ始める。動物への愛・文学・音楽への傾向・教師の人格的影響等あらゆる面から、この確信が挑戦を受ける。これまで故意に遠ざけていた感情的生活が浸入してきて、彼の心を混乱させる。「私がなんとしても憧れる確実なもの・堅固なもの・世界観の完成とまとまりはどこにも存在しない」[20]と、彼は嘆いている。

このような精神状態で、フリッシュアイゼン＝ケーラーはベルリン大学へ入学するのである。その目的は、最初数学や自然科学の広範な研究により、哲学的研究のために必要な基礎をみずから作り出すことであった。彼は内的衝動にうながされて、自然や生命を解明し得る合理的方法を探究する。しかしその反面では、フライブルクの滞在や二、三の小旅行によるさまざまな風景の印象、新しい芸術的印象等を通して、彼が自分の内に感じ、また外に認めた豊かな生命は、精密な方法では決して完全に把握し得ない、合理的な概念によって包括し得ないという意識が、彼の心のなかに次第に明瞭になってきた。ここから生じた軋轢によって、彼は悩まされ、彼の心はいっそう強く哲学へと傾いていく。ディルタイと出会ったのは、このようなときである。ディルタイはフリッシュアイゼン＝ケーラーの非凡な才能を認めて、彼をその親密な弟子たちの小さなサークルに加えた。ディルタイの指導のもとに、彼の歴史的感覚は訓練された。そして、彼は一七世紀における近代的世界観の諸源流の研究に打ちこむのである。この研究の成果として生まれたのが、学位論文『ホッブス研究』[21]である。彼がここで得た歴史的眼光は、後年深化され、豊かになって現われた。[22]このようにして、フリッシュアイゼン＝ケーラーの学問的営為は、ディルタイの指導を受けながら、精神科学の哲学的基礎づけに向かう。従来彼を深く悩ました体験と認識との軋轢は、今や哲学的問題にまで形成され、それとともに彼の思惟活動の課題が確定した。それは「自然科学的認識法と歴史科学的認識法との統一」[23]の問題であり、この課題に対する研究成果が、彼の哲学的主著『科学と現実』(Wissenschaft und Wirklichkeit, 1912)である。

以上、われわれはディルタイとの邂逅を契機とする、フリッシュアイゼン＝ケーラーの思想の形成過程、より厳密にいえば思想というより、精神的状況の変化の軌跡を簡単に追跡したのであるが、これを草稿「教師と生徒」に焦点づけて考えるとどうであろうか。

前に引用したように、稲毛は「殊に生徒・学生としての教師の追体験―了解の記述たる所に、ディルタイ派としての彼の真面目が現れている」[24]と、この草稿の価値を高く評価している。換言すれば、この草稿はレーマンから受けた教育者の人格的影響という体験を、ディルタイから学んだ精神科学的方法によって記述したものであるといえよう。「体験や印象というものは、どんなに強く生き生きとしていようとも、やがては崩れたり希薄になったりする。それを概念に託してつなぎとめようとする知的努力が哲学なのだ」と山本信は語っているが、もし教育的体験の概念化が教育哲学の仕事なのだといいかえるならば、フリッシュアイゼン＝ケーラーが「教師と生徒」のサブタイトルに「教育の哲学の理念」と付している意味が、これまでの論述から理解されるであろう。つまり、フリッシュアイゼン＝ケーラーにとって、「教師と生徒」との関係の問題は、教育哲学の理念として追求すべき固有の課題だったといえるであろう。

第三節　教育的関係論の構想

一　教育概念の限定

フリッシュアイセン＝ケーラーは教育活動を人類の固有な文化生活に限定することによって、教育概念から「養育」(Aufziehen)という生物学的事実を除外する。[25] 従って、シュプランガーが教育を三つの層面に分けたうち、第一の「発達の援助」、すなわち「養育」(Aufzucht)[26] は、フリッシュアイゼン＝ケーラーにおいては厳密な意味において教育の概念から除外されているのである。彼においては、養育とは「高等動物の進化の過程を促進する順応的な本能活動」[27] であり、「身体的生存を可能にするための諸手段の機械的な訓練」[28] にほかならない。養育は種族保存という概念をその最高概念とする生命法則の目的論的体系に含まれている。子どもは種族保存に必要な諸能力―これは遺伝しない―を習得する場合に、成人による具案的な援助を受ける。しかし、フリッシュアイゼン＝ケーラーは、子どもへの成人のこの具案的な作用を、教育とは考えない。ここで成人が子どもに教え伝達するものは、「自然淘汰によって作り出されたものだけ、あるいは彼らが学んだものだけである。そこには、「成長、すなわち進歩への内的傾向」[29]は現われない。この点が、彼にとって教育と養育とを分かつ決定的な観点である。

もちろん、フリッシュアイゼン＝ケーラーは教育と養育とが全然無関係の孤立した領域だと考えているのではない。彼は「養育は、たとえそれが教育そのものではないにしても、しかし有機的生命が精神的生命の基礎であるように、教育の基礎である」[30]と語ることにより、両者の連続性は認めているのである。「人間は有機体である限り、有機的世界の一般的法則性に関係する。そこで、人間にもまた、個人として生命を保存し、種族として繁殖し得るために実現されなければならない基本的諸性能が、生まれつき賦与されている。しかしこれらすべての諸性能の総体は、その上に精神的生命が築かれる基礎をなすにすぎない」[31]。彼は、一般的な系統発生的発達から全く独立しているのではないが、しかしその発達の内部で完全に独立している文化の領域を認める。そして、教育活動をこの文化の領域に関連づけて考えるのである。

さて、教育活動を文化生活に限定した場合、フリッシュアイゼン＝ケーラーにおいて、教育とは一体いかなる意味に解されているのであろうか。彼は、教育とは「単に自然的存在として生まれた人間を、精神史的世界へ編入すること」、換言すれば、「一定の文化理想をめざして、自然的に規定された存在を文化的存在にまで形成し、陶冶すること」[32]と述べている。つまり、彼は教育を「精神的諸法則に基づく文化機能としての人格形成」[33]としてとらえているのである。さてここで問題なのは、「精神史的世界へ編入する」ということ、また「文化的存在にまで高める」ということはどういうことであるか、その可能な根拠およびそこにいかなる条件が関与するかということである。

フリッシュアイゼン＝ケーラーは草稿「教師と生徒」において、次のように語っている。

「記憶によって蓄積された集団財（Kollektivbesitz）は死んだものではなく、その獲得は機械的な獲得ではない。それに熟達し、それを使用するには、独立と人格(Selbständigkeit und Persönlichkeit)が必要である。しかし、この独立と人格は人間に生まれつきそなわっているものではないから、すなわち人間は未熟な被造物として、いわば一匹の動物として、精神の共同体のなかへ生まれ出てくるのであるから、(ここに)文化にとって最も重要な課題が生ずるのであり、その課題を解決することが文化が存続するための条件なのである」[34]。

ここに文化の課題が語られている。文化は人間が創造したものであり、その生活内容をなしているものであるが、他面では個々の主体から離れて独立の意味と価値とをもっている。「人間が作り出すすべてのものは、創造的主体としての人間から解放されて、他の世代、他の民族、他の時代へ伝播され得る」[35]。文化は縦へ解放されることによって歴史的に発展し、横へ解放されることによって社会的に伝播していく。

確かに、文化は創造的主体としての人間から解放されるのであるが、しかし文化を担い、創造し、さらに発展させていくのは、人間、しかも「その民族が達した文化の高さにすでに成熟した人間」、フリッシュアイゼン＝ケーラーがここで言っている「独立と人格」を獲得した人間である[36]。しかし、人間は未熟な被造物として、精神の共同体のなかへ生まれ出てくるのであり、従ってこの「独立と人格」は人間に生まれつきそなわっているものではない。ここに、文化が解決しなければならない課題が生ずる。この課題は、他面では教育の課題でもある。なぜなら、教育は諸世代の交代において新たに入りこんでくる未成熟者を、その生活の高さにまで形成することを課題とするからである[37]。「教育は精神的独立を個々人において生み出すことによって、全体社会(Gesamtheit)の精神的生命を継続する」[38]。このようにして、プラトンが語っているように、文化は過ぎ去るもの・廃れるものは、そのものがかつてあったとはちがった性質の新しいものを後に残すことによって保存される。ここで、フリッシュアイゼン＝ケーラーは次のような命題を提出する。「人間が文化の代理人である限り、彼は教育されている」[39]と。

以上のことで、文化が存続し、発展していく根拠は明らかになったが、しかしその課題はまだ解決されてはいない。次に「独立と人格」はいかに獲得され得るか、という問いが提出されなければならない。この問いを解明するために、われわれはここで教育可能の根拠ともいうべき、人間の精神的発達の独自性に眼を向けなければならない。フリッシュアイゼン＝ケーラーは「教育の限界について」(Über die Grenzen der Erziehung,1919) ならびに「実験的方法の限界」(Grenzen der experimentellen Methode,1918/19) という論文において、当時の生物学的・心理学的研究の諸成果を参照しつつ、それを一般的・原理的な観点からとらえなおすことによって、動物の発達と人間の発達との根本的な差異を明らかにした。それによると、「われわれ(人間)は有機体とは全く異なった意味において、過去の遺産相続人である。われわれは有機体のように、単にわれわれの自然的存在に基づいて、われわれの系統発生的過去によって規定されているのではなく、生物学的種としての人間の存在形式から文化的人間の存在形式へ高まるために、歴史的・社会的生命の遺産としてわれわれに伝えられている文化財の生きた獲得を必要とするのである」[40]。「動物の発達は個々の個体の発達であり、それはその胚種のなかにその祖先の歴史をある程度まで蓄積し、それが個体発生史において現われるにすぎないのであるが、人間の発達は人間種族の発達ではなく、あらゆる新しい世代が古い世代から受容し、形成し続けていかなければならない文化の発達である」[41]。「動物は本質的にその発達に必要なすべてのものを、素質のなかに携えて生まれてくるのに、人間は歴史的被造物として、歴史的に与えられた文化意識の内容を獲得し、引き継いでいかなければならないのである」[42]。以上要約すれば、すべて人間の発達は人間のなかに含まれた素質と、歴史的に与えられた文化条件との交互作用に基づくのであり、その発達のみならず、全本質もまたこの交互作用に基づくのである。

ところで、これまで述べてきたことは、人間の発達論であり、教育論ではない。いわば、人間の生成過程を文化との関連から、一般的・原理的にとらえたにすぎず、そこに得られたのは抽象的・一般的な図式にしかすぎない。教育活動は人と人との間の実践的交互関係として行なわれるものであり、「人間関係を捨象して、文化財と人間との間に教育を考えることは、それ自体抽象的である」[43]。

二　教育的関係論の成立

フリッシュアイゼン＝ケーラーにおいて、教育とは、他面「成長途上にある世代への成長した世代の具案的な作用」[44]と規定されている。しかも、その作用は「教育活動によって実現されるべき一定の価値の観念によって導かれなければならない」[45]という。そして彼は、教育活動を人間と人間との「教育的関係」を中核としてとらえようとする。

「生物学的立場からは、人類の生命が生み出すもの（親）と生み出されたもの（子）とから成り立つように、歴史的立場からみれば、それは教えるものと学ぶもの、教師と生徒との連続になる」[46]。

ところで、生のさまざまな関係から、教育的関係を特色づけるものは何であろうか。たとえば、教師と生徒との関係は、家庭における親と子との自然な関係と同じものであろうか。彼は教師と生徒との関係は独特無比の関係であり、父と子のような自然な親近性や、母性愛と母に対する子どもの愛とにおいて現われるような共属性(Zusammengehörigkeit)とは、明らかに区別されると強調する[47]。確かに教師と生徒との感情関係は親子関係によって与えられたこの感情関係と結びつき、また非常に密接に結合しているかも知れないが、しかし両者は同一ではない。では、その相違をフリッシュアイゼン＝ケーラーはどのようにみているのであろうか。シュプランガーとフリッシュアイゼン＝ケーラーの教育学理論を研究した『陶冶・陶冶理想・世界観』(Bildung・Bildungsideal・Weltanschauung,1972)という著書において、コルマン(Kollmann,K.)も指摘しているように、「青少年へ及ぼす成人の独特に改良的影響」(seltsam umbildender Einfluß)のなかに、またそこから生ずる深い感情のなかに[48]、フリッシュアイゼン＝ケーラーは親子関係とは異なった教育的関係の特色をみている。

ところで、一定の文化機能としての教育の固有性が「改良的影響」にあるとすると、それはどういうことか。レーマンも指摘しているように、フリッシュアイゼン＝ケーラーは子どもの個性へ形成的に働きかけようとする比類のない「教育者の衝動」と、幸せにするあらゆる知識に内在し、人格そのものの完成をめざす「伝達衝動」とを非常に細かに区別した[49]。彼は、「伝達衝動はたとえ教育者がそのなかに純粋な喜びや心からの満足の源を見出すことができるとしても、教育者の究極の動機ではない」[50]と述べ、伝達衝動からさらに根源的なものとして、教育的衝動へ深化していく。彼は教育活動そのもののなかには、他のどこにも繰り返されない唯一無比性があるとし、「教育すること」(Erziehen)と「生み出すこと」(Erzeugen)とが語源上同類であることに着目して、教育活動を「創造的行為」(ein produktives Tun)としてとらえる[51]。コルマンは先に引用した「改良的影響」の、この改良(Umbildung)がここにいう創造的意味に理解されなければならないと強調する[52]。では、教育活動において教育者は一体何を生み出すのか。

フリッシュアイゼン＝ケーラーによれば、「教育者は現実を、すなわち諸事実の苛酷な世界のなかに、将来いつか一つの場所を確保し、歴史的プロセスの真の存在者として、歴史をさらに築いていかなければならない生きた人間を創造する」[53]。ところで、この創造的行為は空想のなかで直観された理想をめざしてなされる。「子どもは理想をめざして形成されるので、空想の子である。しかし最高の意味における実在である」[54]と彼は語る。ここに、教育者の精神構造の独特の二重性がある。彼は子どもの喜び・未來への希望と大人の思慮深さとを両方とも所有する。彼だけが子どもから輝く太陽の光を全く初めて感じることができる。彼だけが子どもの純粋な幸福を現にある幸福として体験することができる。いわば、彼は若き日(Jugend)を何度も体験するのである。このように、子どもの世界と大人の世界との両方に住み得る教育者にして初めて、生徒へ多大な影響を及ぼすことができるのである。

三　教育的関係の媒介者

媒介者(ein Mittelding)とは、仲立ちをするもの、自然のままでは結びつかない両者に関係を与えるものである。教師と生徒とは、本来それぞれ独立した別々の存在である。彼らが結合することができるのは、彼らの本質によるのではなく、彼らが衝動や傾向を同一のもの(ein Gleiches)に向ける限りにおいてのみである。たとえば、求愛者とその恋人のような親密な関係の可能性は、両者を超えておりながら、しかも両者が相互に没入するのを可能にする存者(ein Seiendes)を前提とする。教師と生徒との関係も、そのなかに両者がともに包含される第三の共通なもの(ein Gemeinsames)を前提としているのである。それでは、その第三の媒介者とは、一体何であろうか。フリッシュアイゼン＝ケーラーは「知識」(Wissen)と「理想」(Ideal)とをあげている。まず最初に「知識」について検討してみよう。

媒介者としての「知識」

知識は文化の基礎をなす。それは文化に堅固さと永続性とを与え、その安定性を可能にする。この知識の継承がいつの時代でも、教育の重要な課題であった。ところで、この知識の継続(伝達)が機械的な手渡し(eine mechanische Weitergabe)において存在するものでないことは明らかなことである。知識や、より一般的には文化は、変化のない単調な繁殖ではなく、生きた人格のなかでのみ創造され続けていく。従って、それは常に人格的な媒体において現われるのである。

それでは、知識はどのようにして継承され得るのであろうか。この問に答えるためには、その前にまず次のことが問われなければならない。つまり、継承可能な知識、換言すれば伝達可能な知識とはどのような構造をもつものであろうか、と。一般に、われわれが知識として考えるのは、認識作用によって獲得された成果、いわば言語化され、文字化され、概念化された客観的形成物としての知識である。しかし、ここにいう知識はこのような知識に限定されるものではない。フリッシュアイゼン＝ケーラーはそれを人間のあらゆる活動、たとえば弓術における技能、芸術における技術、精密な認識の諸命題等へ拡大する。そこで、彼は次のように考える。

「学問知（Wissenschaft）はごくわずかの部分だけ、客観的な、いわば受動的な諸認識から成り立つ。知識（Wissen）はまず第一に能力（Können）であり、そしてもともと方法に熟達すること（Beherrschung einer Methode）である」[55]。

「父親が息子に戦争道具の製作を教える最古の時代から、同業組合や医者の学校を経て、今日のゼミナールや大学研究所にいたるまで、学ぶ者と教える者とが存在するのは、常に方法においてであって、知識の客観的な範囲においてではない」[56]。

教師と生徒との生きた交わりにおいて獲得されるのは、まさしくこの方法、この技術なのである。木村素衛がその著『形成的自覚』において、「教材が真に教育の媒体として運用されるといふことは、これを単に作られたものとしてのそれの意味の理解に資するといふことではなく、作ることとそのことの相においてこれを学ばしめるといふことであるのでなければならない」〈原文のママ〉[57]と述べているが、これは前述したことを傍証するものとみてよい。このように、知識を「知る」働き、また「いかに知るか」という意味において、「能力」「方法」「技術」と解することによって、知識を媒介とする教師と生徒との生きた結合は可能になる。そして、純粋に伝統的なもの・受動的なものが後退すればするほど、この結合は一層密接に、かつ意味深く形成されるのである。

これまで論述してきたことを要約すると、一般的かつ伝達可能な知識の共有において、また知識の生きた創造において、教師と生徒との共同体（Bildungsgemeinschaft）は成立する、と考えられる。ところで、知識は二人の人間のなかに、第三のものとして、彼らを超えて存在し、かつこの二人の結合を可能にする一者(das Eine)にすぎない。知識が人間の魂を全く満たしたのは、特殊の場合だけであった。そこで、フリッシュアイゼン＝ケーラーは第二の媒介者として、「理想」をあげている。

媒介者としての「理想」

すべての知識は、まず第一に「存在するもの」にかかわっている。しかし、人間の胸中深くには、「あるべきもの」への問いが内在している。これは、あらゆる未来への希望、非合理なものの深みから生ずるあらゆる本能や衝動と結合して、固有の生命力をなす。人間は自然の秩序に逆らって、理想を生み出し、それを達成しようと努力する。理想へのこの傾向は、人間にとって根源的なものである。フリッシュアイゼン＝ケーラーはこの理想において、二人の人間の魂は相接触することができるという。それでは、この理想において、教師と生徒とはどのように結びつくのであろうか。

教育が説教や命令において存在するのではなく、子どもの魂のなかへ愛情深く入っていき、多くの賦与された可能性を内から選びとることにおいて存在する限り、教師はその可能性のなかに直観された可能態としての子どもの理想を、自己のなかに受け取り、それを自己自身においてある程度まで表現していなければならない。つまり、理想は生徒が最初接近していかなければならない何か自然なものとして、教師の人格そのもののなかに含まれていなければならない。[58] 教師はその人格のなかに、達成可能な目標を表現することによって、生徒のなかに存在の喜び・安寧・自己自身への信頼・人間関係の価値への信頼を呼び起す。このようにして、かつて教師の理想であったものが、漸次生徒のなかに増大していく。このことが可能となるのは、同じ理想が両者に存在し、しかも両者がともにそれを憧憬しているからである。

さて、このようにして、教師の本質の一部であるものが、教師に対して独立したものとして相対するとき、彼は彼の理想の実現を認めることができる。ここから、教師は未来への信頼を獲得し、人類を動かす偉大な諸原理の力を感知する。生徒の方は、模倣から始まって自由な自治で終る彼自身の発達過程において、偉大な進歩の可能性・偉大な自治の可能性への信頼を獲得する。ここに、教師と生徒とを結びつける、あの心からの信頼の感情が生み出されるのである。[59]

以上、われわれは教師と生徒とを結びつける第三のもの(媒介者)として、「知識」と「理想」とについて、フリッシュアイゼン＝ケーラーの見解をできるだけ忠実に跡づけてきた。このことから明らかなように、教師と生徒とは直接的・無媒介的に結合しているのではないのである。

ところが、ここで一つの疑念が起る。たとえば、文字や印刷術の発明によって、いまや知識の宝庫は、すべての人々に親しみ易く公開されている。従って、教師と生徒との人格的関係は、次第に背景へ退くか、あるいは全く無用になったのではないか、と。理想に対しても、同じような疑念が提出される。理想の歴史は、その生成・その変化・その衰退において、われわれの眼前に展開されている。従って、人間が理想を模範にして、それによって経験する改良(Umbildung)を教育と呼ぶならば、われわれは教育という概念を狭い人格的関係以上に拡大することになる。そうなれば、低い文化への優れた文化の教育作用についても語ることができるし、また歴史全体がかかる作用から成り立っているので、歴史は教育過程になり、「歴史が教育する」ということもできる。もはや、人格的関係は必要ではないかのごとく思われる。これらの疑念に対して、フリッシュアイゼン＝ケーラーがどのように答えたか、このことを、最後に考察することにしたい。

四　教育活動における教師の人格の役割

ノールはフリッシュアイゼン＝ケーラーの教育学論文集を編集し、その序において、フリッシュアイゼン＝ケーラーが到達した最も深い真に教育学的洞察として、次の文を引用している。

「教育方法は宙に浮いているのでも、ただそれ自体で活動しているのでもなく、教育者と被教育者との共同体の密接な相互交通のなかでのみ作用する」[60]。

フリッシュアイゼン＝ケーラーにとって、教育は少なくとも二人の人間からなる共同体を包括する社会的機能である。このような教育学的認識をもつフリッシュアイゼン＝ケーラーは、前述のような教育的関係を無用にするような結論の仕方を一面的であると批判する。

知識の問題に関していえば、「その（すべての人々に親しみ易く公開されている）知識を獲得するための条件である機械的な読み・書きが人格的な教授によってのみ獲得され得るように、それなしには知識は依然として死んだ知識であるところの、より質の高い読み・書きもまた、人格的な教授によって獲得される」[61]からである。前述したように、彼は知識を「客観的ないわば受動的な諸認識」（状態としての知識）と「能力」「方法の熟達」（作用としての知識）という二側面をもつ構造としてとらえ、後者の「方法の熟達、すなわち技術の獲得は、教師と生徒との生きた交わりにおいてのみ獲得されうる」[62]と確信しているのである。また、知識の教授にとって重要な第一のもの、すなわち「興味の覚醒は、教師の人格から独立しているものではない」[63]と考えている。理想に関しても、同様のことがいえる。理想は生徒にとって理論的に明瞭になればよいというだけではない。その理想が彼の教師の人格のなかに、生命力のある、また生きる価値のある理論として現存しているのを見出すことが肝要なのである。[64]

フリッシュアイゼン＝ケーラーはこのように教師の人格のもつ影響力を重視する。そこには、次のような確信があったからである。

「われわれが常に何かある現実の課題が生涯の要件となった人々から最も大きな影響が生ずるということを認めるならば、われわれにとって大きな霊感的な理念への接近は、ほとんど常に生きた人格を通して開かれる。事柄への堅固な信念が支配している人間ほど、強く影響するものは他に何もない。彼のみが実行力・勇気・新しい信仰を生み出すことができる」。[65]

彼はこのような確信から書物学問(Buchgelehrsamkeit)に対する人格的教授の永続的な優越を認めるのである。[66] 現実の世界へ歩み出て、生活そのものの大きな諸力に立ち向っていく生きた人間は、このように教師の人格的感化によって生み出されていく。もちろん、この人格的な感化というものは、客観的内容に即して初めて具体的形態をとるものであって、具体的内容のない単なる抽象的・形式的な人格的感化というようなものは存在しないのである。

われわれはフリッシュアイゼン＝ケーラーの初期論文「教師と生徒」を「教育的関係」論史のなかに位置づけて、その内容を検討してきた。ディルタイが「教育学は、……教育者と被教育者との関係の記述とともにのみ始めることができる」[67]と語って以来、教育的関係の問題は精神科学的教育学の中心テーマになった。そしてそれは一応ノールにおいて体系化されたのであるが、その結節点として、フリッシュアイゼン＝ケーラーの「教師と生徒」を位置づけたのである。

【注】

1　R.Lehmann,Max Frischein-Köhler (1878-1923). Nachruf, in: Kantstudien, Band 29,1924.
Wiederabgeduckt in: Max Friseheisen-Köhler, Philosophie und Pädagogik. Eingeleitet von H.Nohl, Kleine pädagogische Texte, Heft 20, 2.Aufl.,1962.

2　ditto, S.XII.

3　この草稿は、最初『ドイツの学校制度』(Das Deutsche Schulween) の一九二五年報に収められた。その後、ノール編集のフリッシュアイゼン＝ケーラー教育学論文集『哲学と教育学』(Philosophie und Pädagogik,1931,1962) に収められた。ノールもまたレーマンと同様に、この草稿の価値を高く評価している。さらには、W・フリットナー編著『教育』(Die Erziehung. Pädagogen und Philsophen über die Erziehung und ihre Probleme, 1953) にも再録されている。

4　稲毛金七『教育哲学』二版（目黒書店、一九四三年）五七〇頁。

5　稲毛金七『前掲書』注4、五五一頁。
稲毛のこの評価に対して、若干の異議がないこともない。彼がこのように断定している彼らの学問的業績は、少なくとも一九四一年以前のものばかりであり、その後の彼らの学問的営為は評価の対象になっていないからである。

6　稲毛金七『前掲書』注4、五八一頁。

7　稲毛金七『前掲書』注4、五八一頁。

8　K. Bartels, Pädagogischer Bezug, in: Handbuch pädagsischer Grundbegriffe, Band 2, hrsg.von J. Speck und G. Wehle, 1970, S.2.

9　拙稿「ノール」杉谷雅文編著『現代のドイツ教育哲学』(玉川大学出版部、一九二九年三月) 六一―八六頁。

10　M. Frischeien-Köhler, Meister und Schüler, in: Philosophie und Pädagogik, 2.Aufl., 1962, S.25.

11　H. Nohl, Erziehergestalten, 2. Aufl., 1960, S.21.

12　Derselbe, Pädagogik aus dreißig Jahren, 1949, S.153.

13　Derselbe, Die pädagogische Bewegung in Deutschland und ihre Theorie, 4.Aufl., 1957, S.134.

14　Derselbe, Ausgewälte pädagogische Abhandlungen. Besorgt von Josef Offermann, 1967, S.63.u.S.69.

15　稲毛金七『前掲書』注4、五七一頁。

16　篠原助市『欧洲教育思想史』(下) (玉川大学出版部、一九七二年) 一八四頁。

17　R. Lehmann, a.a.O. (1), S.10.

18　ditto, S.16.

19　ditto, S.9.

20　ditto, S.10.

21 Hobbes in seinem Verhältnis zu der mechanischen Naturanschauung, Berliner Dissertation, l902.

22 デーテル編『哲学史概要』(Ch. J.Deter, Abriß der Geschicthe der Philosophie,9-13. Aufl.,1910/22)
ユーバーヴェーク編『哲学史綱要』第三巻『一八紀末までの近代哲学』(F. Üerwegs Grundriβ der Geschichte der Philosophie, III Teil, Die Philosophie der Neuzeit bis zum Ende des l8 Jahrhunderts, 11.u.l2. Aufl., 1913). ゲオルク・ジンメル(Georg Simmel, in: Kantstudien, Band 24, 1919)

23 H. Rombach(Hrsg.), Lexikon der Pädagogik, Band 2, S.3.

24 稲毛金七『前掲書』注4、五七一頁。

25 M. Frischeisn-Köhler, a.a.O.(10), S.21.

26 Ed. Spranger, Pägogische Persektiven. Beiträge zu Erziehungsfragen der Gegenbart, 2.Aufl., 1952, S.l5.

27 R. Lehmann, a.a.O.(1), S.17.

28 M. Frischeisen-Köhler ,a.a.0.(10), S.2l.

29 ditto, S.31.

30 ditto, S.22.

31 Derselbe,Über die Grenzen der Erziehung, in:Philosophie und Pädagogik, 2.Aufl., 1962, S.153-54.

32 Derselbe, Grenzen der experimentellen Methode, in: Philosophie und Pädagogik, 2.Aufl., 1962, S.149.
Derselbe, Kultur und Bildungsideal, in: Philosophie und Pädagogik, 2.Aufl., 1962, S.l67.

33 Derselbe, a.a.O.(10), S.23.

34 ditto, S.22-23.

35 Derselbe, a.a.O.(31), S.155.

36 Derselbe, a.a.O.(10), S.23.

37 ditto, S.23.

38 ditto, S,23.

39 ditto, S.23.

40 Derselbe, a.a.O.(32), S.124.

41 Derselbe, a.a.O.(31), S.155.

42 ditto, S.155.

43 扇谷尚「教育作用の主体」大阪大学文学部紀要、第七巻、一九一頁。

44 M. Frischeisen-Köhler, Pädagogik und Ethik, in: Philosophie und Pädagogik, 2.Aufl., 1962, S.98.
45 ditto, S,92.
46 Derselbe,a.a.O.(10), S.23.
47 ditto, S.24.
48 ditto, S.24. ただし、コルマンは特に「改良的影響」という点を重視して、大人と子どもとの関係に必ずしも固執しない。それは、「一者と他者との関係」というシェーマのもとに、そのどちらか一方から他方への改良的影響というように転釈される(R.Kollmann, Bildung・Bildungsideal・Weltanschauung.Studien zur pädagogischen Theorie Eduard Sprangers und Max Frischeisen-Köhkers, 1972, S.3-4.)。
49 Derselbe, a.a.O.(l0), S.24. R. Lehmann, a.a.O.(1), S.16.
50 ditto, S.24.
51 ditto, S.24-25.
Derselbe, Philosophie und Pädagogik, 2.Aufl.,1962,S.84.
52 R. Kollmann, Bildung・Bildungsideal・Weltanschauung. Studien zur pädagogischen Theorie Eduard Sprangers und Max Frischeisen-Köhlers, 1872, S.4.
53 M. Frischeisen-Köhler, a.a.O.(10), S.24.
54 ditto, S.25.
55 ditto, S.31.
56 ditto, S.31.
57 木村素衞『形成的自覚』再版(弘文堂、一九四二年)五八頁。
58 M.Frischeisen-Köhler, a.a.O.(10), S.33.
59 ditto, S.33.
60 Derselbe, a.a.O.(32), S.140. Vgl. H. Nohl,Vorbemerkung, in: M. Frischeisen-Köhler, Philosophie und Pädagogik, 2.Aufl., 1962, S.7.
61 Derselbe, a.a.O.(10), S.31.
62 ditto, S.31.
63 Derselbe, a.a.O.(32), S.146.
64 Derselbe, a.a.O.(10), S.35.
65 Derselbe, a.a.O.(32), S.146.
66 この点に関して、扇谷尚は「教育作用の主体」という論文において、次のように述べている。「文化教育学は文化財の形成的意義を高く評価しながらも、教育現象を人間関係をはずした単なる価値事態との応答関係においてとらえることをしないのである。人間関係を捨象した文化財と人間との間の教育を考えることは、それ自身抽象的である。文化財にしてそれが教育作用としての意義を帯びるのは、教育的関係にあてはめられた限りなのである」（大阪大学文学部紀要 第七巻、一九一頁）。

67　W. Dilthey, Gesammelte Schriften, Band 9, Pädagogik. Geschichte und Grundlinien des Systems, 2.Aufl.,1960, S.190.

第三章　教育学の自律性とノールの教育学的立場

はじめに

二〇世紀初頭のドイツの教育学的状況を、ボルノウにならって特色づけるならば、それは「教育的熱狂」(Pädagogishe Enthusiasumus)[1]の時代であったといえる。当時ドイツでは、多種多様な改革教育学運動(Reformpädagogishe Bewegungen)が相継いで展開し、ドイツ全土はそのるつぼと化した。そして、ドイツ国民は挙ってこの改革諸運動を熱狂的に歓迎したのであった。[2]

一般の精神史における一連の諸潮流に呼応して、教育学の領域においても、人間の「内的形成の問題」が新しい時代の中心的関心事となる。[3]それは人間の内的更新によって、外的状況の回復を導き出そうとするものであった。たとえば、二〇世紀初頭に出現した、力に満ちた教育改革の諸運動は、その内容からみれば、いずれも一九世紀の教育学的精神に対する鋭いアンチテーゼである。教育学的主知主義と機械主義に対しては、芸術教育運動、労作学校運動が、教育・教授の分裂と皮相化とに対しては、合科教授への努力、田園教育舎、共同社会学校等が現われた。これらの運動を支えている基本的理念は、「子どもの創造的生命性の解放であり、客観的諸力の強制からその生命性を解放することであった」[4]。それはまだ汚れを知らない子どものうちに、過去の重荷にわずらわされていない子どものうちに、新しいよりよい生活秩序の担い手たりうる人間を創り出すためであった。そこには、「人間のうちにある根源的に善なる核心への信頼の念」[5]があった。人間のなかの根源的な善の核心に対するこの信頼は、たとえば施設の子や囚人たちのなかにも、いまわしい犯罪者の性格を見ずに、不幸な偶然によって正しい道を踏みはずした人間の仲間を見てとるのである。教育の使命は外面的強制なしに、人間のなかの根源的な善なる力を展開させ、それを壊す影響を排除してやることであった。

しかし、この改革教育学運動はその当然の限界に突きあたり、それを越えていく新たな形式を求めなければならなかった。そこに、新しい、客観的な内容に専念する文化教育学が現われる。つまり、「人間は本来まさしく文化的存在である。すなわち、人間の創造的諸力は単に内部から発展しうるのではなくて、その発展のためには、既存の文化の媒介が必要である」[6]ということが認識されたのである。成長しつつある人間を客観的な文化のなかへ導き入れることによって、彼のなかに眠っている才能の発達を援助することが、文化教育学の代表者たちに共通する基本的立場であった。その奥には、個々の人間の精神構造と客観的な文化の構造との間の類似を見る、深い思想がある[7]。

このように、教育学的諸問題が世紀の転換期に前景に現われ、新しい教育学的願望になるにつれて、教育学的諸問題を理論的に解明しようとする努力が増大してくる。これは前述した教育学的生の諸運動とは若干異なった範疇的系譜に属する教育学の科学的運動である。この運動もまた、先行する過去を現代に対立するものとして否定する「新しい理論的自覚」である。では、否定されるべき先行する過去とは何か。しかもその過去より醸成されてきた課題とは何か。簡単にいえば、過去とはヘルバルトおよびヘルバルト学派の教育学体系の優越であり、課題とは教育学の科学的基礎づけである。一九世紀からの教育学的課題は、教育学の自律性をめざして、教育学を哲学や神学への隷属から解放し、科学の世界においてその決定的な市民権を獲得することであった。すでに、ヘルバルトは教育学を倫理学と心理学とによって基礎づけ、科学的教育学の礎を築いた。しかしその場合、ヘルバルトは教育学全体を教育の目的から演繹しようとした。このヘルバルト教育学体系の批判的克服として現われたのが、モイマンの「実験教育学」(Experimentelle Pädagogik)であり、ナトルプの「社会的教育学」(Sozialpädagogik)であり、ディルタイの「生の教育学」(Lebenspädagogik)である。従って、二〇世紀における教育学の歴史は、ある意味で一九世紀の教育学的遺産との対決ないし批判として綴られるであろう。その対決ないし批判の仕方の相違によって、種々の潮流が生ずる。これらの潮流のなかで、ディルタイの流れをくむ精神科学的教育学は、一九二〇年代のドイツ教育学界の中心的役割を果してきたのである。かかる背景のもとに、ノールの教育学的立場は理解されなければならない。

第一節　ノール教育学の成立とその背景

ノール教育学の成立には、二つの背景ないし前提がある。それはディルタイの生の哲学的思想の影響と第一次世界大戦の従軍体験である。[9] ノール(Nohl, H., 1879-1960)は最初医者になるつもりでベルリン大学に入学したが、ディルタイの影響を受け哲学に転向した。そして、一九〇四年学位を得て後、ディルタイの助手(1904-1908)として、また続いてイエナ大学の私講師(1908-1915)として、哲学の研究に従事していた。ところが、一九一五年第一次世界大戦に召集され、突撃兵として従軍した。そのために、彼の哲学研究は中断されたが、その従軍中に彼は教育学への方向転換を決意した。そのことを、ノールは戦争から戻ってまとめた最初の論文集『教育学・政治学論集』(Pädagogische und politische Aufsätze, 1919)の序において、次のように語っている。

「われわれ国民の不幸を救済する手段は、青年を快活にし、勇敢にし、創造的にする新しい教育以外にはない」。[10]

新しい教育による新しい始まりの必要性についての、この明確な洞察が彼の生涯の課題を決定したのであった。もちろんその遠因としては、たとえば後にも触れるように、青年運動とのかかわり、自分の子どもたちや学生たちとの親密な交わり、また彼の家庭の教育的伝統(祖父：国民学校教師、父：ギムナジウム教師)が考えられるが[11]、しかし最後の重要なきっかけは、何と言ってもこの戦争体験である。その体験とは何であったか。

突撃兵としてノールが体験したものは、彼の仲間の精神的・心的貧困である。ドイツの古い学校制度は「民衆学校」(Volksschule)と「ギムナジウム」(Gymnasium)という二つの学校系統から成り立ち、その間は何の有機的関連もなかった。教養はその出身と経済的状態によって教育を受けることのできた貧相な上層階級の占有物となり、そこに「教養ある階級」と「教養なき階級」とが現出した。かかる精神的分離がカースト的対立を惹き起したのである。しかも、上層階級が身につけた教養は国民や生活から遊離し、田舎の人間、大工場の労働者、往来の人間と何らの結びつきもなかったため、国民のなかへ働きこんで、国民を形成する力にはなり得なかった。ノールにとって、今や下層の国民の精神的困窮とその原因は明らかになった。ノールはそこで、国民を新たに見なおすことを学び、そして国民の更新はその精神生活の根底からの覚醒によってのみ、成功することができるとの認識に達したのであった。このことを可能にするのは、ノールにとって「新しい教育学」(die neue Pädagogik)である[12]。

以上述べたように、要約すれば、第一次大戦中、および大戦後の内的苦悩からこそ、国民と祖国とを新たに構成し、新たに形成することに積極的に助力しようと望んだ教育的情熱がノールに湧き起ったのであり、それが彼をして実践と理論の両面にわたる教育学的研究へ転向させたのである。

ノールはW・フリットナーや神学者・ヴァィネルらとともに、チューリンゲンに「民衆大学」(Volkshochschule)を創設し、その指導にあたった。それは「国民向上のための新しい機関」(das neue Organ des Erhebung)として登場したのであるが、[13]ノールにとっては彼の従軍体験の教育学的帰結であり、また他面それは彼の教育学的研究がそこから可能になるプラット・ホームであった。そして翌年(一九二〇年)には、ノールは新設された教育学講座の担当者として、ゲッティンゲン大学に招聘されるのである。彼の本格的な教育学研究は、この地で展開される。われわれは次にノールがその師ディルタイからいかなる影響を受け、またいかなる遺産を批判的に継承したかを明らかにしなければならない。それでは、ゲッティンゲン大学でのノールの活動はどのようなものであったか。

ノールはディルタイの仕事を批判的に継承するなかで、自己の教育学的立場を発展させた。ノールはディルタイの論文「普遍妥当的教育学の可能性について」(Über die Möglichkeit einer allgemeingültigen Wissenschaft,1888)を編集し、その序文のなかで、次のような批判的解釈を行っている。すなわち、ディルタイにおいては、「教育学の普遍妥当性は教育的現実の構造への認識の代りに、(心的な)基本的過程の完全性という空疎な形式において追求される」[14]と。ディルタイが提起し、解決しようとした課題は、「科学としての教育学の基礎づけ」であり、その点で彼のこの論文は、新しい教育科学の最初の基本線(精神科学的教育学)を示したものとして高く評価されているが、しかしディルタイはその教育学理論を教育的現実そのものから基礎づけずに、科学論から構想したため、究極的な解決には至らなかった。ノールはディルタイにおいて曖昧であった「教育的現実」(Erziehungswirklichkeit, Pädagogische Wirklichkeit)という概念を継承し、その教育的現実の構造分析を彼の陶冶論の中心にすえる。バルテルス(Bartels, K.)もいうように、「教育的現実」というこの概念は、ノール教育学理論の基礎的・包括的なカテゴリーである。[15]そして、ノールはその構造分析に、教育学の自律性の根拠を求める。ここにノール教育学の中心的課題が成立するのである。その成果はパラートとともに編集した『教育学テキスト』(Handbuch der Pädagogik,1928)第一巻に収められた「陶冶論」(Theorie der Bildung)である。

ノールへのディルタイの影響は、もちろんこれに止まるものではない。より広い、より基本的な影響を与えたのは、ディルタイの教育学よりもむしろ彼の生の哲学的見方である。つまり、それはディルタイの解釈学的方法

(Hermeneutische Methode)である。ノールはディルタイが発展させたこの解釈学的方法によって、教育的現実を理論的意識のなかへもちこみ、それによってこの生の隠れた体系を取り出し、その最も深い意志を解明しようと企てたのである。[16] ノール研究者、モール(Mohr, K.)はノールの教育学を「教育的現実の解釈学」[17]と名づけた。

さて、以上の概観によって、ノール教育学の立場が明らかになった。それは教育学の精神科学的基礎づけであり、それによって教育学の自律性を保証しようとするものであった。われわれはこの問題を次により詳細に検討しなければならない。

第二節　教育学の自律性の問題

一　教育学における実在論的転向

ノールの教育学的立場の解明は、まずその師ディルタイにおいて教育学的課題がいかに醸成せられ、それがノールにおいてどのように継承されたかという、学説史的系譜の検討から始めなければならない。

教育学は他の諸科学と同様に、哲学という包括的な母胎のなかで成長してきたものである。従って、教育学は大抵ある場合には明確に、ある場合には暗黙裡に、哲学からその本質的な諸前提を借用していた。W・フリットナーが述べているように、従来「教育学的自覚の固有の場は、哲学と道徳神学であった。教育学は哲学の構成要素であり、神学の添え物であった」。[18] ところで、教育学における実在論的転向は、この哲学や道徳神学からの教育学の解放運動(Emanzipationsbewegung)としてとらえられる。その急進的立場は哲学や神学への一切の依存性を破棄し、哲学的思弁や神の意志に代えて、「経験」を科学的に価値ある認識原理として提起したのであった。

ディルタイに由来する精神科学的教育学の流れは、教育学における実在論的転向の一つの系譜である。自然科学的・説明的方法に対して精神科学の独自性を擁護したディルタイは、観念論的思弁も機械論的・実証主義的態度も退けて精神科学の哲学的基礎づけを志した。この精神科学の立場に基づいて教育学を構成しようとしたディルタイによって、教育学は重大な衝撃を与えられた。『教育学の歴史』の著者、レーブレ(Reble,A.)は、ディルタイの「普遍妥当的教育学の可能性について」という論文によって、教育学理論の新しい時代が始まる、という。[19] それはどういう意味であろうか。

ディルタイは自然科学的・実証主義的方法によって教育学に精密科学の性質を賦与することも、また論理主義的・先験主義的方法によって存在や経験を超えたところにある理念の世界に基礎をおく教育の普遍妥当的規範学を構築することも、ともにたとえば、自然神学・自然法・抽象的国民経済学・国家学等と同じく、一八世紀の遺物にすぎないとして退けた。[20] 経験的に得られる時間的な心意の法則に基づくにせよ、あるいは理念から演繹される超時間的に妥当する論理の法則に基づくにせよ、経験的教育学あるいは観念論的教育学が構想する普遍妥当的教育学は、定式的な厳密さと精密さで述べられるが、しかしそのためにかえって抽象的・形式的に流れ、教育の具体相を無視することになった。現実とは無関係の法則や理念は抽象的な哲学者には尊ばれようとも、教育者・教育学者には無縁のものでなければならない。かくしてディルタイは、このような「規範的な急進主義の兵営建造物を退けて、教育と教育理論とを歴史的現実のなかへ引き入れ、理想よりもむしろ教育的現実の構造を純粋に科学的に問題にする」。[21] ここに、普遍妥当的抽象の領域から教育的現実の領域への転向が見られるのである。ディルタイは前述の論文において、「いかなる点で存在の認識から当為の規則が生ずるか」という問題の解決を求めて、心意的生(Seelenleben)の特性を検討し、そこに教育の規則の体系を可能にする根拠を見出そうとしたのであった。[22]

二　出発点としての教育的現実

前述したように、ディルタイにおいて教育学の出発点は教育的現実であることが確定されたわけであるが、この自覚はその弟子、フリッシュアイゼン＝ケーラーの『哲学と教育学』(Philosophie und Pädagogik, 1917)にも、ノールの『ドイツにおける教育運動とその理論』(Die pädagogische Bewegung in Deutschland und ihre Theorie,1935)にも受け継がれている。ロートは「教育科学を支えている基底としての教育的現実を発見し、それを教育科学的研究の課題としたのは、ディルタイ、ノール、ヴェーニガーの偉大な功績である」[23]と高く評価した。

ところが、ディルタイは前述した彼の論文において、彼自身が最初に発展させた教育的現実の分析は行なわず、心意的生の構造連関の分析から、「形式的な最少限の目的」(Formales Zweckminimum)という概念の上に、普遍妥当的理論の根拠を求めた。ディルタイの「科学としての教育学の基礎づけ」という課題に改めて着手したノールは、しかしディルタイの「心意的生の目的論」を生産力のないものとみなした。たとえば「いかなる生が価値あり、いかなる生が価値なきかという解答を生そのものから期待するとき、われわれは宿命的な環(サークル)のなかを動くのではないか」[24]という疑念がディルタイの教育学には付着するからである。そこで、ノールは主観主義と客観主義との二元論を克服する統一点として、「教育的現実の構造分析」を取りあげる。彼は教育的現実について次のように叙述している。

「それは生から、すなわちその生の諸々の要求や理想から成長し、諸行為の連関として現存し、歴史を通じて、諸々の制度や機関や法則を構成しながら―同時にその処置、その目標と手段、理想と方法を理論において自覚しながら―芸術・経済・法律・科学等のような、相対的に独立した文化体系として、大きな客観的現実を構成している。その文化体系はそのなかで活動する個々の主体からは独立しており、また各々の真に教育的な作用において働くところの固有の理念―その理念は再びその歴史的発展において把握される―によって規制されているのである」[25]。

この教育的現実は、ノールの場合、「教育的体験」(Pädagogisches Erlebnis) と「教育学的客観態」(Pädagogische Objektivationen) とにおいてわれわれに与えられている[26]。ここに、教育学的解釈学という教育学の方法にとって重要な思想が展開する。教育学的解釈学は実践のなかで組織と方法を伴ってすでにいつも展開されてきた教育、いわゆる教育的現実を、いわば教育学理論のなかで解釈され、意味づけられなければならない「原典」(Text) とみなす。ノールの場合、それは教育的体験と教育学的客観態としてわれわれに与えられているのであるから、それが方法論上の出発点となる。

教育的体験は教育を受けた体験 (Gebildetwerden)、自己教育の体験 (Sichbilden)、教育した体験 (Bilden) の三つの位相に区別される[27]。前二者の体験は職業的教師の特権ではなく、すべての人間の基礎経験である。その体験を通して、われわれは教育の本質を解明することができる。しかしそれは狭隘であり、主観的であるために、教育史の体系的分析によって補われなければならない。ノールにおいて、教育学的客観態とは「教育活動の歴史的発展」[28]のことであり、「教育理念の展開の連続性」[29]である。従って、それは歴史的にとらえられている。そこで、ノールの場合、教育史が決定的に重要となる。教育学の歴史的客観態は教育の本質・法則・構造を内包している。ノールは次のように語る。「教育とは本来何か、われわれはそれを……教育の歴史の体系的分析からのみ理解する」[30]と。しかし、この客観的世界はそれが繰り返し自己の教育的体験へ再帰されるときだけ、生命と意味を得る。

以上のように、ノールの教育学的解釈学において、「体験と客観態との相互的解明」が強調されている。つまり、教育的体験から出発して、歴史における教育学的客観態を体系的に分析し、この分析を体験へひきもどす。この方法的歩みは、もちろん段階的系列と考えられてはならない[31]。ボルノウの言葉を借りて表現すれば、それは「循環的関係」

である。

三　教育的行為の本質

かかる教育的現実の解釈学的方法によって把握された「教育の本質」とは、どのようなものであろうか。

ノールは教育学の歴史を検討し、そこに客観的課題に奉仕する「古い教育学」から、子どもとその主観的生命をその中核にすえる「新しい教育学」への展開の歴史的必然性を認める。[32] その重要な転換点がルソーであることはいうまでもない。従来の古い教育学においては、個人は国家・教会・学問・身分・職業のような客観的目的の担い手にすぎなかった。[33] そして、子どもは古い世代とその目的に適合しなければならない意志のない被造物にすぎなかった。それが新しい教育学では、子どもはその固有の自発的・創造的生命においてみられ、その目的は子ども自身のなかにあり、「教育者はその課題を客観的目標という名において受け取る前に、それを子どもという名において理解しなければならない」[34]というように、方向転換される。ノールはこの「客観的目的から、主観・その諸力とその成長へのラジカルな視点の転移」に、教育的行為の秘密とその最も固有なエートスがある[35]、という。

教育学の自律化の過程を「解放運動」としてとらえたノールは、「その出発点を無条件に生徒のなかにおく」新しい教育学の意義を積極的に評価した。彼は子どもの主観的生命へのこの定位のなかに、教育学的基準があると主張する。ここから、教育の目標は「知識のための知識の普及でも、あるいは科学的目標のための学習能力でもなく、常に生ける人間とあらゆる国民同胞の健全な、品位ある精神生活の覚醒」[36]にあると考えられた。ノールは人間をその有用性と業績能力とから評価する傾向に対して鋭く反対する。教育要求としての有能性は、個人を全く国家の目的のためにおく啓蒙的絶対主義の国家教育学において発展してきた。ここに、教育目的の危険な客観化があるのである。[37] そこでは、子どもはこの目的の手段として、その人格と権利は認められず、教師は国家や宗派や学問といった他の諸勢力の下僕となってしまった。こういう諸勢力に対して、「人間性」(Menschentum、これは Humanität という古い概念に対する新しい表現である)[38]を教育の理念として立てることにより、教育(学)は初めて固有の本質とエネルギーを自覚するようになった。この「人間性」概念を中核として、ノールの新しい「教養」論が展開するのである。

ところで、ノールは固有の教育学的二律背反の解消し難さへの洞察から、純粋の子どもからの教育学(die reine Pädagogik)に対して批判的な態度をとる。ここにノール教育学における重要な概念、「対極性」(Polarität)の原理が現われる。「第一の、しかも根源的なものは、たしかに主観の生命性であるが、しかしこの生命性はその表現である客観的形式を受容することによってのみ獲得されうる」[39]と。ノールにとって、主観と客観的内容とは教育的行為における重要な教育学的二律背反である。主観はみずからその諸力を発展させ、その目標を自己自身のなかにもつ。それに対して、客観的内容・文化連関・社会的共同体はこの個人を自己のために要求し、それ自身の法則をもち、個人の意志や法則を問題にしない。[40]そこで、ノールは、教育をこの二つの対極的緊張(die polare Spannung)のなかで行なわれる特殊な行為とみる。

四　教育学の自律性

教育学の第一の課題は、文化連関における教育活動の自立的な位置を規定することである。この規定から、教育学の自律性はその究極的な基礎づけを得る。

主観と客観的内容との対極的緊張のなかに、教育的行為の成立する場を確定したわれわれは、すべてを子どもから決定しようとする「心理学的教育学」とも、文化の進歩に主要課題を見出す「文化教育学」ともちがった第三の教育学の立場を求めなければならない。それがノールのいう「自律的教育学」(Autonome Pädagogik)の立場である。「自律的教育学はたしかにその目標点を主観のなかにおく。そしてその教育学にとって常に問題なのは、人間とその人間性である。

しかし、この教育学は主観の質はそれが客観の質へ献身することによってのみ、獲得されるということも、心得ている」[41]と。

ところで、この自律的とはどういう意味であろうか。教育や教育学が客観的諸勢力から完全に独立しているとは考えることはできない。「主観の内的形式は(客観的)内容から分離されえない」。そこでノールは教育学の自律性を「相対的自立性」(Relative Selbsttätigkeit)[42]と規定する。相対的自立とはそれが孤立してみられるのではなく、一般的な文化連関における特定の位置づけにおいてみられ得るということである。そしてその場合、教育学の自律性の根拠は教育理念のなかにある正しい尺度、すなわち客観的文化や社会的関係からのどんな要求でも、それが子どもの生活の構成と子どもの諸力の向上にとって、どのような意味があるのかという問いによって変形されるという点にある。[43]

第三節　教育的関係論

一　教育的関係論の成立とその方法的前提

「教育的関係」(Pädagogischer Bezug)とは、教育的理念に志向されて、教育者の教育活動を媒介として、常に被教育者の変革・発展が実現されていく社会的現実である。[44]従って、それは形式的には教育者と被教育者との人格的関係としてとらえられ得るにしても、この関係はある一定の価値の実現に奉仕する、すなわち相手が独立の人格として向上することを援助するという構造を有するものである。ノールはこの点において、教育的関係を他の生の諸関係から区別される「独特の関係」(ein Verhältnis sui generis)[45]と呼んでいる。

さて、教育学において、教育的関係論が最初に主題となったのは、ディルタイにおいてである。しかし彼の場合、それはプログラムとして話題になったにすぎず、それを現象学的・体系的に記述するには至らなかった。[46] それが教育学の中心テーマとして体系化されるには、ノールを待たなければならなかった。

ノールはこの「教育的関係」という概念を初めて教育学理論のなかへ取り入れ、彼の教育学の中核的カテゴリーとして体系化した。それはノールにとって、教育学理論を構築していく最も重要な戦略基地(Schlsselstellung)である。このことは他面からみれば、教育学の自律性の問題としてとらえられる。ノールは教育学の自律を「解放運動」としてとらえているが、その場合彼にとって真の解放とは、単に解放することではなく、同時に固育の法則の発見でなければならない。[47] 彼は教育学理論の出発点として「教育的現実」を措定したが、その中核に「教育的関係」があるとし、そこに教育学独自の法則が成立すると考えた。

ところで、この教育的関係は教育学理論構築の唯一の戦略基地たり得るのか。また、この教育的関係に教育学独自の法則が成立するにしても、それだけを教育過程の全体状況から抽象してとらえ、そこに含まれる根本特徴を分析するだけで、教育学の自律性の問題は解決され得るのか。こういった疑問が生じてくる。これらの疑問をふまえながら、以下ノールにおける教育的関係論の体系化の過程を追跡してみたい。

二　青年運動の影響

ノールは「世代の関係があらゆる教育学の究極的な根本関係であり、かつそうあり続けなければならない」[48] との基本的前提に立ち、教育的関係論を世代論の立場から基礎づけようとした。その際、ノールの教育的関係論形成に大きな影響を与えたのは、青年運動(Jugendbewegung)である。

一九一三年一〇月、ライプチッヒ戦百年祭が成人の世代によって催されたとき、青年たちはこれとは全く別個に、しかもこれと故意に対立して、ホーエ・マイスナーの丘に集って、「ドイツ青年祭」を開催した。この祭りに集った青年団体の一つ、「ゼラ・クライス」(Sera-Kreis)に属する学生たちの懇請に応じて、ノールは一九一三年の夏学期、「教育学入門」という講義を行った。その講義の成果としてまとめられたのが、「教育学における世代の関係」(Das Verhältnis der Generationen in der Pädagogik)という一九一四年の論文である。[49] そこで次に、この論文を中心にしながら、ノール自身が焦眉の時代現象であるこの青年運動との理論的な対決を通して、いかにこの教育学的根本関係を新たに考え直したかを考察してみたい。というのは、青年運動によって惹き起された世代関係についてのノールの新しい自覚が、彼の教育的関係論の前提および基礎をなしているからである。

青年運動は一九世紀の末葉、近代文化が生んだ唯物論的世界観・機械的な文明・生命の色あせた主知主義の教育、心情のうるおいと誠実との消え失せた社会等に対する青年の抑え難い反抗の叫びである。従って、青年運動の本質ないし核心は、かかる弊害の根源でもあれば生産者でもある古い世代の束縛と支配とから離れ、青年の純潔と自由とを守り、青年固有の新たな価値と文化とを創造しようとすることにあった。[50] 簡単にいえば、これは青年の世代が圧迫を受けている状態を意識し、成人の世代から自分たちを解放しようとする運動である。従って、青年たちは青年を指導する成人世代の無能力を前提とし、青年を教育するのはもはや古い世代ではなく、青年自身であると主張した。青年には固有の権利があり、それが教育活動を規制するものであるとの認識に立ち、彼らは古い世代を教育的生から排除し、教育学的根本関係(世代関係)を解消しようとしたのである。ノールはこのことを「青年の自己組織」(Selbstorganization der Jugend)[51]と呼んだ。この事態が根本的な生の関係である世代関係を新たに考え直すことを教育学に迫ったのである。

それはどういうことか。従来教育学は一般に世代関係を所与のもの・変らないものと前提し、これを静的にとらえていた。そのために、教育学は全くこの関係そのものの内容を直接研究することを考えなかった。[52] そのことに対するラディカルな問題提起が青年運動によってなされたのである。

さて、ノールはこの新しい思想傾向に対してどのような態度をとったであろうか。彼はこの新しい思想傾向を、啓蒙主義の教育学から疾風怒涛の時代および浪漫主義の教育学へと流れ、青年運動において完成した新しい教育学(die neue Pädagogik)としてとらえている[53]。従来の古い教育学は国家・社会・教会・学問・身分・職業等の客観的課題に奉仕し、個人をその重要な担い手とみなした。子どもは古い世代とその目的に適応しなければならない意志のない被造物にすぎなかった。それに対して、新しい教育学は個人とその主観的生命に重点を移した。子どもをその固有な自発的・創造的な生命においてみ、その目的を子ども自身のなかにおいた。ノールはこのような子どもの主観的生命への定位のなかに、教育学的基準があり、教育的行為の秘密とその最も固有なエートスがあるとして、青年運動の教育学的価値を積極的に評価したのである。

しかしながら、ノールは世代の対立を究極的な教育学的根源対立としてとらえ、基本的にはこの教育学的二律背反を堅持する立場から、純粋な子どもからの教育学・極端な青年教育学には批判的である。というのは、彼は「未知の意志力の代理人としての成人世代に捧げられる服従を通ることなしには、青年は精神の自由を獲得することも、成熟することも、自己決定に至ることもできない」[54]と確信していたからである。青年は他者の意志との交渉を経てのみ、発達することができる、それが青年の「本質」であるとし、ここからノールは、「青年文化は、それが古い世代からのその解放において、その生命の最も深い契機を放棄する」[55]という。そして、ノールは教育過程への成人世代の不可避の関与を確信するのである。

ところで、ノールは世代関係の内容として、「権威」と「従順」とを措定する。このことはノールが教育的関係を、支配=服従関係の上に構想した従来の古い教育学を再び引き寄せようとしているかの如き印象を与えるが、決してそうではない。ここで重要なことは、この二つの概念について従来とはちがった新しい解釈がなされているということである。ノールによれば、権威は一方的な服従を要求する、青年によって承認されない権威ではない。また従順も外的な隷属ではなく、内的心情・意志関係の表現としての自発的な服従である。[56] 従って、権威の根拠は若い人に対する教育的責任のなかにある。ここから、ノールは成人に対しては、一方的な服従を要求する権威に対する青年の批判のなかに、正当な核心があることを承認すること、また青年に適合した、それ自体価値豊かな生活の、青年によって闘いとられた権利を承認することを要求し、さらに青年に対しては、成熟への道は必然的に成人の意志を通らなければならないことを理解することを要求する。[57] ここに、ノールの教育的関係論構成の根拠がおかれている。「教育学における世代の関係」というこの論文において確認された以上のような基本的立場と基本的事項は、なんら変更を加えられることなく、後年「陶冶論」(これは『ドイツにおける教育運動とその理論』(一九三五年)という著書にまとめて出版された)における教育的関係論の実質的内容として体系化されたのである。

三　教育的関係の構造分析

さて、その「陶冶論」においては、家庭教育と学校教育における教育的関係の構造分析として展開する。

まず教育的関係の基本モデルとしての家庭における両親と子どもとの関係の分析から、ノールは「母親的態度」(Mutterliche Haltung) と「父親的態度」(Vaterliche Haltung) とを相異なる重要な教育的機能とみる。[58] この考えの基礎になったのは、ペスタロッチの影響とノール自身の父親としての経験である。ノールはペスタロッチに関連して、母親の態度のなかに、あらゆる教育的行為の基礎をみる。つまり、母親はその性の本能から、子どもの固有生活を、客観的世界からの余りに高い要求に対して保護し、守護する。[59] 啓蒙主義以来の新しい教育学は、この母性的使命を強調してきた。しかし、母親は子どもの傾向と余りに妥協し易く、そのために冒険・闘争・他者の意志との対決や服従等から生ずる性格形成的諸力を自らのなかにもたない。ここに新しく、父性の原理が導入される。この原理は、ペスタロッチにおいてあまり問題にされなかった新しい契機である。父親は子どもへの理想の愛から、秩序・法・完成する力を代表して、子どもに対して諸々の要求をする。それは子どもを、その現実から身体的にも精神的にも子どもの最高の可能性に応ずる形式にまで導こうとすることに他ならない[60]。この形式の未来像は父親によって先取りされて、教育的出会いのなかへ受容される。ノールは存在と規範・主観と客観・現在と未来という教育学的二律相反が、ここでは母親と父親とに分割された家庭という教育的共同体の根源細胞のなかに見出されるという[61]。ここから、家庭教育のモデルが構成されるのである。

教育的共同体としての家庭は、その精神・その雰囲気による固有の形成的諸力を内包しているが、さらにそれは「愛」と「権威」(子どもの側からみれば「従順」)という二つの力によって支えられている、とノールは見る。この二つの力は教育的共同体の固有の教育学的構造を決定する[62]。従って、教育者はその人格において、この二つの要素を統合していなければならない。

統一的な精神的生活の覚醒という、中心的な教育学的課題は、教育者に対して子どもとの愛の共同体を要求する。この共同体において、相互の信頼が生まれる。教育者に対する子どもの絶対的信頼が、両者の間の固有の関係の前提である。そして、子どもによって受け取られた子どもへの教育者の信頼が、子どもの諸力を高める。さらに、このような信頼関係を生み出す愛の上に、権威に対する従順の関係が築かれるのである。

さて、学校教育において教育的関係論はどのように展開するのであろうか。ノールは学校教育においては「教授」が中心になることを認め、教授における教育的関係の必要性の根拠を次の点においている。すなわち、「成長しつつある者にとって、教育的影響は原則として生きた人間から生ずるのであり、事物・理念・妥当な価値の体系からではない」[63]と。ここでは、単なる理念・客観的精神・事物の力による形成に対する人格性および人格的共同体の優位が強調されている。「統一的な精神的生活の覚醒は、統一的な精神を通じてのみ可能となる」。このことはノールの首尾一貫して変わらない教育的信念である。こういうノールの考え方に、フリッシュアイゼン＝ケーラーの強い影響が認められるのである。[64]

ところで、理念や価値や客観的精神が直接にではなく間接的に、教育者の人格を媒介としてのみ、被教育者に影響を及ぼすというノールのこの考えは、教育者に対して大きな責任を課すことになる。つまり、①教育者はあらゆる内容を確実に代表していなければならない。②子どものなかに統一的な精神的生活を覚醒するために、教育者はみずから生きた精神的統一を具現していなければならない。③この代表・具現によって、教育者はあらゆる子どもにその理想を達成させようとしなければならない。④教育者が責任を負わなければならないのは、何も子どもに対してだけではない。彼はその時代の社会や文化や諸々の陶冶諸力に対しても責任を負わなければならないのである。

そして、教育者の人格におけるこのような代表に根拠をおく、教育者の変革意志・形成意志（Veränderungs-und Gestaltungswille, ノールはこれを「伝道的文化意志」とも呼んでいる）と被教育者の自発性・成長意志との緊張関係のなかに、教育的行為の創造的秘密がある。[65] 被教育者はその教育者への献身にもかかわらず、根本において自己であることを欲し、自己を作ることを欲する。献身において、教育者は常にこの被教育者の側からの自己防衛と抵抗に出会う。この緊張を正しく忍び通すことが、教育者の教育的態度を決定する。ここに、教育的タクト（Pädagogischer Takt）が要請されるのである。[66]

このようにみてくると、教育的関係は被教育者が成熟するための、また独立した人格となるための単なる手段としての意味しかもたないようである。ノールも、シュライエルマッハーにならって教育の終期を人間が成年に達するとき、つまり若い世代が自主的なやり方で倫理的な任務の遂行に協働して、古い世代と対等の地位についたとき、と考える。そして、教育的関係の存続もそのときまでであり、それ自体を不必要にし、解消することをめざしている。[67] しかしだからといって、教育的関係が教育者にとっても、被教育者にとっても、それ自体意味をもつ一区切りの生であることには変りない。それは色々な人間関係のなかで、おそらくわれわれの現存在を最も強く実現し形成するところの最も基礎的な関係である。この点で、ノールはそれを「独特の関係」(ein Verhältnis sui generis)と呼んだのである。

四　ノールの教育的関係論に対する諸批判

教育的関係論に対する批判の第一の矢は、リットから放たれた。リットはその著『指導か放任か』(Führen oder Wachsenlassen, 9.Aufl., 1961)の附録第二論文「教師養成に対する教育学理論の意義」において、教育的関係の孤立化の危険を指摘した。「人は教育理論が教育者＝被教育者の関係を、あたかもそれが単独で成立し、それ自身のみから理解できる事象であるかのように根本的に究明し、そこに含まれている根本特徴を分析すれば十分だと考えた」。しかし、「教育者と被教育者はいわば真空のなかで相対しているものではない。いかなる教育的行為もどの個人と個人の間の関係の限界をこえる関連のなかに織り込まれている」[68]と。教育的関係は具体的な歴史的状況のなかでのみ考え得るし、またそのなかでのみ現実に存在することができる。すなわち、それは政治的・社会的・精神文化的・経済的などの諸条件の全く特定の状態のなかに、簡単にいえば「時代の精神」のなかに組みこまれている。このように、リットは、教育的関係論はいかなる教育過程においても働いている「超個人的な力」を見失ってしまっている、と批判している。

次に、クラフキの批判をみると、リットと似た批判に至る。しかし、それはノールの構想の生産的拡大を意味する。従来の教育的関係論が内部構造の分析に集中していたのに、クラフキは教育的関係のなかに、新しい本質的な構造契機を導入しようとする。彼はこの問題を「責任性への教育」という視点の下に解決しようと試みる。[69]教育者は若い人を学校という保護空間を去って、そのなかで働く教育的関係を放棄させ、そして厳しい経験・アンガージュマン・責任・試煉に立ち向かわせ、その緊張関連を通りぬけさせなければならない。それは世界と若い人との直接的な出会いを、教育者が保証することである。このようにして、成長しつつある若い人を、彼みずから責任を引き受けることができるようにすることができる。[70]以上のように、クラフキは考える。

このことと関連しているのではあるが、世界と若い人との出会い、また客観的課題への献身がいつ始まるのか、ノールにおいて定かでない。成人は客観的課題に献身しているとのノールの言葉から、教育の終期がそれであるとすると、それは発達心理学的にみて、あまりにもおそく見積られてはいないかという批判がある。ハンセンやロートの研究では、すでに一〇～一二歳の年齢段階で、事物への非常に強い興味を示すことが報告されている。[71] おそくとも成熟期からは、生徒は教育的関係において前提とされる教師への専らの献身は全く欲しない。この傾向については、もちろんノール自身も認めている。つまり、「生徒はその教師への献身にもかかわらず、自己であることを欲する」[72]と。しかしながら、たとえばノールにおけるような教師による事物の多面的な代表は、学習過程のなかに現われる諸障害を克服しようとする生徒自身の努力を麻痺させることになりはしないか。このようなことが危惧される。もちろんこのように主張したとしても、そのことは教育的関係を廃棄してしまってよいと言っているのではない。それは、教育的関係の構造的変容ある。このような生徒と事物との対決は、一定の限界内で学校の枠内でも組織されうる。もちろんその場合、教育的関係の形式は変わらなければならない。たとえば、労作学校における教授原理がそれである。

これまでの批判は教育的関係を人格的・対話的関係とみる場合、その関係において第三の契機としての事物（客観的内容・陶冶財）はどのように位置づけられるかという問題であった。ところが、次の批判は社会学的立場からの批判とみてよいであろう。つまり、それは教育的関係論における生徒集団の軽視に向けられる。ペーターゼンの集団教授の提唱と実践[73]は、ノールの教育的関係の記述においてあまりに簡単に扱われ、あるいは全く欠けていた契機であった。そこには、集団内での生徒間の相互交渉の原理がある。これは見失われてはならない重要な契機である。

五　ノール自身のその後の展開

ところで、ノール自身においても、教育的関係についての考え方に変化がみられる。それは一九五二年の論文「生活援助としての教育」(Erziehung als Lebenshilfe)である。彼はその論文において、「教育的関係は変化した…」とし、この変化の最も著しい徴候を、教授における教師の新しい位置にみている。

「教師はもはや生徒のすべての注意が向けられている唯一の関係点ではなく、生徒はとりわけ社会集団と緊張関係にある。それが生徒に対して常に新たな対決と決断とを要求するものである。そこで、教師はこの生活の精神的克服における、またその生活の意味豊かな形成における援助者になる」[74]。

ノールはこのことをスポーツ・幼稚園・学校・集団教授（マカレンコ）を例に挙げて説明した。しかし、ノールは第二次世界大戦後の時代状況の変化と、それに伴う自覚的に生きることを教える新しい文化意志の必要を認め、学校を下から組織するコペルニクス的転回を唱えながらも、そしてそれとともに教育的関係論が新たに考え直されればならないことを認めながらも、それ以上の、教育的関係論の具体的な再構成は行っていない。それは今日の教育科学が受け継ぐべき課題であろう。そして、教育学の自律性の問題も上述の数々の批判を踏まえた上で、新たに考え直されなければならない問題である。

【注】

1　O. F. Bollnow, Existenzphilosophie und Pädagogik. Versuch über unstetige Formen der Erziehung, 2. Aufl, 1962, S.9.

2　W. Scheibe, Die reformpädagogische Bewegung 1900-1932. Eine einführende Darstellung, 2. Aufl., 1971.

3　A. Reble, Geschichte der Pädagogik, 4. Aufl., 1959, S.258.

4 O. F. Bollnow, Pädagogik in anthropologischer Sicht, 1971, S.11.
5 ditto, S.11.
6 ditto, S.11.
7 ditto, S.18.
8 H. Nohl, Vorbemerkung, in; M. Frischeisen-Köhler, Philosophie und Pädagogik, 2. Aufl., 1962, S.5.
9 K. Mohr, Die Pädagogik Herman Nohls, in; Erziehung und Leben. Vier Beiträge zur pädagogischen Bewegung des frühen 20. Jahrhunderts. Mit einem Vorwort von 0. F. Bollnow, 1960, S.70.
10 H. Nohl, Vorwort zu Pädagogische und politische Aufsätze, 1919.
11 K. Bartels, Die Pädagogik Herman Nohls in ihrem Verhältnis zur Werk W. Diltheys und zur heutigen Erziehungswissenschaft, 1968, S.297.
12 K. Mohr, a.a.0., S.70-71. Vgl. H. Nohl, Pädagogik aus dreißig Jahren, S.9-20, S.124-132.
森昭『ドイツ教育学の示唆するもの』(黎明書房、一九五四年)。
13 H. Nohl, Die pädagogische Bewegung in Deutschland und ihre Theorie, 4.Aufl., 1957, S.23.
14 H. Nohl, Einleitung zu; W. Dilthey, Über die Möglichkeit einer allgemeingültigen pädagogischea Wissenschaft. Kleine pädagogische Texte, H.3., 4. Aufl., 1963, S.7.
15 K. Bartels, a.a.0., S.139.
16 H. Nohl, a.a.O.(13), S.3.
17 K. Mohr, a.a.0., S.91.
18 W. Flitner, Selbstverständnis der Erziehungswissenschaft in Gegenwart, 4.Aufl., 1966, S.4-5.
Th.Wilhelm, Pädagogik der Gegenwart, 1959, S.112.
19 A. Reble,a.a. O., S.294.
20 W. Dilthey, Über die Möglichkeit einer allgemeingültigen pädagogischen Wissenschat, 4. Aufl., 1963, S.15.
21 A. Reble, a.a.0., S.294.
22 W. Dilthey, a.a.0., S.16ff.
23 H. Roth, Die realistische Wendung in der pädagogischen Forschung, in;Erziehungswissenschaft und Erziehungswirklichkeit, hrsg. von H. Röhrs, 1964, S.183.
24 Th. Wilhelm, a.a.0., S.125.
25 H. Nohl, a.a.O.(13), S.119.

26　ditto, S.119.
27　ditto, S.119.
28　ditto, S.119.
29　ditto, S.119.
30　ditto, S.119.
31　K. Bartels, a.a.O., S.164.
32　H. Nohl, Das Verhältnis der Generationen in der Pädagogik (1914), in: Erziehungswissenschaft, und Erziehungswirklichkeit, hrsg. von H. Röhrs, 1964, S.27-30.
33　H. Nohl, a.a.0. (13), S.126-127.
34　ditto, S.127.
35　H. Nohl,Von Wesen der Erziehung (1948), in;Pädagogik aus dreißig Jahren, 1949, S.280.
36　H. Nohl,a .a.0. (13), S.127.
37　H. Nohl, a.a.0. (35), S.282.
38　H. Nohl, a.a.0. (13), S.9.
39　K. Mohr, a.a.O., S.85.
40　H. Nohl, a.a.0. (13), S.127-128.
41　ditto, S.78.
42　ditto, S.124.
43　ditto, S.127.
44　正木正『教育心理学序説』(同学社、一九五六年)七頁。
45　H. Nohl, Weltanschauung und Erziehung (1931), in; H. Nohl, Ausgewälte pädagogische Abhandlungen. Besorgt von J. Offermann, 1967, S.63.
46　W. Dilthey, Gesammelte Schriften, Band 9, Pädagogik. Geschichte und Grundlinien des Systems, S.190.
Derselbe, Über die Möglichkeit einer allgemeingültigen pädagogischen Wissenschaft, S.29-32.
47　H. Nohl,a.a.O. (13), S.125.
48　K. Bartels ,a.a.O.,S.173.　Vgl. H. Nohl, a.a.0. (13), S.131.
49　ditto, S.170.
50　杉谷雅文『現代哲学と教育学』(柳原書店、一九五四年)三〇一〜三〇二頁。

51 H. Nohl,a.a.O.(32), S.24.
52 ditto, S.24.
53 ditto, S.27-31.
54 K. Bartels,a.a.0., S.170.
55 H. Nohl, a.a.0.(32), S.33.
56 ditto, S.33.
57 K. Bartels, a.a.0., S.172.
58 H. Nohl, a.a.0. (13), S.128-130.
59 ditto, S.129.
60 ditto, S.129.
61 ditto, S.129.
62 ditto, S.138.
63 K. Bartels,a.a.0., S.180.
64 M. Frischeisen-Köler, Meister und Schüler, in; Philosophie und Pädagogik, hrsg. von H. Nohl. Kleine pädagogische Texte. H.20., 2.Aufl.,1962.
65 H. Nohl,a.a.0. (13), S.137.
66 ditto, S.137.
67 ditto, S.137.
68 Th. Litt, Führen oder Wachsenlassen. Eine Erörterung des pädagogischen Grundproblems, 9.Aufl, 1961, S.116-117.
69 W. Klafki, Engagement und Reflexion im Bildungsprozess, in; Zeitschrift fur Pädagogik, 8.Jg., 1962, S.363.
70 ditto, S.363.
71 H. Roth, Jugend und Schule zwischen Reform und Restauration, 1961, S.121.
72 H. Nohl, a.a.0.(13), S.137.
73 P. Petersen, Der Jenaplan einer freien allgemeinen Volksschule. Kleine Jenaplan, 8.Aufl., 1936.
Derselbe, Führungslehre des Unterrichts, 5.Aufl., 1955.
74 H. Nohl, Erziehung als Lebenshilfe(1952), in; H. Nohl, Ausgewälte pädagogische Abhandlungen. Besorgt von J. Offermann, 1967, S.88.

第四章　精神科学的教育学の潮流とシュプランガー

はじめに

精神科学的教育学(Geisteswissenschaftliche Pädagogik)とは、今世紀の二〇年代および第二次世界大戦後およそ一九六〇年ごろまで、ドイツ教育学の中心にあり、精神科学の哲学的・方法論的基礎づけをしたディルタイ(Dilthey,W.)の流れをくむ教育学の一流派のことである。その代表者たちは、ディルタイの弟子、ノール(Nohl, H.)、リット(Litt, Th., 1880-1962)、シュプランガー(Spranger, Ed., 1882-1963)の三巨匠と、その弟子たち、フリットナー(Flitner, W., 1889-1990)、ヴェーニガー(Weniger, E., 1894-1961)などである。この精神科学的教育学は、奇しくも三巨匠やヴェーニガーが死んだ一九六〇年代の半ばごろから、一方では実証主義的立場に立つ経験的教育科学の側から、また他方ではやや遅れて、フランクフルト学派をよりどころとする教育学の社会批判的・イデオロギー批判的立場からの徹底した批判を受け、かなり背景に退いてしまった。この学派出身の教育学者たちまでが「精神科学的教育学の終焉」(Geisteswissenschaftliche Pädagogik am Ausgang ihrer Epoche-Erich Weniger, hrsg. von I. Dahmer und W. Klafki, 1968)を語ったほどであった。

それでは今日のドイツ教育学において、精神科学的教育学はいかなる地位を占めているのであろうか。また、われわれの論究の主題であるシュプランガー教育学はどのような展開をたどったのであろうか。ここでは、W・フリットナーの満百歳の誕生日の記念論文集に寄稿したボルノウの論稿「精神科学的教育学」の問題設定に依拠して検討したい。それは次のことである。ボルノウは、シュプランガーが第二次世界大戦後、その教育学的思惟の中心にすえた「覚醒」の概念をもって、文化財の伝達に関係づけられる精神科学的教育学の領域を越えたと指摘したが、この指摘はいかなる意味をもっているだろうか。

ところでここで、「精神科学的教育学」という呼称について簡単に説明しておかなければならない。この概念は、一つの堅固な「学派」を意味するものではない。この概念のもとに含められた教育学者たちの哲学的、認識論的基礎づけや方法は、基本的にはディルタイの立場を踏襲しているとしても、非常に多面的であり、多様である。すでにはやく、精神科学的教育学の学理論的検討を行ったフシュケ＝ライン(Huschke-Rhein, B.)も、そのまとめの章において、彼が取りあげたディルタイ、リット、ノール、シュプランガーというこの学派の代表者たちの学問理解の多様な立場の違いを、「精神科学的教育学」という包括的な名称で一括して取り扱うことの危険性を指摘している。[1] ボルノウもまた、「その根本的な態度では一致していても、精神科学的教育学は、その代表者ごとにちがう流儀で形づくられているために、それをまとまった連関において提示することはできない」[2] と語っている。このように、精神科学的教育学という呼称は一つの堅固な学派を意味しているわけではないので、たとえばラサーン(Lassahn, R.)などのように、この呼称は「発見的な」概念として用いるのが妥当であろう。[3]

第一節　シュプランガーにおける教育学的思想形成の背景

シュプランガーの思想を精神科学的教育学の潮流に位置づけて検討しようとする場合、その思想形成の出発点を明確に刻印した大学での研究生活、とりわけパウルゼンとディルタイとの出会いから始めるべきであろうが、しかしその後の彼の豊かな思想展開を射程に入れて考えると、さらにさかのぼって家庭生活や学校時代の意識的無意識的な社会的文化的影響による精神形成(社会化・文化化過程)を見過ごすことはできない。

クラフキーは恩師リットの生誕百年を記念して、独自に上梓した『リット教育学―ひとつの批判的現在化―』(Die Pädagogik Theodor Litts —Eine kritische Vergegenwärtigung—, 1982)において、今日社会学の中心概念である「社会化」の観点から、リットの青少年時代の精神形成史を見事に描き出している。この手法を用いて、シュプランガーの教育学的思想形成の背景ないしは萌芽形態を探ってみることは、極めて興味深いことである。

シュプランガーが自らもそこに属したという「大戦前の最後の世代」は「一九〇〇年ごろ、あるいは少し後れて大学に入学し、第一次世界大戦が影響を及ぼし始めるまでにその教育過程を終わることができた世代」[4]である。シュプランガーだけでなく、精神科学的教育学の他の創設世代、ノールやリットもまた同じくこの世代に属し、同じような歴史的・社会的刻印を受けたと考えることができる。

精神科学的教育学の創設世代の両親が所属した社会集団は、クラフキによれば、「教養市民階層」(Gebildetes Bürgertum od. Bildungsbürgertum)である。ここに所属する職業集団は、多くはギムナジウム教師、医者、法律家、文筆家、芸術家、上級国家・地方公務員、大学教授であり、一部プロテスタントの牧師や貴族も含まれる。ところで、シュプランガーの父はベルリンの中心街で大きな玩具店を営む自営商人であり、先にあげた教養市民階層の典型的な職業集団には所属していないが、彼の家庭の文化的雰囲気、彼が家庭の外で経験した環境や彼が教育を受けた学校の文化的雰囲気は、教養市民階層のそれであった。[5] シュプランガーの家庭が、古くは音楽や美術関係の書籍を中心にした製本業を営んでいた[6]ことを考えると、上記のことは首肯できる。

ところで、クラフキーはこの教養市民階層の特質を次のように説明している。[7]

(1) この階層の価値観、文化観、生活様式、道徳意識は、一八世紀のドイツ観念論、特に新人文主義の思想によって刻印されている。つまり、この階層は人間の人格の文化的完成、つまり内的自由・多面性・人格の種々の側面の調和的状態という指導理念をめざすことに、人間存在の意義を認めている。

(2) この階層の社会的・経済的状態は、それによって国家や社会に影響を及ぼしうるようなものではなく、「つつましい裕福さ」という表現が最も適っている。それは、政治的世界から離れた領域で職業活動を営み、当時の文化的生活の享受(演劇、コンサート、図書館への参加)が保証され、また子どもには個室を与えることができるほどの経済条件が備わっていることを意味する。

人間形成における社会化過程の面から、特に注目すべきは第一の特質である。そこで、シュプランガーの家庭生活と彼が通った学校、とりわけ人文主義的な古典語中心のグラオエン修道院ギムナジウムの特質を見てみよう。

彼の晩年の回想記によると、シュプランガーは思春期のころ音楽家を志していた。八歳のころからピアノと作曲を学び、一二歳のときには、ピアノの技巧も優れ、かなりの作品も作曲していた。結局はこの志望を断念し、哲学の道に進んでいくのであるが、このような家庭生活での経験がシュプランガーの思想形成にどのような影響を及ぼしたかは十分推測されるところである。[8]

また、シュプランガーが途中で転校したグラオエン修道院ギムナジウム(この修道院は、宗教改革のころ、世俗化し、学校になった)は、当時三百年を越える歴史をもつ人文主義的ギムナジウムで、かの有名な宰相ビスマルクもかつてこの学校で学んだ。シュプランガーが在学した当時、ノールの父が古典語教授として勤めていたし、またノール自身も年長学年に在学していた。彼らは寄宿舎生活を通して知り合いになったが、学年が違っていたので、当時はそれほど親しくはならなかったようである。[9]

先にも触れたように、教養市民階層の価値観、文化観、生活様式、道徳意識を規定していたのは、一八世紀前後のドイツ理想主義、とりわけ新人文主義の思想であった。この思想の内実を構成していたのが、哲学と文芸（音楽）および当時の多彩な人生観である。哲学や世界観の面では、ヘルダー、カント、フィヒテ、フンボルト、ヘーゲルの哲学や思想が、文学の面では、レッシング、シュトルム・ウント・ドランク、シラー、ゲーテ、ヘルダーリン、ロマン派の諸作品が、音楽の面では、ハイドン、モーツアルト、ベートーベン、シューベルト、シューマン、バッハ、ヘンデルの作品が多彩なスペクトルを放っていた。シュプランガーのその後の古典研究（フンボルト、シラー、ゲーテ、ヘルダーリン）の素地は、この幼少期に形づけられたといっても過言ではないであろう。

ところで先にも触れたように、シュプランガーの哲学的および教育学的思想形成の明確な刻印は、ベルリン大学時代の、ディルタイとパウルゼンのもとでの修業期であろう。この点に関しては、たとえば村田昇の諸研究（「シュプランガー・その生涯」滋賀大学教育学部紀要『人文科学・社会科学・教育科学』第四一号、一九九一年、『パウルゼン・シュプランガー教育学の研究』京都女子大学研究叢刊三三、一九九九年）に詳しく論じられているので、ここでは割愛する。

第二節　文化教育学の成立

二〇世紀初頭のドイツ教育学を回顧して、ボルノウは改革教育運動（Reformpädagogische Bewegungen）から文化教育学への展開の必然性をみる。改革教育運動を支えていた基本理念は「子どもの創造的な生命性の解放であり、客観的な諸勢力からその生命性を解放することであった。」[10]そこには、「人間のうちにある根源的に善なる核心への信頼の念」があった。教育の使命は、外面的な強制なしに、人間のなかの根源的な善なる力を展開させ、それを壊す外的な影響を排除してやることであった。これは、言うまでもなくルソー以来の新教育の基本理念であった。

ところが、人間の創造的諸力は単に内部から発展し得るのではなく、その発展のためには、客観的な文化の媒介が必要であるという認識が高まってきた。そこに、客観的な内容に専念する、新しい文化教育学が現われた。成長途上にある人間を客観的な文化のなかへ導き入れることによって、彼のなかに眠っている才能の発達を援助することが、文化教育学の代表者たちに共通する基本的立場であった。その奥には、個々の人間の精神構造と客観的な文化との間の類似性をみる、深い思想がある。[11]

古来、教育といえば、一般に「文化財の伝達」と理解されてきた。文化財の伝達とは、もちろんそのことによって文化の存続と発展とがめざされているわけであるが、他面ではそれを通して若い世代の精神の形成を意図している。シュプランガーの師であり、また文化教育学の祖でもあるパウルゼンは、教育を定義して次のように語っている。「教育とは、先立つ世代から後に続く世代への理念的文化財の伝達である」[12]と。シュプランガーと同じ精神科学的教育学派の教育学者で、夭折したフリッシュアイゼン＝ケーラーも、「単に自然的存在として生まれた人間を精神史的世界へ編入すること」、いいかえれば「一定の文化理想をめざして、自然的に規定された存在を文化的存在にまで形成し、陶冶すること」[13]を教育と考え、教育活動を人類に固有な文化生活に限定した。

シュプランガーは文化と教育との不可分の関係の洞察から、「真の教育学とは、若い人を一つの文化連関のなかに陶冶し入れ、逆にまた個々の文化形象を若い人の心のなかに生かすことを課題とするもの、すなわち文化教育学でなければならない。教育とは、客観的文化を主観的精神に領得させることによって、さらに優れた客観的文化の創造に資すること」[14]と考えた。彼は主著『生の形式』において、「教育が客観的価値から主観的な価値受容性および価値能力への方向を採るということはいえるとしても、教育の課題が歴史的所与の客観的文化財を古い世代から若い世代へと伝播するだけのことだと解されてはなれない」[15]と語っている。シュプランガーは文化活動を「文化創造」と「文化伝達」とに区別したが、若い人の心の価値受容性や価値形成能力を内側から発展させようとする教育は、文化をその創造の根源においてとらえようとする「文化創造」の契機を内包していなければならない。もしそうでなければ、教育は真に価値ある文化を創造する人間を育てることはできないであろう。教育は、文化がたえずそこで若返る「場所」でなければならない。そのとき、人間と文化とのダイナミックな根源的な関係が回復されるのである。

ところで、精神科学的教育学派の教育学説は、わが国へは大正末期から昭和の初期にかけて、「文化教育学」として紹介された。ちなみに、村田のシュプランガー論をひもとくと、そこに「シュプランガーは、周知のごとく、ケルシェンシュタイナー、リット、ノールらとともに、「文化教育学」(Kulturpädagogik)と称せられる学派に属する」[16]とある。彼らは、すでに触れたように、精神科学的教育学派に属する教育学者たちであるが、一体この「精神科学的教育学＝文化教育学」という図式がどこまで適用されるのか、ボルノウの指摘にからめて、このことを次に吟味してみよう。

第三節　精神科学的教育学における脱文化教育学の側面

W・フリットナーはその著『一般教育学』において、人間と教育についての四つの層的な考察法を提示している。彼は第二の歴史的・社会的存在としての人間の考察から、教育を文化財の「伝達」と社会への「編入」としてとらえているが、第三および第四の考察法においては、人間の内面に焦点を移し、「本来的に人間的なもの」の観点から、「精神的覚醒としての教育」および「良心と信仰の覚醒」の問題をとりあげている。

シュプランガーもまた、すでにチュウビンゲン大学講義「教育学の哲学的基礎づけ」(一九四八年)において、教育は①広義の発達の援助、②意味豊かな文化財の伝達、③精神生活の覚醒、の三つの層からなり、これら三側面の統一が教育という根源現象であるとしながらも、「教育の中核は精神的覚醒である」[17]と強調している。

さてボルノウは、「覚醒の概念をもって、われわれは文化財の伝達に関係づけられる精神科学的教育学の領域にいるのではもはやなく、その手段をもってしては、もはや適切にはとらえることのできぬ領域」[18]に入ることになるという。それはどういうことであろうか。その場合、「精神的覚醒としての教育」はどのように位置づけられるのであろうか。社会的・文化的存在としての人間から出発する考察法が教育現象を外から観察しているだけであるならば、教育の課題が文化の存続と発展であるかのように誤解され、人間はその単なる担い手として位置づけられることになる。それは一面的である。教育の中心的課題はそれだけではあるまい。

人間は文化を作りだし、それを継承してきた。文化の担い手としての人間は有限な存在としてやがて滅亡していくが、伝承によって文化は次の世代へと譲り渡されていく。このようにして、価値ある文化は世代を越えて存続発展してきた。この事態を人間の側にひきつけて考えてみると、つまり人間の精神の内的事態として検討してみると、新しい展望をみることができる。

シュプランガーは『教育学的展望』において、「文化財の単なる伝達、たとえば受動的なたましいの容器のなかへの知識の単なる詰め込みは、もはや存在しない。そうではなくて、ここでは必ず自ら発達するたましいの内的活動性が、待ち受けたり、もしくは退けたりなどして共働しなければならない」[19]と述べている。精神の内的活動なしには、提示されたものはなんら獲得されないのである。教育が歴史的所与としての客観的文化を媒介にして、文化を理解しうるような人間だけでなく、真の価値に向かって文化創造に努力する意志をもった人間を形成するためには、つまり純粋な文化意志一般を呼び覚ますためには、精神の内的活動性の協働は是非とも必要なのである。

シュプランガーは『生の形式』において、社会的に条件づけられた環境、歴史的に形成された精神的生活環境を意味する「客観的精神」は真の価値と反価値とをその内容とするゆえに、批判的意味における客観的精神、すなわち個々の所与の状態、ただ相対的に価値ある状態を超えて、純正な、真に価値あるものをめざす「規範的精神」を措定している。従って、教育は所与の客観的精神の真に価値ある内容に即して行われるが、その究極的な目標は自ら発達する主体の内部に、自律的規範的精神(倫理的・理念的文化意志)を生み出さなければならない。[20] 教育者の役割は、主体の内部に真の価値への憧憬を見出し、目覚めさせることにある。

「精神的覚醒としての教育」は、以上述べてきたように、客観的精神の真に価値ある内容に即して自律的規範的精神を生み出すこととして理解されるのではないだろうか。言い換えれば、それは真の文化意志一般を目覚めさせることである。そういう意味では、「精神的覚醒として教育」はまだ文化教育学の枠組みのなかにあるといえるであろう。

ところが、ボルノウが問題提起している「覚醒」概念は、シュプランガーが語っている「精神生活の覚醒」あるいは「精神的諸力の覚醒」における覚醒概念からは区別されるものである。

シュプランガーがその著『教育学的展望』において、教育の三つの主要側面として発達の援助、文化財の伝達、内面性(良心)の覚醒をあげ、教育はこれらの要素が絡み合って統一をなしている複雑な行為であることを簡潔に説明していることは、周知のことである。第二次世界大戦後の西欧文化の危機に直面して、シュプランガーがその教育学的思惟の中心にすえたのは、「覚醒」概念であった。彼は、この覚醒のうちに「人間になることの全く新しい次元」をみてとる。この次元において、究極的なもの・最高価値のあるもの、すなわち聖なるものへの、魂の深奥に達する関係として、「内面性」が覚醒させられるのである。そこは「良心」の住み家であり、人格成立の固有の場である。この「覚醒」という概念は、もともと宗教において用いられていた概念であった。

この深化された、ボルノウが語るような、実存的な意味をもった覚醒概念でもって、われわれは教授学的問題領域から道徳教育あるいは宗教教育の問題領域へと移行する。

まず、ボルノウがその著『実存哲学と教育学』において実存的に特色づけた覚醒概念をみてみよう。彼は眠っている人間のめざめという肉体的・感覚的事象から類推して、「覚醒は非本来的な状態から本来的状態へのめざめである」[21]と述べている。非本来的な、いわゆる眠りの状態とは、人間が彼自身のもとにいない状態のことであり、めざめるとき彼自身にたちもどる。つまり、彼自身へと覚醒されるのである。本来的なめざめの状態とは、人間が完全にその本来性を自覚した状態であり、そのとき人間は彼自身なのである。

ところで、めざめは外からの介入によって眠りからもぎとられる。それは、突発的なきびしい苦痛をともなう出来事である。眠りからめざめへの移行は、連続的な過程ではなく、断絶と飛躍である。なぜなら、二つの状態は質的に異なる、価値的にきわめて明確なアクセントをもった事象だからである。もちろん、この質的転換は潜勢的にすでに存在していたものの現在化であって、全く新しいものがそこに生み出され、作り出されるのではない。われわれは良心を意図的にもたらすことはできない。良心を作ることもできない。良心はただ目覚めさせられ得るのみである。

「教育は常に覚醒である」と語るシュプランガーにとって、いまや内面世界(良心)の覚醒は教育の究極の課題となる。それと同時に、ボルノウが指摘したように、「精神科学的教育学=文化教育学」という図式は成り立たなくなってくる。ボルノウは、この点でシュプランガーの場合「純粋な」精神科学的教育学の像を構想することが難しくなる、と語っている。

おわりに

それでは、ダーマーやクラフキが自ら書名で死亡通知を作成したように、精神科学的教育学は終焉したのであろうか。精神科学的教育学は、今日のドイツ教育学においていかなる地位も占めていないのであろうか。

もう少し、ボルノウの見解をたどってみよう。彼は、精神科学的教育学を一定の歴史的現象として、一九一八年から一九三三年までの時代に限定することが合目的である、と語る。ボルノウによれば、第二次世界大戦後一九六〇年ごろまでのドイツ教育学を背負わざるをえなかった高齢のノール、リット、シュプランガーは、すでに二〇年代はじめに精神科学的教育学の基礎づけ、精神形成を本質的には第一次世界大戦以前に終えていた世代であった。

一九三三年から一九四五年にかけての、いわゆるナチスが支配した中間期には、精神科学的教育学をさらに担っていくべき後継世代が育たなかった。そのために、高齢の「古典的」世代が再びドイツ教育学の指導的役割を背負っていかざるを得なかったのである。その間の事情は、森昭の訪問に際して戦後のドイツ教育学の状況について次のように語ったノールの言葉が如実に物語っている。

「ナチは、ナチ直前にドイツ教育学界で指導的な役割をはたした学者の殆どすべてを、ひどく弾圧した。私が三七年に教壇を追われたことはすでにのべたとおりです。その間、私たちは、一人の弟子も養成できなかった。わしが今年―なるほど戦後ふたたび大学に帰ったけれども、その時はすでにもう老人になってしまっていた。わしが今年〔一九五九年―筆者注〕で七四、リットがたしか七三、シュプランガーが七一といった老人ばかりじゃどうにもなりません。……しかも四〇代、三〇代の学者は一人もいない。これじゃ活き活きした生命がないのも当然です。その上、ユダヤ人のよい学者を失ってしまい、若い優秀な学者は戦死しました。全く惨憺たるものです」[22]。

それでは、精神科学的教育学は「学問的立ち遅れとイデオロギー的混合」[23]という非難のもとで、「見込のない時代遅れの代物」となってしまったのであろうか。

もちろん、精神科学的教育学は純粋な形では今日のドイツ教育学にはその地位を占めていないかもしれない。しかし、たとえばクラフキは経験的教育科学やイデオロギー批判的・社会批判的立場の教育学との学問的対決を通して、精神科学的教育学を批判的に検討し、その学問的・思想的遺産を「部分的真理」をもつものとして再評価しながら、自らも精神科学的教育学から「批判的・構成的教育科学」へと脱皮しようとしている。またボルノウが構想した解釈学的教育学も、精神科学的教育学の批判的再構築と評価することはできないだろうか。

【注】

1 B. Huschke-Rhein, Das Wissenschaftsverständnis in der geisteswissenschaftlichen Pädagogik, 1979, S.401.
2 レールス、ショイアール編(天野正治他訳)『現代ドイツ教育学の潮流』(玉川大学出版部、一九九二年)五四頁。
3 R. Lassahn, Einführung in die Pädagogik, 1974, S.47.
4 Ed. Spranger, Pädagogische Perspektiven, 1952, S.26-27.
5 W. Klafki, Geisteswissenschaftliche Pädagogik. Kurseinheit 1, Fernuniversität-Gesamthochschule in Hagen, 1978, S.77.
6 Ed. Spranger, Gesammelte Schriften, Bd.7, 1978., S.409.
7 W. Klafki, Die Pädagogik Theodor Litts—Eine kritische Vergegenwärtigung—, 1982, S.9-13.
8 村田昇「シュプランガー・その生涯」滋賀大学教育学部紀要『人文科学・社会科学・教育科学』第四一号(一九九一年)二二頁。
Ed. Spranger, Gesammelte Sehriften, Bd.10, 1973, S.343.
9 E. Blochmann, Herman Nohl in der pädagogischen Bewegung seiner Zeit, 1969, S.19.
10 O. F. Bollnow, Pädagogik in anthropologischer Sicht, 1971, S.11.
11 ditto, S.18.
12 F. Paulsen, Pädagogik, 1911, S.9.
13 M. Frischeisen-Köhler, Philosophie und Pädagogik, 2.Aufl., 1962, S.149.
14 シュプランガー『文化と教育』訳者解説(玉川大学出版部、一九八三年)三四七頁。
15 Ed. Spranger, Lebensformen, 1950, S.381. 伊勢田耀子訳『文化と性格の諸類型』II(明治図書出版、一九六一年)一四七頁。
16 村田昇「E・シュプランガー」天野正治編『現代に生きる教育思想』ドイツ(II)(ぎょうせい、一九八二年)三二四頁。
17 Ed. Spranger, Gesammelte Sehriften, Bd.2, 1973, S.67.
18 レールス、ショイアール編『前掲書』注2、六三頁。
19 Ed. Spranger, a.a.O.(4), S.15.
20 Derselbe, a.a.O.(15), S. 382. 伊勢田耀子訳『前掲書』注15、一四七〜一四九頁。
21 O. F. Bollnow, Existenzphilosophie und Pädagogik, 1959, S.45.
22 森昭『ドイツ教育の示唆するもの』(黎明書房、一九五四年)二五〇〜二五一頁。
23 レールス、ショイアール編『前掲書』注2、七〇頁。

第二部　二〇世紀初頭ドイツ教育学の方法問題

第五章　モイマンにおける実験教育学の方法論的前提

はじめに

一九一八年『教育学誌』(Pädagogische Blätter)に発表されたフリッシュアイゼン＝ケーラーの論文「実験的方法の限界」(Grenzen der experimentellen Methode)は、次のような問いで始まっている。

「科学的教育学を改革し、新たに基礎づける場合に、教育学研究へ実験的方法を導入することに対して、われわれはいかなる期待をもってよいか」[1]。

この問いは、教育学的改革の真の科学的な基礎づけは、実験的研究の成果から受け取ることができるという、当時の教育学界の「実験」への過大な期待に対して投げかけられた批判であった。

自然科学の発達と自然科学的技術の急速な進歩に多大な貢献を果たした「実験」は、大きな期待をもって、フェッヒナー(Fechner, G. Th.)によって精神物理学(Psychotechnik)に採用され、さらにヴント(Wundt, W.)とその学派によって心理学へ導入された。ここに、従来の主知主義的心理学や内省法よる心理学に代わって、精神の諸現象（感覚・知覚・記憶・思考・学習・意志など）を厳密な操作的条件統制のもとで研究する、いわゆる科学的心理学としての「実験心理学」(Experimentelle Psychologie) の礎が築かれたのである。それは、一九世紀後半のことであった。この心理学の飛躍的な発展によって、子どもの精神生活の研究や青少年の発達研究にも、実験的方法が適用されるようになり、またさらには、子どもの発達過程は教育や教授によっていかなる影響を受けるかという教育の問題も、実験的に研究されるようになった。ここに、実験教育学 (Experimentelle Pädagogik) の成立をみた。このようにして、実験的研究には過大な期待がよせられ、その成果から懸案の教育学的改革は、真の科学的基礎づけを受け取ることができるとさえ考えられた。フリッシュアイゼン＝ケーラーの批判は、このような過大な期待に対して投げかけられたのであった。[2] 彼は実験的方法の特性とその前提を検討し、その認識に基づいて、順次自然科学、心理学、児童学 (Jugendkunde) および教育学における実験的方法の適用可能性および適用範囲を確定しようとした。そのことによって、彼は実験に対する不相応な期待や要求の根拠の無さを明らかにしたのである。

さて、われわれはこの小論において、実験教育学の方法論的前提を検討しようと思う。そのことによって、われわれは科学的教育学の方法論的基礎づけの一視角を得ることを意図している。従来、哲学と道徳神学とを教育学的自覚の固有の場とし理解してきた伝統的立場においては、教育学は哲学の構成要素であり神学の添え物に過ぎなかった。[3] それに対して、近代的な生活感情とともに起った新しい教育学的願望は、教育学の諸問題を理論的に解明しようとする努力に支えられて、自らのなかに独自的・自立的な意義と価値を見出そうと努めた。たとえば、二〇世紀初頭における教育改革の諸運動は、全体として一九世紀の教育学的精神に対する大きなアンチテーゼとして把握されるであろう。ここで、われわれは実験教育学を反ヘルバルト主義 (Anti-Herbartismus) を旗織として現われた一種の改革教育運動としてとらえるが、しかしたとえば芸術教育運動・労作学校運動・統一学校運動、さらには青年運動等のいわば教育学的生の諸運動とは若干異なった範疇的系譜に属する、教育学の科学的な改革運動とみる。[4]

では、かかる系譜においてとらえられる実験教育学の改革の理念は何か。それはいかなる方法によって改革しようとしたか。また改革によって得ようとしたのは何か。しかも、この改革の立場がその方法論上の特性のゆえに、論理必然的に内包している問題点は何か。これらのことがこの小論全体を貫く問題意識である。

第一節　実験教育学の成立―「要求」と「方法」との結合・発展過程として―

前述の課題(問題意識)を解決するために、われわれはまず第一に、実験教育学成立の必然性をその歴史的背景において解明し、教育学史上において果たした実験教育学の役割を解明しなければならない。実験教育学の思潮がいかにして起ったかということを探究してみることは、この種の教育学の性質を明らかにするのに必要な前提である。本来教育理論は歴史的発展の所産であるから、その内容ある理解に至るためには、われわれは歴史的立場に立って、これを考察しなければならない。しかし、物語り的把握は意味をなさない。歴史的アプローチは事柄そのものに内在する方法論的意識によって貫かれていなければならない。

そこでわれわれは、「要求」と「方法」という二つの概念を指標として、実験教育学の成立過程をとらえることにする。ある種の希望や要求はそれが方法論的に基礎づけられて初めて、この現実界にその占めるべき位置が与えられる。「要求」が現実界にその存在権を主張するとすれば、それと「方法」との結合はその必然的要請である。そこで、「要求」と「方法」とがどのように結合して発展し、実験教育学へと結実していったか、そしてその結合の仕方が「要求」から「方法」への方向をたどったのか、あるいは逆に「方法」から「要求」への方向をたどったのか、換言すれば、「方法の発見」か、それとも「方法の受容」かということが、次に論究されなければならない。

モイマンはその大著『実験教育学入門講義』(Vorlesungen zur Einführung in die experimentelle Pädagogik und ihre psycologischen Grunlagen, Band 1, 1907)において、実験教育学の成立について、次のように述べている。

「実験教育学はその精神的母胎である実験心理学と全く同様に、突然生まれたものではない。……歴史的にみれば、実験教育学は一つには教育学を科学的に基礎づけようとする鼓舞と試みとの一層進んだものであり、二つには教育学と多様に相接触する他の経験諸科学が教育学研究に影響を及ぼしたために生まれたものである」[5]。

モイマンによれば、実験教育学成立の要因として、大きく二つの点が指摘される。すなわち、①教育学の科学的基礎づけの要求、②教育学研究への他の経験諸科学の影響である。後者の経験諸科学群には、実験心理学・児童心理学・児童学・医学的生理学的研究・精神衛生学的研究・社会学的統計学的研究・人類学的生物学的研究等があげられているが、これらのうちで実験教育学に最も重要な刺激を与えたのは、いうまでもまく、実験心理学である。実験教育学の発達は実験心理学の研究方法を採用したことにあるといってさしつかえないであろう。われわれが「方法」という指標でとらえた要因は、この実験心理学の影響である。

一　教育学の科学的基礎づけの要求

教育学を科学的に基礎づけようとする希望と企ての端緒は、すでにコメニウス(Comenius J. A.)、ルソー(Rousseau, J.J.)、汎愛派(Philanthropinisten)、ペスタロッチ(Pestalozzi, J. H.)、フレーベル(Fröbel, F.)に見出される。[6] この新しい傾向は、時間的にみれば、一八世紀の末葉から一九世紀初頭にかけて現われ、思想的には理念・提案・計画・構想・独断的主張等に終っていた単なる教育学をのり越えていこうとする諸々の突進である。たとえば、ペスタロッチの教育学は確かに「精神的諸力」(Seelenkräfte)という彼独自の心理学に基づいているけれども、しかし彼はその方法論を一層深く科学的に基礎づけなければならないという必要性を認めていた。そして彼の生涯の仕事は、まさに最良の教授方法をめざして、絶えず経験的に十分に検証し、かつ認識の直観的基礎のなかに、教授方法の根拠を探究することであった。さらに重要なことは、ペスタロッチの教育学の理念が「児童の生活から、教育・教授の実践から汲み取られた」[7]ものであったということである。モイマンはここに実験教育学成立の遠因的根拠を求め、ペスタロッチを実験教育学の先駆者とみなした。[8]しかしながら、ルソー、ペスタロッチ、フレーベルにおいて教育を経験的に基礎づけようとする努力がなされたけれども、残念なことにそれらは空想的か主観的か演繹的なもので、真に客観的科学的な研究による基礎づけではなかった。[9]

では、教育学の科学的基礎づけとは具体的にいかなる内実をもつものであろうか。すでにヘルバルトは教育学を倫理学と心理学とによって基礎づけ、科学的教育学の礎を築いた。その場合、ヘルバルトは教育学全体を教育目的から演繹しようとした。つまり、演繹的基礎づけ(Deduktive Begründung)がなされたにすぎない。[10]それに対して、実験教育学は科学的研究にその根拠を求める。実験教育学においては、教育学をできるだけ客観的なものにするために、経験的事実研究を中心において、観察(Beobachtung)・実験(Experment)・統計(Statistik)等の精密な研究方法を用いるのである。この点において、実験教育学の構想する科学的教育学は、ヘルバルトの場合のそれとはその意味を全く異にしているのである。

この教育学の科学的基礎づけの要求は、他面からみれば、従来の教育学に対するアンチテーゼとして把握される。従来の概念的・規範的教育学(Pädagogik als Begriffs-und Normwissenschaft)には、教育的指図や規範が基づかなければならないところの、いやその指図や規範がそこから生じてこなければならないところの純粋に事実的関係の知識による経験的下部構造(Empirische Unterbau an Kenntniss der rein tatsächlichen Verhältnis)が欠けていた。[11]実験教育学は従来の教育学のこの欠陥を補おうとして現われたのであった。単に希望と企図とに終っていた教育学の経験的基礎づけの要求を、科学的・客観的な基礎づけにまで高めようとしたところに、その正当性・妥当性は別として、教育学史における実験教育学の歴史的意義があるといえるのであろう。

二　実験心理学の影響――「方法」原理の受容過程――

教育学を真に科学の地位にまで高めようとする要求は、方法論的に基礎づけられなければならない。「方法」という点で、実験教育学に最も強い影響を及ぼしたのは、実験心理学である。実験心理学の研究方法（実験的方法）が教育学研究の方法原理として受容され、ここに実験教育学が成立した。ではそれは、いかなる経路をたどって教育学へ移入されたのであろうか。

教育学研究を厳密に科学的なものにし、これについて特別の研究法を用いようとする企ての動機は、自然科学によって与えられた。一九世紀後半は自然科学の時代であり、レーブレの特記する「工業化の時代」（Zeitalter der Industrialisierung）[12]である。当時の自然科学の発達と技術の急速な進歩は、科学的方法、すなわち実験的方法の確立にあったことは申すまでもない。グルンヴァルト（Grunwald, G.）が述べているように、「近代自然科学、特に二〇世紀の技術がその比類のない高さにまで到達したのは、まさしく実験によって、つまり具案的な実験によってである」[13]。自然科学の研究法として発達した実験が、フェッヒナーによって精神物理学へ採用され、さらにヴントとその学派によって心理学へ移された、その経緯はすでに述べたとおりである。ここに、従来の主知主義的心理学や内省法による心理学に対して、実験心理学（Experimentelle Psychologie）が生まれた。この心理学の大きな飛躍は、結局観察と実験とを組織的に採用したことによる。「この方法によって、精神生活（Seelenleben）の事実的知識についての全く新しい素材が獲得され、従来の心理学のほとんどすべての概念が全く新たに定式化された」[14]とモイマンは語っている。これに勢いを得て、その方法は児童の精神生活へ転用された。モイマンはこの転用に実験教育学の主要な起源を見出している。従って、「実験心理学を成人の心理学とするならば、実験教育学は実験的方法によって児童の心理学を築く」[15]ものだといえるであろう。この点からみれば、実質的な点は別として方法的な点で、「実験心理学は経験的に研究する教育学（実験教育学―筆者注―）の母である」[16]といえる。このように、実験教育学は実験心理学から転用した実験的方法―観察・実験・統計等―を教育問題へ適用することによって、従来の概念的・規範的教育学に欠けていた経験科学的基礎づけを補完し得ると確信したのである。

以上の考察から明らかなように、実験教育学の方法原理は教育学そのもののなかから、方法を発見しようとする産みの苦しみのなかから生まれたのではなく、他の領域から受容されたものであった。この点に、われわれは注目しなければならない。というのは、この小論の論点である方法論の考察は、この事実を起点として展開されるからである。科学の用いる方法は一つひとつについてこれをよく吟味することなしに、無造作に移して直ちに他の科学に応用することは不可能である。研究の異なる対象、異なる見地は、その方法に対して多大な変化を要求するのである。[17]この問題点については、後により詳細に論究する予定である。

最後に断わっておかなければならないことは、この研究においては教育学の方法論的基礎を探究するという立場に立っているために、主として方法的側面からのみ展開してきたが、実験教育学の思潮をうながすに至った要因として、他に実質的内容的な側面からのアプローチがなされなければならない。それは主に実験教育学の研究内容に影響を及ぼしたものであるが、事柄の性質上ここでは割愛せざるを得ない。

第二節　モイマンの実験教育学の立場―教育学の自律性への方法論的基礎づけ―

いわゆる実験教育学は二〇世紀の初頭に生まれたものである。前節で述べたように、その成立の淵源は遠くルソー、ペスタロッチ、フレーベル、汎愛派に求められるけれども、しかしそれが明確に一つの独立した研究領域としての自覚をもって教育学の舞台に登場してくるには、モイマン（Meumann, E., 1862-1915）とライ（W. A. Lay, 1862-1926）による学的形成の努力を待たなければならなかった。しかし同じ実験教育学という名称で呼ばれながら、モイマンとライとではその立場に顕著な相違がある。両者は共同して、一九〇五年から『実験教育学雑誌』（Zeitschrift für pädagogische Psychologie und experimentelle Pädagogik）を発行した。しかしやがて、ライは編集から手を引き、両者の間にはモイマンの死に至るまで争いが続いた[18]。この分裂と争いの原因は、一つには感情的な問題が考えられるにせよ、結局両者の立場の相違に帰せられるのではないだろうか。しかしここでこの問題に立ち入る余裕はない。ただこの点に触れたのは、両者の立場には顕著な相違があり、それゆえにこの小論でとりあげる実験教育学とは、「モイマンの」という限定つきのものであることを断っておきたかったからである。

さて、モイマンは実験教育学についてどのように考えていたのであろうか。彼の意図は科学的研究によって、教育学を科学の地位にまで高めることであった。従って、教育学の自律性の問題は彼の実験教育学の主要な課題であった。モイマンは「近い将来、教育の諸問題を全く経験的に研究するところの体系的教育学を生じさせ得る」[19]と考えていたのであるが、しかし従来の教育学全体が実験的研究によって改造されなければならないと考えていたのではなかった。これが「実験教育学は教育学一般、すなわち全教育学になるだろう」[20]と主張したライの立場と根本的に異なる点である。

モイマンによれば、教育学が体系的になるためには、たとえ方法的な点で実験心理学的方法に依るべきであるにせよ、実質的な点では、哲学的・医学的・自然科学的諸科学、社会科学、実験心理学と児童学、論理学と方法論、倫理学、美学、宗教生活の心理学等の諸成果を採用しなければならない。すなわち、体系的教育学はこれらの基礎科学(Grundwissenschaft)と補助科学(Hilfswissenschaft)のうえに成立する。

「基礎科学とは、その方法と成果とをもって教育学の基礎概念を形成するのに関係のある科学であり、補助科学とは、そこから教育学がただ特殊な材料を借りてそれを教育学的な仕方で改作するところの科学である」[21]。

基礎科学には、心理学と児童学、倫理学、美学と文化科学、神学と宗教学、論理学と方法論があり、補助科学は、たとえば歴史学、地理学、動物学、植物学、数学等の諸科学である[22]。教育学はこのように多くの基礎科学と補助科学とのうえに成立するとモイマンは考える。

では、教育学はこれらの基礎科学や補助科学の単なる応用科学(Angewandte Wissenschaft)にすぎないのであろうか。モイマンはこの疑念に対して、次のように反駁する。

「医学者は化学者や物理学者から知識を借り、物理学者は数学者から知識を借りている。そのことによって、医学や物理学が自立的な科学ではないとはいわれない」[23]「教育学は物理学が応用数学ではなく、あるいは生物学が応用化学・応用物理学ではないように、応用心理学ではない」[24]。

教育学は応用心理学でも、応用倫理学でも、応用論理学でもないのである。「教育学は疑いもなく自立的科学

(Selbständige Wissenschaft) である」。「教育学をこれらの補助科学の単なる応用 (Anwendung) とみなすことは、全く不当である」[25] とモイマンは主張する。

科学の科学たる所以は、それに自立的見地―モイマンはこの見地を「統一的見地」(der einheitliche Gesichtspunkt) と称している[26]―が存するか否かということにある。それゆえに、教育学にはそれに固有な研究の視点がなければならない。モイマンによれば、それは「教育学が……教育事実の科学 (Wissenschaft von den Erziehungstatsachen) である」[27] ということに存する。教育学はその目的のために、心理学・病理学・倫理学・美学等の成果を使用するにせよ、これらの成果を全く新しい視点、すなわち「教育という視点」(Gesichtspunkt der Ezichung)[28] のもとに移すのである。たとえば、児童心理学において児童の心理を研究するのと、教育学において教育という視点から児童を研究するのとでは、大いにその面目を異にしている。その顕著な相違を、われわれは問いの出し方においてみることができる。児童心理学は「児童の精神はいかなる性質のものであるか。彼においていかなることが生起するか」と問う。それに対して教育学は、「児童の精神はいかにして陶冶され得るか。もしわれわれの教育の目的が達せられることを希望するならば、われわれはこの精神をいかに取り扱うべきか」と問うものである。[29] 心理学が児童の発達に対して純粋に考察し、認識的・研究的態度をとるのに対して、教育学はこの発達に力を加え、これを一定の道に導く方法を求める実践的態度をとる。従って、教育学はこれらの種々の材料を、教育という視点から取り扱って、これを統一ある知識の体系にもたらそうとするものである。モイマンは以上のような意味において、教育学の自律性を保証しようとしたのである。

すでに述べたように、モイマンは従来の教育学を全面的に否定したのでも、また従来の教育学全体を実験的研究によって改造しなければならないと考えたのでもなかった。ただ従来の教育学には、経験的基礎づけ、ないしは客観的・科学的基礎づけが欠けていた。この欠陥を補おうとして現われたのが実験教育学であったのである。では、教育学の経験的基礎づけはなぜ必要なのか。また、従来の教育学がそれを欠いていたために、いかなる弊害をともなったか。

それに対して、実験教育学はいかに対処したか。これらのことが次の問題として浮びあがってくる。

従来の教育学は概念的・規範的性格をもち、多くはまず最初に教育・教授の諸概念を確立し、そこから教育・教授の実践のための規範や規則を発展させることを課題とした[30]。この演繹的に推論された教育的規範や規則は「実践家がいかに教育し、教授しなければならないか」[31]という実践家のための入門以外の何ものでもなかった。従って、従来の古い教育学は教育・教授の入門書的性格をもつにすぎなかった。もちろん、教育学はそれが実践のための理論であろうとする限り、規範を欠くことはできない。しかし従来の教育学は「実践家が何故にそのように取り扱い、他の仕方で取り扱ってはならないか」[32]という、この規範の科学的基礎づけを欠いていた。ここに従来の教育学の致命的な欠陥があるとモイマンは指摘する。教育的規範は確実な説明的基礎を必要とするというのが、モイマンの立場である。従来の教育学には、この説明的基礎が不十分であり、また実践に対して直接役に立つ規範を提供しようとして、初めから「あることを要する」ということのみを立てようとする欠点があったことが認められる。ただ実験的方法がこの欠陥を除去するのに、果たして適切であったかどうかということは一応括孤に入れて、実験教育学がこの欠陥を補おうとして、「何故に」という説明的部分を重視したということは正当に評価されなければならないであろう。

それでは、モイマンはこの従来の教育学の欠陥をどうしたら補い得るというのだろうか。彼は教育的規範は三重の方向において提出されるという。それは①児童の態度の規範として、②教師の活動のための規範として、③教授手段の編成や使用法および学校制度の組織のための規範として、である[33]。これらの場合に、これらの規範の科学的基礎づけを得るために、規範が適用される事実的関係について徹底的に研究しなければならないとモイマンは主張する。そうでない限り、すべての教育的規範は教育実践とはいかなる接触ももたないか、あるいは偶然の接触をもつにすぎない論理的構成物になる。さもなければ、それは専制的・権威的性格をもつに至る。このような十分な基礎づけを欠いている規範は、すべての実践家に「純粋な命令」[34]として立向かってくるのである。そこには、規範が正当であるか、あるいは合目的的であるかということについていかなる保証もたない。確かにルソー、ペスタロッチ、ヘルバルトはその教育的規範を基礎づけようとしたのであるが、ルソーの教育学は想像力に富む直観的な構成による基礎づけであり、ヘルバルトの場合は教育学全体を教育の目的から演繹しようとした演繹的基礎づけにすぎなかった。[35] ここにもまた、何故に設定された規範に従わなければならないかという科学的根拠が示されていない。

実験教育学の意義は、個々の教育者にいつもその教育的規範や処置の基礎について明らかにし得る能力を与えようとすることにある。それによって、実験教育学は教育者を教育的規範への奴隷的な隷属から救出し、「教育的規範に対してその自律性を高め、彼にその職業についての高い関心を自覚させることができる」[36] とモイマンは提言する。従来の教育学は実践家の自律性を麻痺させていた。さらに不幸なことには、この麻痺状態はひとり実践家のうえだけにとどまらず、「方法的規範への教育者の隷属はその宿命的な反動を、教授全体のうえへ、また児童の精神生活のうえへもおよぼしたのである」[37]。その結果、教授は相変わらず児童の精神的自律を鼓舞することができなかった。鼓舞するどころか、「独立心のあり、才能のある児童の自発性を学校規範の硬直した遵守によって窒息させている」[38] とモイマンは痛烈な攻撃を加えている。

このような隷属からの救済という理念のもとに、実験教育学が主張した大きな変革は何であったか。科学における方法上の変革は単に方法における変化を誘致するにとどまるものではない。あらゆる新しい研究方法は、同時にまた新しい実質的な問題をともなって現われてくるものである。実験教育学が必然的にともなった方法的かつ実質的な変革は、教育学のすべての問題を「児童から」(vom Kinde aus)[39] 決定しようとすることである。研究の出発点をすべて児童から受け取るというこの教育学的問題のパラダイム転換は、「児童の陶冶条件を顧慮しないいかなる教育学的問題も存在しない」[40] という確信に支えられていた。モイマンによれば、教育学は一般に児童の態度、教師の活動、教授手段の編成と使用法および学校制度の組織という三つの大きな研究領域をもっているが、第二と第三の領域において生ずるすべての問題も、今や実験教育学は児童から決定しようとする(実際には、第一の領域だけにとどまり、第二、第三の領域についての成果は見られなかった)。[41] このように教育学的問題はすべて児童を中心にして動いているのであり、この児童と教育との関係を実験的に研究するところに、実験教育学の特色がある。

これまでの概観から推論されるように、モイマンは決して本来の哲学的教育学に反対するものではない。彼は「科学的教育学のすべての問題が事実的研究の領域に属するわけではないので、教育学のすべての問題が全く実験的に取り扱われるものではない」[42] と考えていた。彼が誤ったものとして排斥するのは、純粋に帰納的教育学であり、また純粋に規範的教育学である。モイマンは前者の例として、ベルゲマンの帰納的教育学をあげ、後者にはカント学派およびヴィンデルバント学派の哲学的教育学、アヴェナリウスの思弁的演繹の教育学をあげている。彼は「ただ独断的恣意に導くにすぎない教育学的先験主義に対してのみ反対している」[43] のである。そこでたとえば、彼が「一般的な教育目的の決定は大部分哲学的教育学の問題である」と述べている点からも、彼が哲学的教育学の存在権を認めていたということについていかなる疑いもないといえる。

さてわれわれは、この節の最初に予示するにとどめていたモイマンのいう体系的教育学の個々の領域を明らかにしなければならい段階に至った。そしてまた、実験教育学がその体系の個々の領域に対していかに関与するかということも、併せて考察しなければならない。

「教育学は一般的にいえば、教育の科学である」「教育は目的・目標理想を実現する目的設定的活動である」。このような活動の科学、すなわち教育学はその先端に目標と理想との体系をもつ。これを取り扱うのが、哲学的教育学あるいは教育目的論である。また、教授の特殊な目標や具体的な教育目標の決定は、いくらか社会科学・文化科学・社会的倫理学・経済学・学校政策学の領域に属する。[46] そこでモイマンは教育目標を規定する科学として、倫理学・美学・文化科学・哲学的世界観をあげている。教育の目標と理想との実現は、教育の客体としての児童のもとで行われなければならない。そこで、われわれは「児童学」(Jugendkunde)と名づけられる児童の科学を必要とする。さらに教育の主体へ眼を向ければ、教育の目標と理想とを実現する教育者の教育活動が浮びあがる。モイマンによれば、それは二つの方向を必要とする。一つはその活動の方法と技術であり、もう一つはその活動の一定の手段と材料である。前者は教育・教授の方法論と技術学を生み、後者は論理学と個別科学(自然諸科学と精神諸科学)とを必要とする。教育目標を実現するためには、さらにまた一定の外的な設備と国家・社会によるその組織とが必要である。つまり、学校とその組織である。このことは、教育学に教育組織論(Lehre von der Organisation der Eziehung)と教育施設論(Lehre von den Erziehungsanstalten)とを付加する。さらに「教育制度と社会、人間と社会との関係という問題については、教育学は現代の社会科学に基づかなければならない」。以上がモイマンのいう体系的教育学の概要である。[44]

では、これらの諸課題をもった教育学体系に対して、実験教育学はいかなる態度をとるか。モイマンは次の二つの事実が存する限り、実験教育学は教育学体系の個々の領域のなかへくい込んでいくことができるという。①教育学が経験的研究に接近し得る事実的側面をもつという点、②この教育学体系に含まれるすべての問題が何らかの形で教育の客体である児童に向けられなければならないという点である。[45] 教育学のすべての体系は児童のために存在しているのであるから、それはあらゆる部分で児童の発達に適合し、従わなければならない。教育的努力の特色は、ただ一般に目的を追求するのみでなく、それを児童という教育の客体に実現しなければならない。これが教育学体系に関与する実験教育学の理論的根拠である。この根拠に関連づけて、前述した教育学体系の個々の領域における実験教育学の関与の仕方をたどってみよう。

教育の目的に対してはどうか。これは大部分哲学的教育学の課題であり、全く経験的研究から遠ざかっている。しかし、実験教育学はこの問題において共同決定(Mitbestimmung)を要求することができる。「国家・社会によって規定された目標、個々の教育者が要求した目標が、果たして児童の一般的発達法則・児童の個性の発達段階に適合しているか否か、またそれはいかにして最もよく達成されるかということを、実験教育学は吟味することができる」[46]とモイマンは主張する。この吟味のない教育目標はやがて形式的教授方法を生み出し、児童を窒息させる結果になる。次に教育活動は教育の目的や教育活動の材料に適合するばかりでなく、教育の客体である児童の発達・個性・活動へ適合しなければならない。従って、教育の方法論は教材の目標およびその性質と並んで、児童への適合という視点によって規定される。教育の手段と材料についてはどうであろうか。この点については二重の経験的吟味を必要とする。つまり、児童の発達段階に適合しているかどうかという心理学的・教育学的吟味と目標を達成するのに適合しているかどうかという技術論的吟味である。[47]学校とその組織についても、児童の発達・養護・衛生という視点のもとに、また教師の労働条件という視点のもとに、心理学的な共同基礎づけが必要である。「学校に対する要求は一方的に経済的かつ学校政策的視点のもとに提出される危険があるから、児童学における心理学的・生理学的および衛生学的・病理学的面の成果によって統御され、訂正され、補充されなければならない」[48]。

このように、実験教育学の課題は教育学全体の経験的基礎を作るとともに、あらゆる教育問題の決定において共同することである。「実験教育学は決して教育学全体を包括しようとするものではなく、ただ教育学の経験的基礎を作るものである」[49]。これがモイマンの結論であり、またこの言葉ほどモイマンの実験教育学の立場を表明しているものはないといえよう。

最後に「教育学の自律性」という問題に焦点をおいて、これまで述べてきた論述を整理しておきたい。「対象」と「態度」という視点からみれば、モイマンのいう体系的教育学が多くの基礎科学と補助科学とのうえに成立しながら、教育学が教育という現象の科学であり、それゆえに教育という固有の視点を有する点において、教育学が自律的科学であることを明らかにした。さらに対象を離れて「方法」は全く考えられないのであるが、しかし教育学の自律性を真に確立し得るものは、「方法」という側面ではないだろうか。われわれがこの研究全体を方法論的意識によって貫く理由もここにある。また、モイマンの実験教育学の主張もここにあった。実験教育学は実験的方法によって、従来の教育学の主観的原理に代わる客観的原理を立て、単なる経験を実験ないし統計にまで進めることによって、偶然の曖昧な常識を科学的なものにし、かつ個人的な事実を社会的な確実な判断に訂正することによって、教育学の科学としての自律性を保証しようとしたのであった。ただこの実験的方法が教育現象に適合した方法であるか否か、「方法」の受容過程の検討からみても、実験的方法そのものの論理的前提の検討からみても、若干の疑問点が残る。

第三節　実験的方法の論理的前提と対象の独自性

実験教育学が自然科学的な実験心理学的研究方法を教育現象に適用し、これによって児童の心身の発達・天賦の才能の研究等を初めとして、従来あまり厳密に規定されていなかった領域を科学的に開拓し、また児童という視点(vom Kinde aus)からすべての教育問題を解決しようとし、またある程度までこれを解決し得た功績は何人も認めなければならないであろう。しかしながら、実験教育学の隆盛の当時においてさえ、多くのすぐれた教育学者は実験教育学に対して、懐疑的・批判的な態度をとっていた。[50] その疑念と批判は、フリッシュアイゼン=ケーラーによれば、「実験的方法の特性とその必然的限界への核心にふれた洞察」[51]に基づいているのである。それでは、その核心にふれた洞察とは何か。このことがこの節で展開しようとする問題の焦点である。

実験教育学の方向はヘルゲットの次の言葉に最も要領よく示されている。「実験教育学は科学的研究の補助手段によって、特に精密な観察と実験とによって、児童の心身の発達を研究し、それによって教育・教授においてとられるべき方途を確立しようとする方向を示している」[52]と。ヘルゲットのこの言葉から推察されるように、実験教育学の研究領域は、主に「児童の研究」と「教育・教授の方法の研究」とに分けられる。モイマンはその著『実験教育学綱要』のなかで、このことを「実験教育学は教育科学一般の第一の基礎となる部分として、児童学を教育(Erziehunswerk)という視点のもとに移して研究する」[53]こととし、また「狭義の教育・教授の領域での実践的規範の科学的基礎づけが、実験教育学が教育科学の経験的下部構造に棒げようとする第二の大きを研究領域である」[54]としている。そこで、この節においては、この二つの研究領域に問題を限定し、そこでの実験的方法の問題点について検討を加えていきたい。

一　実験の意味とその論理的前提

フリッシュアイゼン＝ケーラーによれば、実験はそれを方法的意味からみれば、「認識問題を解決するために用いられた、繰り返し得る事象の科学的観察である」。条件を統制し、確実・精密・普遍妥当的に行なう観察である。さらに付言するならば、実験は人間の「厳粛な行為」(Ernsthandlung)や「戯れ」(Spielerei)とは異なり、その目標はただわれわれの認識を拡大することにある。[55]それゆえに、実験はわれわれの実際生活の目的連関の外にあり、何かある種の結果に達するための実践的な手段ではない。実験は認識的問題であって、実践的な問題ではないのである。

さて、実験が前提としている条件とは何であろうか。フリッシュアイゼン＝ケーラーは次の三つの前提をあげている。[56]

(1)　研究されるべき事象の観察が行われ得ること　　――「観察可能性」
(2)　観察しようとする事象を、われわれがいつまたいかに使用しようとも、呼び出すことができること　　――「人為的操作性」
(3)　実験は量的規定が実行され得ないところでは、その価値を失うこと　　――「量的規定性」

ここでは問題の性質上、というのは人為的操作が精神の領域または教育の固有の領域において、どの程度可能であるかということを考察するために、第二の前提についていくらか立ち入った考察をしてみよう。

実験は、モイマンも述べているように、「研究されるべき事象を、厳密に統制した条件のもとで観察するのをめざすのである」[57]。そのために、一定の科学的意図に導かれた人為的操作(Willkürliche Eingriff)を必要とする。フリッシュアイゼン＝ケーラーは「われわれが事象をわれわれの操作によって変え得るときのみ、実験は可能である」[58]と述べている。その意味する人為的操作とは、具体的に何をさすのであろうか。

フリッシュアイゼン＝ケーラーはさらに続けて、「現に生起している事象でも、それをいつも制約された実験室の条件のもとにおくことかできる限りにおいてのみ、実験的に研究することができる」と述べている。このことはとりもなおさず「研究されるべき事象を他のあらゆる統制しにくい影響から、完全に孤立させること」[59]を意味する。そこで彼の場合、「完全な孤立」(Vollkommene Isolierung)という概念が具体的な指標となる。では「完全な孤立」は果たして可能であるだろうか。フリッシュアイゼン＝ケーラーはその不可能性を、物理的世界においては、重力の例をだして説明し、有機的世界においてはそれが歴史的世界であり、その現在のなかに過去が生き続けているという理由で、事態が非常に複雑であることを明らかにしている。彼の考えによれば、「すべての生物はその過去の産物であり、その系統発生的発達はその前史時代によって規定される。そこで、われわれは生物をその系統発生的過去から孤立させることは不可能である」[60]。従って、完全な孤立はわれわれができるだけ簡単な事象とかかわりあいをもつときのみ成功するといえる。経験が提供する現象は大部分複雑であるから、それを人為的に取り出すことは困難である。あらゆる人為的な企ての本質は、全く単純化(Vereinfachung)にあるからである。フランシス・ベーコンが定式化した「自然の切断」(Zerschneidung der Natur)は、合理的な自然研究の第一の原理である。

このような原則的な前提のもとに、現実の複雑な事象を分析する場合、いかなる注意が必要であろうか。ある程度まで孤立して観察され得る生命機能を除いては、われわれは単なる思推のうえでの、抽象的な孤立で満足しなければならない。その場合忘れてならないことは、フリッシュアイゼン＝ケーラーが注意したように、「個々の事象はそのすべての部分が相互依存の関係にある全体のなかの一つの機能として制約されている」ということである。従って、生そのものを実験的に分析する場合、それは「要素から全体へではなく、逆にこの全体の統一から統一的な目的連関の分離不可能な部分としての要素へ進むところの考察法、しかもその場合原則として（実験的方法とは—筆者注—）異なった諸範疇を使用するところの考察法」[61]によって補完されなければならない。

結局、実験はそれに心理学的・教授学的・教育学的といかなる形容詞を冠するにせよ、ここに考察した実験の本質的な前提を無視あるいは軽視することはできないのである。できるだけ正確な結果を得るためには、意図的操作によってできる限り条件を統制しなければならない。そうでない限り、科学的な実験的研究は行われ得ないし、また正確な結果も期待され得ない。

二　精神的事象把握における実験的方法

前項で述べたような前提を有する実験が、教育学の領域へ踏みこんできた場合、いかなる問題を惹き起すであろうか。

教育の直接の対象は児童である。従って、教育学にとって基礎的な意味をもつものは、児童の精神・個人差・種々の発達段階についての認識である。そこで第一の問題は、実験的方法が児童の精神およびその個性を理解するのに、どの程度役立ち得るかということである。しかし、この問題の考察は本質的には心理学の領域に属する問題であって、教育学本来の問題ではない。なぜなら教育学においては、対象そのものの属性を認識することだけで済ませるわけにはいかないからである。さらには、教育者が対象（被教育者）にどのような働きかけをした場合に、どのように形成されたかという、いわば実践的過程についての認識が必要である。ここでは一応当面の考察の重点を、心理学の領域に向け、心理学的実験の可能性と限界について検討したい。

精神的事象を実験の対象とするためには、それを人為的に調整することができなければならない。これは果たして可能であろうか。モイマンの次の例は興味ある問題である。

「われわれは被験者を号令によって愉快にさせたり立腹させたりすることはできない。また、命令によって彼に道徳的行為を実行させることも同様に不可能である」[62]。

このことから直ちに精神的事象は実験の目的に従って統制され得ないので、それを実験的に研究することは不可能であると考えがちであるが、このような推論に対してモイマンは、「これらの例は心理学的実験において稀にしか遭遇しない極端な事例から推論されている」[63]と異議を唱える。彼は、精神的事象は刺激によって人為的に統制することができると確信していたのである。ところが、その刺激によって惹き起すことができる事象とは、彼が詳細に述べている論述から抽出すれば、感覚・知覚・最も単純な感情・表象過程・記憶作業といった精神の初歩的機能である[64]。この領域で実験が可能であることは、フリッシュアイゼン＝ケーラーもまた認めているところである。モイマンはこのことから、「あらゆる種類の精神的事象は刺激によって統制され得る」という結論に達しているが、その結論には次のようなことが前提になっている。要約すれば、われわれは実験においてあらゆる事象をその最も簡単な事象とその最も単純な関係へ還元する。それにより特に精神生活の基礎を知り、そこから精神生活の複雑な事象を総合的に再構成することは不可能ではない[65]、と。モイマンのこのような考え方は、「要素に分けて調べた知識を重ねたものが全体の性質を表わすと仮定して、現象を説明する」[66]、いわば自然科学的な操作原理を精神の認識においても、暗黙裡に認めているといわざるを得ない。事実、「彼の解した実験は全く当時の生理的心理学。自然科学的要素観的心理学に於て用ひられる方法であって、極めて抽象的分析的なる心理観に貫かれたる性質のものであった」。[67] しかしモイマンにしても、自然科学におけるような厳密性を、心理学的実験において予想しているのではない。彼は意識の部分的過程の分離しがたさに、心理学的実験の制約を認め、「意識の部分的過程の近似的孤立」とか「一つの印象への注意の集中」という点に論究を進めている。

ところが、このような前提に対して、フリッシュアイゼン＝ケーラーは異論を唱える。彼は「その性質からみて、このような人為的操作を許さない精神生活の領域がある」[68] として、彼の批判を展開している。「われわれはたとえ機械的な生命解明へ傾くとしても、全体における総合を支配する原理を定式化せずにはおれない」[69] のであり、それは何よりも生命が要素に分析されたらその意味と機能とを失ってしまう目的論的構造統一・機能統一をなしているからである。「分析によって本質が変らないものならば、一応分析してそれをまた総合することにも意味かある」。しかし、「全体としてはある感じをもっているが、分析してみるとその部分には本質的に前の感じの基礎となるものは存在しない」[70] という意味において、生命現象ないし精神的事象はこのような分析＝総合の操作原理を拒むのである。しかしディルタイとは異なって、彼は一定の限界内において心理学的実験の可能性を認めている。このことは前にも触れた通り、「精神の初歩的機能と精神生活の最も低い層」[71] である。ヘルマン・ノールはその著『ドイツにおける教育運動とその理論』(Die pädagogische Bewegung in Deutschland und ihre Theorie, 4. Aufl., 1957) のなかで「精神そのものは必然と自由という二元論として規定されるところの緊張、すなわち因果規定層と意味規定層とを内包している」[72] と述べているが、フリッシュアイゼン＝ケーラーが実験可能とした領域はこの因果規定層である。

ところで、われわれが高次の意識形成や複雑な文化行為へと目を転ずるや否や、社会的歴史的諸要因が実験室内に孤立された被験者にいかなる影響を及ぼすかということが問題になってくる。というのは、ノールも述べているように、「生きた人間、現実の人間とはその内容をもった人間であり、しかもその内容は人間が生きている文化界から切り離すことはできない」。それは「歴史的なもの、すなわち言語・芸術・科学・法・宗教・道徳であり、これらの内容や生活形式の固有法則性は高次の精神生活の不可欠の基礎である」[73]からである。ところが、「実験心理学の本質は被験者を、われわれがそれを支配することも段階をつけることも、あるいは恒常的に作用する要因として取り除くこともできない諸関連と諸条件のすべてからできるだけ解き放すことにある。実験心理学は被験者を孤立した生の統一体として理解し、彼の合法則的行動を統制可能な刺激によって確認しようとする。しかし、そのことは同時に被験者を社会的連関と精神的社会生活とから孤立させ、しかも歴史的世界を除外する。ただ前述したような最も簡単な精神的事象を研究する場合には、たとえ孤立されたとしても、研究されるべき事象に社会的連関や精神的社会生活がどの程度影響を及ぼしているかを確認することは比較的容易である。しかし高次の精神的事象に関しては、このような確認は困難である。それは次のような理由による。「人間は有機体とは全く異なった意味において遺産相続人である。人間はその自然的存在に基づく有機体のように、単にその系統発生的過去によって規定されるのではなく、生物学的種としての人間の現存形式から文化的人間へ高まるために、歴史的社会的生活の遺産としての文化財の生きた獲得を必要とする」[74]からである。フリッシュアイゼン＝ケーラーはまた「教育の限界について」(Über die Grenzen der Erziehung, 1919)という論文においても、陶治性の問題に論及し、精神的素質が単なる形式的機能としての可能態であることを指摘し、「特殊な個別的内容なしには、歴史的現象としての人間のいかなる性格も存在しない」[75]ことを明らかにしている。このような根拠から、彼は心理学的実験の難点を、被験者を社会的連関と精神的社会生活から孤立させなければならない点に認めている。これか心理学的実験の第一の限界である。

実験心理学はこのような歴史的社会的側面ばかりでなく、精神生活の実質性もまた度外視する。実験心理学が確認しようとする精神の自然法則は、本来形式的法則であり、そのなかには精神の諸反応が関係する対象的なものは入りこまない。これが実験心理学の第二の限界である。精神生活の実質性・対象性は自然の法則から根本的に区別されるが、しかし精神生活を構成するためには不可欠で独自の法則をもっている。ノールは、「(実験心理学の)真の教育学的核心は児童からみること(das Sehen vom Kinde her)である。しかし、児童が唯一の視点ではなくて、どの方向に(Wozu)という問いが重要である」[76]と指摘する。このような視点の転換によって、児童の心理学的考察には、精神的内容的考察が交錯する。なぜなら、「精神のすべての能力は一般にそれがめざしている対象からのみ確認され得る」[77]からである。しかも教育の主としてあずかるところは、歴史的社会的な精神内容であり、児童の精神もまたこのような意味での実質性を伴った精神として理解されなければならないのである。

このようにみてくると、「社会生活そのものやその客観態・形態が実験的方法論の原則である直接的観察と具案的影響から遠ざかる」[93]ということは、疑いもなく明白なことである。言語の発達、社会形式・国家形式の形成、慣習・神話・宗教・経済体系等の成立と変遷は、実験的方法の研究領域の外にとどまる[78]。なぜなら、それらを生み出す諸力はあらゆる系列の世代を包括する歴史的人間の生きた相互作用においてのみ、また客観的な課題を解決し、超個人的な価値を実現しようとする即事的な努力においてのみ発達するからである。われわれはこの小さい自我を道徳的・宗教的・理論的世界をつかむ過程をたどって拡大する。しかし、実験心理学は歴史的連関を無視し、精神生活の最も低い層のみを対象とする。しかも、一般的法則の担手としての抽象的個人とのみ関係する。教育学の基礎学としての心理学がかかる抽象的・没価値的心理学であってはならないことは、以上の論述から理解されるであろう。グルンヴァルトはその著『二〇世紀の教育学』(Die Pädagogik des zwanzigsten Jahrhunderts, 1927)において、「確かに教育学は自然科学的に操作する没価値的心理学を前提とする。しかしその他に、精神科学的心理学を必要とする」[79]と述べているが、同じような主張をわれわれはフリッシュアイゼン＝ケーラーに見出すことができる。「漸次的な生成や歴史的社会的生活の変化を、諸世代の変化において決定する法則性を、われわれはこの発達の記念物からのみ解明することができる」[80]と。

また別の箇所では、「外から精神へ近づくのではなく、精神を内から、すなわちその態度、体験の仕方、精神が組み入れられている精神的共同体から理解しようとする考察法もまた可能であり、必要である」[81]と述べている。彼は「われわれは低い精神的機能からではなく最高の価値態度から、精神物理的下部構造からではなく精神の中心的構造から、個別からではなく全体から、孤立した個人からではなく文化連関との絡み合った歴史的人間から出発するところの心理学の問題に遭遇する」[82]と述べ、この例としてディルタイの精神科学的心理学をあげている。それはまた後年シュプランガーが体系化した心理学でもある。

三　教育・教授方法研究における実験的方法

われわれの論究はここで児童の心理学的実験から、本来の教育学的かつ教授学的実験へ移る。グルンヴァルトは「将来教育方法、特に教授方法の正しい形成のために、多様に価値ある解明を実験教育学に期待してさしつかえない」とし、「教育学的実験、特に教授学的実験は第一に教育方法論として、教育目的論から区別される教育学のその部分に役立つ」[83]と述べている。ノールはそれを、所与の教育目標を達成するための合理的方法を探究する、心理学的教育学としての「陶冶手段の理論」[84]と名づけている。

実験教育学の第二の研究領域として、教育学的実験は「最上の教授方法の精密な認識」に向けられる。教育学的かつ教授学的実験は種々の教育・教授の手段と方法とについての数量的比較を試み、それによって最も目的に適したものを選び出し、かつその理由を明らかにするものである。モイマンによれば、教育学的かつ教授学的実験においては、「児童はなるほど研究の対象であるが、実験の本来の意義と目的は教育・教授の手段と方法との価値について直接決定することである」とされる。その場合、その価値の決定は「生徒へのその影響」と「その合目的性」という二つの観点からなされる。この二つの観点は「生徒への教授方法の影響についての実験的研究が教授方法の価値を決定する。しかもその研究によって、最も合目的なものとして示される方法が明確に認識される」[85]という関係にある。ここでは、便宜上分けて考える。しかしその場合でも、「最も合目的な方法の十分な吟味が問題なのではなく、種々の方法の合目的性の基礎となる因果関係の洞察が問題である」[86]ということには注目しておかなければならない。

実験教育学は教育・教授の方法の価値を前述の二つの観点から決定する。しかし、それで十分だろうか。またそれは可能だろうか。換言すれば、教育・教授の方法が他の諸々の影響から孤立され、その価値が一義的に決定され得るだろうか。ここで興味ある問題は、手続きの論理的特性であり、またそれがどの程度一定の文化理想や世界観との関連から独立して貫徹され得るか、ということである。

まず第一の批判は「生徒への影響」という観点に対してなされる。実験教育学は教育活動の一契機である「被教育者」を重視するが、しかし他の契機である「教育者」と「陶冶財」という側面を忘れてはいないだろうか。フリッシュアイゼン＝ケーラーは「教育方法は教育者と生徒との共同体の密接な相互交渉のなかでのみ作用する」[105]とし、さらに「教育者の全人格は生きた教育過程において、同じく結果を規定する要因の一つである」[87]と述べている。実験教育学においては、この点が軽視あるいは無視されている。実験的方法は研究対象へのあらゆる種類の統制しにくい影響を防ごうとする。しかし、たとえば生徒の道徳的な性格形成は教育者の全人格との不可分の絡み合いのなかで行われるのである。このことは教育者の人格と教育方法とが不可分一体のものであり、教育の成果から方法の分け前が純粋に分離され、方法の価値が正確に確認され得ないということを意味する。従って、「生徒への影響」という視点は確かに重要な無視し得ない視点ではあるが、しかしこの点からのみでは教育方法の価値は一義的に決定され得ないことは明らかである。

実験教育学は教育者を硬直した方法の束縛から解放しようとするのであるが、しかし実験教育学がその性格のゆえにたどらなければならない道が、教育者の人格の影響に適切な活動範囲を正しく限定づけ得るか、問題である。なぜなら、実験教育学は教育者の人格の影響を初めから除外しているために、次の二重の危険性をともなうからである。すなわち、①十分に吟味された方法の一面的な評価、②曖昧な教育学的主観主義の後からの承認[88]。それゆえに、ここにもまた一つの問題が残る。さらに教育者の人格的影響は、教育においてのみならず、本来の教授においてもまた軽視されてはならないのである。たとえば、教授にとって全く重要な「興味の覚醒」は、教育者の人格から独立しているものではない。実験的研究が個々の学科の作業困難による疲労係数に関して確認した価値は、個人的嗜好や嫌悪が作業のなかに入ってくるや否や変わってくる。ノールが言っているように、「生徒の疲労感は教育者と彼が喚び起す興味とによって非常に異なる」[89]のである。

「何かある実際的な課題が生涯の要件となった人々から、最も大きな影響が生ずるということを認めるならば、大きな霊感的な理念への通路はほとんど常に生きた人格を通して開かれる。事柄への堅固な信念が支配している人間よりも強く影響するものは何もない。彼のみが実行力・勇気・新しい信仰を生じさせることができる」[90]。

この点に、あらゆる書物学問に対する人格的教授の永続的な優越性があり、またこの点にあらゆる種類の教育活動において、たとえおそらく無意識に作用するとしても、創造的なものとして特徴づけられ得るところのものがある。観点をかえてもう少し論究してみよう。技術的問題は所与の事実が一定の公式に基づいて取り扱われることによって解決される。教授方法の問題も同じような手法で解決されるであろうか。「教授方法の使用はなお特別のタクト(Takt)を必要とする」[91]、フリッシュアイゼン＝ケーラーはこのように述べて、軍事的作戦について論究する。一般的な原則や規則が全く明確であっても、問題はそれを正しく適用することが肝要なのである。彼は「個性的な状況の考慮やその合目的的な取り扱いは、単に理論的な論究によって保証され得るのではなく、予覚(Divination)・個人的な熟練・

経験の問題である」[92]とし、教授活動が戦術と事情が似ていることを指摘する。そこで、彼は教授学的原則は非常に異なった種々の取り扱いを許す一般的な指示にすぎないと考え、教育者のタクトを重視する。ここから彼は、「教授の術の秘密を決定する不可測の事実のすべてを、人は教授の成果を評価する場合に除外することができるか」と疑問を投げかけ、「方法と人格との関係を表面的な構成として理解するのではなく、これら二つの要因をその内的結合の、およびその実りある相互作用の多様性において理解することが肝要である」[93]と結論している。

次に問題となるのは、「陶冶財」である。教授の特徴は、ヘルバルトが定式化したように、教師と生徒とが共通に第三のもの—陶冶財・教材—に没頭しているということである。もちろん実験教育学においても、その固有法則をもつこの第三のものを全く除外するわけではないが、その法則を見出すために、応々にしてそれを「中性的教材」(Neutraler Lehrstoff)としてのみ受けとる傾向がある。フリッシュアイゼン＝ケーラーはここに問題があると指摘する。なぜなら「対象の体系的構成は一義的ではなく、種々に行われ得る」からである。その例として、彼は「特定の論理学的方法の視点」から、また「対象の歴史的発展の視点」から導かれ得ることをあげている。[94]同一の教材でも種々の構成が可能であり、それに応じて教授の方法も規定されてくる。

陶冶財はまた文化哲学的立場からの基礎づけが必要である。教授方法の教育学的価値についての評価は、教授方法がその目標をどの程度達成したかによって本質的に規定されるであろう。しかし統一的な教養が獲得されるべきであるならば、個々の教授領域は無関係であってはならず、少なくとも一般の文化哲学的考察による文化の諸領域についての体系的自覚が要求されるであろう。たとえば文化の中心的な統一から出発すべきであるか、それとも児童の精神の類型的な構造の差異を顧慮して、個々の素質に見合う特殊な文化財から出発すべきであるかということは、根本的な解明を必要とする。従って、教授方法の価値についての評価は、単に教授方法そのものについての吟味だけにとどまることはできないのである。

最後に、第二の観点として教授方法の合目的性について検討してみよう。ただちに問題になることは、その合目的性の基準をどこに求めるかということである。実験教育学が設定する評価基準は「経済的・技術的視点」[95]である。実験教育学は教育実践の実証的構成の基礎を与えることを課題とし、それを解決するために技術へ接近する。技術においては、短時間に最少の費用で最大の効果をもたらす方法が最も目的に適ったものとみなされるから、この視点から判断すれば、最も早く最も完全に最少の労力で所与の学校目標の達成に役に立つ教授方法が最上のものとみなされる。たとえば、正書法あるいは計算の教授方法の相対的な合目的性は、実験が指示するような統制し比較し得る条件のもとで、それが同質の生徒に適用されることによって決定される。しかしその場合、そこでは初めから道徳的かつ文化的理想のより大きな連関が排除ないしは隔離されているところに問題がある。フリッシュアイゼン＝ケーラーは主著『陶冶と世界観』(Bildung und Weltanschauung, 1921)において、陶冶と教育、陶冶理想と教育理想との区別に対して徹底的な攻撃を行っている。「道徳的性質を欠いた陶冶理想がどこに存在するか。それ自体知的見識を指示しない教育目標が設定されるか。専ら問答教授(Unterweisung)にのみ限定された主知主義の優勢な時代においてすら、ドイツの学校は規制的活動に内在する教育的影響を放棄しなかったではないか」[96]と。この攻撃は次のような洞察に基づいている。

「あまりに鋭い人為的抽象に基づく陶冶と教育との区別は、現代の文明の今もなお増大する科学性によってわれわれを脅かしつつあるところの合理主義の一面的優勢を引き立てる危険性をさえ必然にともなう」。

「絶えず知識を増加し、悟性の規則・判断・結合によってのみ、生活を合理的に秩序づけようとしている悟性文化を、専ら道徳的命令に従う行為が委ねられている意志文化から区別することは、……心意を萎縮させることになり、その本能的確実性の破壊となり、さらに一面では合悟性的計算に、他面では素朴な道徳的意欲に還元されない創造的能力と器官を麻痺させることになる」[97]。

このような見解から、フリッシュアイゼン＝ケーラーは「あらゆる教授方法はその最も近い教授目的のほかに、たとえば道徳的形成にとって重要な副作用をともなう」との認識から、教授の成果を判定する評価基準として、「倫理的陶冶価値」[98]をともに考慮すべきであると提案する。できるだけ少ない努力で、最上の効果をあげることで価値を決定する合目的性の技術的理念は、正確に限定された初歩的行為においてのみ意味をもつ。それは初歩的な知識と技能を獲得する領域、精神活動の衛生の領域においてのみ有効である。精神的世界においては、事情は非常に錯綜しており、その成果が前もって明確に規定され得るような手段の数はそう多いものではない。競争的な条件を除外し、教育の手段を孤立させて組織的に十分検証することは不可能に近い。もちろん、フリッシュアイゼン＝ケーラーも述べているように、一般に道徳的意義をともに顧慮する瞬間、比較し得る基準はもはや自由にできなくなる。また、経験的方法では規定できない領域へ入りこむゆえに、長所と短所との簡単な計算もできなくなる。しかし、そこから初めて教授の効果のより完全な評価が可能になると彼は考える。

以上の諸観点についてのフリッシュアイゼン＝ケーラーの批判の核心は「教授の術(Unterrichtskunst)の秘密を決定する不可測の事実のすべてを、人は教授の効果を評価する場合に除外することができるか」[99]ということである。ノールもまた述べている。「一つの方向へ向かって合目的である手段は、全体の関連において非常に有害になり得る。教育目標の全体性こそ、手段の究極的価値を決定する」[100]と。

フリッシュアイゼン＝ケーラーがこのような批判を加えたのは、実験的方法を過重視する結果、精密な方法では把握され得ない諸側面が背景へ退くという危険を感じたからである。たとえば、自然科学的精密性の見せかけに誘惑され、知的生活や技能の獲得を一方的に顧慮する結果、教育学的関心が初歩的教授の問題に集中し、高等な教授と本来の教育の問題は背景へ退くのである。実験教育学は古い啓蒙主義的教育学の意味において、容易に児童への専らの順応を要求するに至る。しかし、この順応は成人の文化への児童の順応および自己の自然性との戦いにおける高い陶冶への拒み得ない要求との厳しい抗争に陥らざるを得ない。そこで篠原助市も批判しているように、実験教育学は「児童の自然に順応するに急して、自然への反抗も教育の一面であり、児童の要求とともに、逆に文化から児童への要求もともに顧慮せねばならぬことを忽せにした」[101]といわざるを得ない。

【注】

1 M. Frischeisen-Köhler, Grenzen der experimentelle Methode, in: Philosophie und Pädagogik, 2. Aufl., 1962, S.110.

2 フリッシュアイゼン=ケーラーは次のように述べている。「実験が若干の科学において、正当な、かつ不可欠の補助手段であることが確証され、またこれらの科学において基礎的な意味を獲得したからといって、それがありとあらゆる対象に無造作に適用され得るということは、それ自体決して自明ではない…」(ditto, S111.)。

3 W. Flitner, Das Selbstverständnis der Erziehungswissenschaft in der Gegenwart, 4. Aufl., 1966, S.4-5. Th.Wilhelm, Pädagogik der Gegenwart, 1959, S.112.

4 筆者はかつてこの教育学の科学的な改革運動を、H・ロート(H. Roth, Die realistische Wendung in der pädagogischen Foschung, in: Erziehungswissenschaft und Erziehungswirklichkeit, hrsg. von H. Röhrs, 1964)にならって、「教育学における実在論的転向」としてとらえ、その系列に実験教育学の思潮を位置づけて考察した(拙稿「教育的関係論(1)—その予備的・方法的考察—」中国四国教育学会編『教育学研究』第一三巻、一九六七年)。

5 E. Meumann, Vorlesungen zur Einführung in die experimentelle Pädagogik und ihre psychologischen Grundlagen, Band 1, 1907, S.2.

6 Derselbe, Abriß der experimentellen Pädagogik, 2. Aufl., 1920, S.1-2.

7 Derselbe, a.a.O. (5), Vorwort, S.VII.

8 ditto, S.4.

9 ditto, S.8.

10 ditto, S.8.

11 ditto, S.7.

12 A. Reble, Geschichte der Pädagogik, 4. Aufl., 1959, S.23.

13 G. Grunwald, Die Pädagogik des zwanzigsten Jahrhunderts, 1927, S.73.
14 E. Meumann, a.a.O. (5), S.3.
15 G. Grunwald, a.a.O., S.74.
16 E. Meumann, a.a.O. (5), Vorwort, S.VIII.
17 教育学に学的性質を賦与する方法論的特性についての篠原助市の論究は、教育学の自律性問題を追求する場合、重要な視点を提供してくれる（篠原助市『教育の本質と教育学』〈教育研究会、一九三〇年〉二五七〜二五八頁）。
18 G. Grunwald, a.a.O., S.82.
この事件について、当時ドイツに留学して、実験教育学思潮をわが国に紹介した吉田熊次は、次のように述べている。「一九〇七年、ライの実験的教授に対して、コンドルセン（エビングハウス門下、ハンブルヒかどこかの小学校教員）が非常に悪口をいい、ライは躍起となって反駁書などを書いた。この争いなどにより、ライはこの雑誌から関係を断った」（吉田熊次著『実験教育学の進歩』二五〜二六頁）。
19 E. Meumann, a.a.O. (5), Vorwort, S.V.
20 G. Grunwald, a.a.O., S.86.
21 E. Meumann, a.a.O. (6), S.7.
22 ditto, S.8.
この基礎科学、補助科学に関連して、モイマンはヘルバルト批判を行っている。つまり、ヘルバルトは、教育学の基礎科学は教育の目的を示す倫理学と、その方法・手段・障害を示す心理学との二つであるといったが、この定式は誤っており、不満足なものである。ここでは教育の目的があまりにも専ら倫理学的に把握されている。しかし、論理学や美学の意義も看過されるべきではない、と。
23 ditto, S.6.
24 E. Meumann, a.a.O. (5), S.IX.
25 ditto, S.VIII.
26 Derselbe, a.a.O. (6), S.4.
27 Derselbe, a.a.O. (5), S.VIII.
28 ditto, S.IX.
29 大瀬甚太郎著『欧米教育史（最近世の部）』（成美堂、一九三三年）二一九頁。
30 E. Meumann, a.a.O. (5), S.5.
31 ditto, S.5.
32 ditto, S.8.

33 ditto, S.6.
34 35 36 ditto, S.8.
37 38 ditto, S.9.
39 ditto, S.31. 一説によれば、この標語を最初に用いたのは、モイマンだといわている。
40 E. Meumann, a.a.O. (5), S.49.
41 参考までに、モイマンの著『実験教育学入門講義』の内容は、次の通りである。
(イ) 児童の心身の発達の実験的研究
(ロ) 児童の個々の精神的諸能力の発達の実験的研究
(ハ) 児童の個性の分析
(ニ) 科学的な天賦論
(ホ) 児童の精神労働の実験的研究
(ヘ) 教授学的問題の実験的研究
この内容を見ればわかるように、最後の(ヘ)を除けば、ほとんどが児童の研究である。吉田熊次は「『モイマン氏の実験教育学入門』の如き皆その過半は心理学にして、教育心理学と題して最も適当なるものなり」(「実験教育学の進歩」二〜三頁)と述べている。モイマン自身もこのことは認識していた。「実験教育学はまだ非常に若い科学である。その成立はおよそ一五年以来であり、その実験的研究も徐々に進んでいる。従って、この新しい研究方法でもって、今日全く経験的教育学的研究の全領域を研究したと期待してはならない」(E. Meumann, a.a.O. (6), S.420.)と。
42 E. Meurnam, a.a.O. (5), S.39.
43 G. Grunwald, a.a.O., S.88.
44 E. Meurnam, a.a.O. (5), S.57-59.
45 ditto, S.59.
46 ditto, S,57
47 ditto, S.60.
48 ditto, S.61.
49 ditto, S.62.
50 Vgl., A. Herget, Die wichtigsten Strömmungen im pädagogischen Leben der Gegenwart, II. Teil, 6. Aufl., 1930, S.7-13. ヘルゲットは、その代表として、H. Münsterberg, A. Fischer, W. Foerster, M. Frischeisen-Köhlerをあげている。

51 M. Frischeisen-Köhler, a.a.O. (1), S.111.
52 A. Heget, a.a.O., S.7.
53 E. Meumann, a.a.O. (6), S.11.
54 ditto, S.12.
55 M. Frischeisen-Köhler, a.a.O. (1), S.112.
56 ditto, S.114-117.
　各項目の終りに付記したのは、著者がまとめた便宜上の要約である。なお、モイマンも実験の条件として四点あげているが、これは大体フリッシュアイゼン＝ケーラーのあげた三条件と符合する。要約すれば、(1)研究されるべき事象の人為的調整、(2)実験の意図に基づく事象の人為的変更、(3)特定の科学的意図に導かれた人為的操作、(4)観察される事象の量的規定あるいは測定(注6 S.17.)。
57 E. Meumann, a.a.O. (5), S.16.
58 M. Frischeisen-Köhler, a.a.O. (1), S.114. Vgl., E. Meumann, a.a.O. (5), S.17.
59 ditto, S.115.
60 ditto, S.116.
61 ditto, S.116-117.
62 E. Meumann, a.a.O. (5), S.19.
63 ditto, S.19.
64 ditto, S.19-20.
65 ditto, S.20.
66 中谷宇吉郎『科学の方法』(岩波新書、一九五八年)八二頁。
67 上村福幸『実験教育学』岩波講座教育科学2(岩波書店、一九三二年)九頁。
68 M. Frischeisen-Köhler, a.a.O. (1), S.122.
69 ditto, S.116.
70 中谷宇吉郎『前掲書』注66、二一〇頁。
71 M. Frischeisen-Köhler, a.a.O. (1), S.124.
72 H. Nohl, Die pädagogische Bewegung in Deutschland und ihre Theorie, 4. Aufl., 1957, S.118.
73 ditto, S.116.
74 M. Frischeisen-Köhler, a.a.O. (1), S.124.

75 M. Frischeisen-Köhler, Über die Grenzen der Erziehung, in: Philosophie und Pädagogik, 2.Aufl., 1962, S.158.
76 H. Nohl, a.a.O., S.116.
77 ditto, S.116.
78 M. Frischeisen-Köhler, a.a.O. (1), S.123.
79 G. Grunwald, a.a.O., S.99.
80 M. Frischeisen-Köhler, a.a.O. (1), S.125.
81 ditto, S.136.
82 ditto, S.138.
83 G. Grunwald, a.a.O., S.93.
84 H. Nohl, a.a.O., S.114.
85 E. Meumann, a.a.O. (5), S.11.
86 M. Frischeisen-Köhler, Pilosophie und Pädagogik, 2. Aufl., 1962, S.42-43.
87 M. Frischeisen-Köhler, a.a.O. (1), S.140.
この点について、ノールはフリッシュアイゼン＝ケーラーの論文集『哲学と教育学』（注86の文献）を編集し、その序において、「彼がここで到達した最も深い真に教育学的洞察」であると評価している。
88 ditto, S.141.
89 H. Nohl, a.a.O., S.117.
90 M. Frischeisen-Köhler, a.a.O. (1), S.146.
91 ditto, S.146.
92 ditto, S.145.
93 ditto, S.141.
94 ditto, S.145.
95 ditto, S.143.
96 M. Frischeisen-Köhler, Bildung und Weltanschauung, 1921, S.55.
97 ditto, S.56.
98 M. Frischeisen-Köhler, a.a.O. (86), S.44.
99 Derselbe, a.a.O. (1), S.146-147.

100　H. Nohl, a.a.O., S.116.

101　篠原助市『理論的教育学』(教育研究会、一九二九年)二一〇頁。

第六章　教育学における「経験」と「思弁」の問題

はじめに

二〇世紀初頭のドイツ教育学説を展望すると、一方には生物学的・心理学的・社会学的経験を重視し、純粋に事実研究にのみ基礎をおく「経験的教育学」(Empirische Pädagogik) があり、他方には倫理学的・認識批判的・形而上学的理念構成のみをこととする「観念論的教育学」(Idealistische Pädagogik) があって、経験的考察法と思弁的考察法とは互いに相容れない独自の方法論として、対立し合っているかのごとき様相を呈している。この教育学の方法論上の二元論は克服し得ないものであろうか。教育学が乖離的な諸要素の単なる集積に陥ってはならないとすれば、この二つの考察法の内的統一性が追求されなければならない。この統一はいかに可能であろうか。

以上のような問題意識に立って、本論ではそれぞれの立場の方法論上の特質を検討し、「存在」と「当為」とがいかなる関係にあるか、という教育学方法論の中心的課題を究明する。

第一節　経験的教育学における教育目的設定の問題

まず最初に、われわれは経験的教育学の方法論を「教育目的設定」という観点から検討することによって、経験的教育学において当為や価値や目的がいかに取り扱われているか、を批判・検討することにしたい。

ここで経験的教育学とは、教育の理論を「経験」に基づいて構築しようとする教育学のことであり、具体的には心理学・生物学・社会学に基礎をおき、その方法論に依拠する教育学のことである。リット(Litt, Th.)がその著書『現代哲学と陶冶理想へのその影響』(Die Philosophie der Gegenwart und ihr Einfluß auf das Bildungsideal, 1927)のなかで、経験的教育学の立場について明確に述べているように、教育学は哲学より解放されて純粋に経験科学として建設されるべきである、と主張する。つまり、あらゆる世界観的前提、思弁的形而上学的前提から離れて、また経験から遠ざかったすべての目的決定を拒み、純粋に実証的精神を表現せしめ、従来の哲学がとってきた位置に代わるべき経験科学的原理をたてようとするのである。[1] 従って、哲学からの絶縁を宣言したこの教育学が必然的に厳密な経験科学としての自然科学にその範を求めていったという事実は、この立場の教育学の学問的性格を決定づけている。

もとより教育の理論を経験にのみ基礎づけようとする要求は、そう新しい起源ではない。しかし、教育および教授を根本的に改革するための基礎を与えたのは、一七・一八世紀における自然科学の急速な発達、経験についてのその厳密な概念、その構成的方法、文化を合理的に新たに構成するためのその革命的意義であった。[2] ここに、歴史的社会的世界を理性によって解明し支配するために、科学的理性を歴史的社会的世界へも適用しようとした精神科学の自然的体系―自然的宗教・自然的政治学・自然法・自然経済学等―の一部として、経験的教育学は誕生をみたのである。

経験にのみ基礎をおくべき科学としての教育学は、他のすべての個別科学が実現したのと同じ方法で、哲学への依存および世界観的意見の抗争から解放されなければならない、という主張が一九世紀の末葉に現われた。この主張は、多分に一九世紀中葉に発達した実証主義の影響を受けていたのである。この場合、教育理論の十分な基礎をどこに求めるか、その違いによって、心理学に基礎をおく「心理学的教育学」(Psychologische Pädagogik)、生物学と社会学とに基礎をおく「生物学的・社会学的教育学」(Biologisch-soziologishe Pädagogik)が成立する[3]。

ところで、経験的教育学がいずれの実証的科学にその基礎を求めようとも、その最も重要な課題は「その理想を、あらゆる所与の歴史的な文化の制約から離れて、また国家・社会・宗教等の特殊な要求からさえ離れて、時を超えた妥当性において、純粋理性から、あるいは自然そのものの本質から発展させることであった」[4]。従ってこの立場では、経験以外に由来する一切の理想や目的を拒絶する。それでは、かかる経験的教育学はいかなる教育目的を設定し得るであろうか。またその企てはどの程度まで是認され得るであろうか。

経験的教育学はその方法によって、みずから「目的」を、より厳密にいえば、構成原理として陶冶過程を統制する「最少限の目的」(Zweckminimum)を経験において明らかにしようとする。その場合前提となるのは、自然的発達・心意的生の発達・社会的連関における所与の目的論である。さてここで問題なのは、この「最少限の目的」とは何か、ということである。ディルタイの有名な言葉「いかなる点で、あるところのものの認識からあるべきものについての規則が生ずるか」[5]という定式は、この問題解決の指標となる。

一　心理学的教育学の立場

フリッシュアイゼン＝ケーラー(Frischeisen-Köhler, M.)によれば、心理学に基礎をおく教育学は教育学の根本概念を、教育されるべき個人の、自然必然的に与えられた幸福の要求(Glücksverlagen)から演繹しようとする。この立場の代表者は、シュタッドラー(Stadler,A.)とクレッチュマー(Kretzchmar,J.)である。

シュタッドラーは、至福（Glückseligkeit）の理念を「人間が生まれつき欲するところのものの満足」に還元する。クレッチュマーは個人の幸福を「陶冶要求」（Bildungsbedürfnis）の満足におく。彼は教育の目的についての考察が教育学の本質的な課題であると認めているが、しかしそれは思弁的な方法ではなく経験的な方法で求めるべきであるとし、この個人の陶冶要求を科学的に価値ある認識原理としたのである。[6]

ところが、フリッシュアイゼン＝ケーラーはこれらの目標設定が果たして必要な明晰さと確実さとに達し得るであろうか、と懐疑的である。第一に、人が個人の幸福として示すものを、経験に基づいて一般的に述べることができるか、という問題が生ずる。教育の目的を帰納的に決定する場合、確かに幸福という概念には至るであろうが、しかし幸福の内実は規定し得ない。それは必ずしも一義的ではないからである。Aが幸福とするものとBが幸福とするものとは、内容上同一ではない。教育においては、何が幸福であるか、いかなる幸福が真の幸福であるかが問題なのである。残念ながら、経験的研究の方法では、この問題に答えることができないのである。また、生徒の現在の幸福と将来の幸福とはどちらが価値あるものとして選ばれるべきか、またその選択の根拠は妥当か、この問題も経験的教育学の領域外にある。そこで、フリッシュアイゼン＝ケーラーは「真の幸福」の決定をどこに求めるべきかを明らかにする。「理想や価値をもった精神世界と関係しないならば、何が人間にとって真の幸福であるか、十分に確証することはできない」[7]と。第二に、幸福主義的教育学は教育および教育学を教育されるべき個人や個人の幸福感（Glücksempfinden）から構成する。従って、全く個人主義的立場に立つといえる。ところが、なぜこれが唯一の目標、あるいは少なくとも第一目標とみなされるべきなのか、社会を考慮することも同じように、あるいはなお一層重要ではないか、といった問題が起ってくる。ロッホナー（Lochner, R.）は次のような疑問を提示している。「社会は個人よりもはるかに高い価値をもっているのではないか。人間の本来の運命は社会の枠内で実現されるのではないか」と。彼は、クレッチュマーが語る「個人の陶冶要求」は言葉の厳密な意味での認識原理ではないと批判し、むしろ「世界や生活へ眼を向けることによって、クレッチュマーが定式化したものとは対立する、全く異なった原理、すなわち社会的原理を立てることができる」[8]と批判している。

二　生物学的・社会学的教育学の立場

このような限界をもつ経験的教育学は、その基礎を生物学と社会学に求める。生物学は自己保存と種族保存が自然の目的であると教える。スペンサー（Spencer, H.）の個人主義的教育学も、ベルゲマン（Bergemann, P.）の社会的教育学も、ともに進化論に基礎をおいている。ところで、われわれが無条件に従わなければならない確定的な発達の方向を、有機的生命一般の考察から取り出すことは、果たして可能であろうか。ここでは、ベルゲマンの社会的教育学の立場を取りあげて、この問題を考えてみたい。

ベルゲマンは主著『社会的教育学』（Soziale Pädsgogik auf erfahrungswissenschaftlicher Grundlage und mit Hilfe der induktiven Methode als universalistische oder Kultur-Pädagogik,1900）において、社会的教育学を経験科学の広い基礎の上にすえ、かつ徹底的に帰納法のより確実な道を進むと主張し、この原則の上に教育の目標を立てたのである。彼は次のように述べている。「教育目標は、人が常に主張するように、宗教あるいは倫理学から借用することはできない。それは生物学から導き出されなければならない。自然そのものによって意欲されたあらゆる人間関係の目的は、一般に生命の、特に種族の保存と完成にある」[9]と。ここでベルゲマンは生物学的類推を社会学的考察によって補うことにより、文化の問題に論及していく。「しかし、種族の完成という概念は、人間の場合、同時に文化との関係を含む。従って、生徒が教師の手から出ていくときは、現在の彼の民族の文化的課題の解決に協力し得る能力をもち、かつこの解決に喜んで協力する健全な、実行力のある人間としてでなければならない」[10]と。

ベルゲマンはここで生物学的考察法に文化の概念を取り入れてくることによって、経験的・帰納的領域を越え、思弁の領域へ入りこんでいるのである。この事実は何を物語っているか。それは、われわれ人間の発達の方向を生物学的方法のみによっては決定し得ないことを意味している。人間は他の生物と異なって文化的生活を営む。それゆえ、生物学的方法を無造作に人間の社会生活へ適用することには問題がある。もちろん、文化の理念を人間種族の概念のなかへ移入することによって、重要な意味をもつ決定的な転向が成就される。しかしそのとき、それは生物学の立場を越えることになる。

そこで、もしこの教育学が個人と社会との関連から、社会の保存のためには不可欠ではあるが、一般的な教育可能性という点では最少限の教育目的としてのみ示される一連の要求を導き出すことで満足するならば、この立場の教育学の特徴が明らかになる。それは、社会的有機体へ青少年を適応させることを教育の課題とするということである。フリッシュアイゼン＝ケーラーは「いかなる理論的教育学もこの適応を、……重要な部分としてその体系へ取り入れざるを得ないであろう」と述べることによって、この立場の一面的妥当性を認めながらも、しかし「この適応によって、まだ最後の断は下されていない」と批判する。彼はシュライエルマッハーの言葉を引用して批判する。「教育は成長途上にある青少年を、現存の国家にとって有能適切な人間になるように教育しなければならないとすれば、そのことによってまさにこれ以外のことは何もなされず、不完全さは永久に伝えられ、何らの改善もなされないであろう」[11]と。この教育論は若い世代を現存するもので満足するような人間に形成し得ても、現存の不完全さを克服しようとする人間を形成することはできないであろう。「現存の諸制度を批判し、所与の状態について価値判断をなすことは、教育の本質的な酵素なのである」[12]。

三　批判およびその根拠

以上、われわれは教育目的設定に対する経験的教育学の立場のさまざまな問題を考察してきた。ところで、これらの難点は一体どこから生ずるのであろうか。それは対象に対するその関係の仕方に起因するように思われる。科学はその対象に没価値的に関係する。ロッホナーが指摘しているように、「目的や目標が実際の教育にとっていかに重要であろうとも、科学的に基礎づけられた教育学の枠内では、それは高々事実として、すなわち比較的重要な傾向として確認することができるだけであり、従って実践によるその引き受けを科学的論拠によって規格的に要求することはできない。」「真の科学は価値強調的な目的志向と関連したいかなる指針的性格をもたないのである」[13]。クレッチュマーはこの限界を踏み越えている、とロッホナーは批判する。経験的立場に立つ教育学者は、より慎重に行動しないと、その純粋な方法論的立場を離れて、価値的領域へ入りこむという危険を無意識のうちに犯してしまうのである。そこで、たとえばテオドール・ヴィルヘルム(Wilhelm, Th.)の次のような批判も、あながち酷評とはいえないであろう。「経験的な精密な方法を用いて教育目標や教育的価値規準の設定を試みるとき、教育学は邪道に陥り、教育や陶冶の事象全体を宿命的に奇形化する単線的な自然主義へ崩壊する」[14]と。

四　教育目的設定への参加・貢献

それでは、経験的教育学は教育目的設定に対していかなる役割ももたないのであろうか。ここで、われわれはモイマン(Meumann, E.)の実験教育学の立場を取りあげて、この問題について何らかの接点を求めていきたい。

前章で述べたように、モイマンの実験教育学の意図は、科学的事実的研究によって教育学を科学の地位にまで高めることであった。しかし、彼は教育学全体が実験的研究によって改造されなければならないと考えていたのではなかった。彼は次のように語っている。「科学的教育学のすべての課題が事実的研究の領域に属するわけではないので、それらは全く実験的に取り扱われるのではない」[15]と。

では、教育目的設定の問題はどのように考えられていたのであろうか。

モイマンは「教育学はその先端に教育の目標や理想の体系をもつ。これを取り扱うのが哲学的教育学あるいは教育目的論である」[16]と考えることによって、教育目的を経験的研究から導き出すことを断念した。ところが、教育学のすべての体系は児童のために存在しているのであるから、それはあらゆる点で児童の発達に適合しなければならない。そこで教育的努力の特色は、ただ一般に目的を追求するだけではなく、その目的を児童という対象に実現しなければならないということにある。この根拠に立って、モイマンは次のように理論を展開させていく。教育の目的設定は大部分哲学的教育学の課題であり、それは全く経験的研究から遠ざかっている。しかし、実験教育学はこの問題に対して共同決定(Mitbestimmung)を断念することはできない。

「国家や社会によって決定された目標、個々の教育(学)者が要求した目標が、果たして児童の発達法則・児童の個性・児童の発達段階に適合しているか否か、またそれはいかにして最もよく達成され得るか、ということを実験教育学は吟味することができる」[17]。

この吟味のない教育目標はやがて形式的な教授方法を生み出し、児童を窒息させることになる、とモイマンは考える。

教育学的実験の可能性と限界とを慎重に探究したアロイス・フィッシャー(Fischer, A.)も、モイマンと同じような考えを次のように述べている。「教育目標の設定や基礎づけは、価値や当為序列のあらゆる設定や基礎づけと同様に、実験を放棄しなければならない」[18]。しかし、「教育の目標設定の領域でさえ、全く経験的研究から遠ざけられてはいない。ただ目標を設定し基礎づけるだけでなく、その可能性やそれが実現される過程の心理学的側面を研究することもまた肝要である。そし後者の問題は、再び精密な研究に接近し得るのである」[19]と。

もちろんモイマンやフィッシャーのこの結論に対しても、批判的な考察がなされなければならないが、クレッチュマーやベルゲマンの考え方に比べれば、極めて妥当な考え方といえるのではないだろうか。

第二節　批判的教育学における「経験」の問題

批判的教育学(Kritische Pädagogik)は、フリッシュアイゼン＝ケーラーの教育学類型論においては、思弁的教育学(Spekulative Pädagogik)とともに、観念論的教育学の範疇に入れられている。[20] 批判的教育学は、それが純粋理念あるいは妥当価値から出発し、教育をあるべきものから、すなわち永遠に妥当するものや理念から構成するという方法論的特質をもつ点で、経験を形而上学的に深めて現実のなかに理想を求めていく思弁的教育学から区別される。従って、批判的教育学においては、事実あるいは現実、およびそれらの経験的法則性による一切の制約から独立している理性や規範に基礎をおく教育学の自律的体系の発展に眼が向けられる。この立場の教育理論家としては、プラトン(Platon)、フィヒテ(Fichte, J. G.)、ナトルプ(Natorp, P.)、ヨナス・コーン(Cohn, J.)等があげられるが、ここではそのなかでとりわけ最も典型的なフィヒテとナトルプの教育理論を取りあげて検討していくことにしたい。その場合のわれわれの問題意識は、次のとおりである。「自然や経験は経験的教育学がそこからその真理を獲得しようとした源泉であった。そのような経験を無視して、教育学は十分な意味においてその概念構成を行うことができるであろうか」と。

一　フィヒテの国民教育論

フィヒテはその教育的講演『ドイツ国民に告ぐ』(Reden an die deutsche Nation,1807/8)において、ナポレオン軍の鉄蹄下に蹂躙され、沈淪したドイツ国民を再起させる手段として、国民全体の教育を構想する。それは、従来の教育制度を全く変革し、いずれの国民にもみられなかった全く新たな「国民教育」(Nationalerziehung)をドイツ国民に施すことであった。

フィヒテは、生徒の自由意志を認めて、それをあてにしていた従来の教育の欠陥の徹底した批判のうえに、国民の自主性による純粋な道義性を高揚し、それへの力強き純粋な意志―「厳密な必然性に基づいて決断が行われ、これと反対のことは全く不可能であるような意志」―を育てる新しい教育を構想する。それは「道徳的な世界秩序の概念を生きたものにまで高め、それによってこのような世界秩序に対する熱烈な愛とあこがれ、さらにはそれを生活のなかで是非とも実行してみせようとするはげしい情熱―この情熱のために、かの利己心は枯葉のように生気を失ってしまう―を生徒にもたせる」[21]教育である。

ところで、フィヒテのこの新しい教育の理念はいかなる方法論的前提に立って構想されたのであろうか。それは偶然の存在形態や経験的諸要素と結びついた従来の教育とするどく対立し、生成すべき世界・先験的な世界・未来の世界・永遠に未来であり続ける世界に関係している。

「新しい教育では、思惟によって把握される世界こそが真の実在の世界であり、教育の最初の第一歩から、新しい教育はこの世界へ生徒を導きいれようとする」[22]。

「一般に真理が世界に存在する限り、実在こそ唯一の真の世界である。これに対して、われわれの眼前に存在する第二の所与の世界は、影の形だけの世界にすぎず、認識が愛を解明するに際して、明確な姿と目に見える形態をつくりあげるために利用する素材にすぎない」[23]。

フィヒテによれば、この超感覚的世界こそわれわれの誕生の地であり、われわれの唯一の堅固な立脚地である。

ところで、理想的世界を専ら教育がかかわりあいをもつ感覚的世界へ引き入れるためには、感覚的世界に一定の足場がなければ進行することはできない。フィヒテはどのようにその足場を見出そうとするのであろうか。換言すれば、フィヒテにおいて理想的世界と感覚的自然的世界とを結びつけるものは何か。その媒介原理は何であるか。また、感覚的満足に結びついた自然のままの被造物である生徒に、彼の精神のなかで構成されるべきあの理想的世界への転向が、一体どうして生じるのであろうか。

ここに、フィヒテにおける「愛」の理論が展開する。彼の場合、愛は「認識的愛」と「実践的愛」とに分けられる。[24] 認識的愛とは、精神活動を活動そのもののために欲し、法則を法則そのもののために欲する愛、直接に善そのものに向けられ、善そのもののためにのみ動く愛、道徳的秩序に対する愛である。それに対して、実践的愛とは人間同志を結びつける愛、あらゆる個人を同じ心情の理性的共同体にまで結びつける愛である。この愛は行為的生命を形成し、認識の成果を自己および他人のうちに実現しようとする心を起させる。[25]

人間精神の機構からでてくるこの認識的愛が、フィヒテにおいては、感覚的世界と精神的世界とを結ぶ絆である。人間の精神的性質にひそむ永遠普遍の法則、それは「人間は直接に精神活動を熱望する」ということである。フィヒテは自然的人間そのもののなかに、この傾向が準備されている、という。人間は活動することに、最高の愉悦をじかに感ずる。活動そのもののなかに、非常に深い満足がある。そして精神活動は、本来必然的に、人間をその感覚的現存以上に高める諸理想を生み出し、そしてその限りにおいてそのとき精神活動は、必然的に善への愛となる。もとより、自然的人間そのもののなかに、この傾向が自然必然的に準備されているとはいっても、この傾向が自然必然的に発現してくるものではなく、感覚的欲求が自然的人間をかりたてる限り、彼は単に感覚的であり、利己的であるにすぎないのである。そこで、生徒のなかに善そのものに対する愛を点火し、堅固なしかも変化しない存在としての善についての心からの満足を、彼のなかに生み出そうとする思慮深い、そして確実な術が、新しい教育の第一の主要な課題となる。

さてフィヒテの教育論において、その方法論的首尾一貫性は保持されているであろうか。フィヒテの愛の理論の核心は、人間学的心理学的性格をもつ。それは経験や観察に基づいたものであり、先験的構成の結果ではない。フィヒテの主要関心事は理論的なものではなくて、実践的倫理的なもの、倫理的教育的なものであった。従って、フィヒテの教育論の構成は、それが外見上それに対するあらゆる関係を断ったところの事物の自然的世界から、特定の補助命題を公然とまたは暗々裡に受けとっているのである。それは方法論上の首尾一貫性を欠く独断といわざるを得ない。

二　ナトルプの哲学的教育学の立場

批判的教育学の新生面をひらいたのは、ナトルプの『社会的教育学』(Sozialpädagogik, 1899)である。彼は実験教育学等の経験的方法を最も厳しく批判し、自己の教育学体系を純粋に演繹的・哲学的に構想する。ナトルプは「いかなる経験的事実科学も、科学的教育学を基礎づけるためには十分ではない」[26]と考える。というのは、科学的教育学は主要な価値視点や体系の先験的な関係点を必要とするのに、経験的事実科学はそれには関知せず、すべて手段の理論で満足するからである。教育学の中心概念である「陶冶(Bilden)とは、事物がいかにあるべきかについての概念、すなわち目的概念を前提とする」[27]。陶冶概念は本来哲学的性質を帯びたものであり、理念の問題を含むもので、経験から得られるものではない。そこでナトルプは、教育学を科学的に基礎づけようとする場合、心理学的・歴史的に制約された領域を離れて、批判的意識の超時間的論理のみが支配する領域へ議論を移さなければならない、と考える。

教育学の根本概念は「理念」であって、この中心点としての理念が究極の方向点であり、これが経験の領域を規定する。そして、すべての経験的目的はこの理念の永遠の法則に従属させられるのである。[28] 理念とは、「あるべきものとしてわれわれが思惟において描き、これをめざして与えられた素材があるいは形成せられ、あるいは自ら形成すべき事象の形態」[29]を意味する。そういうものとして、理念は単に考えられた最後の統一、最後の最も本来的な認識の視点である。

三　哲学的基礎づけと経験的現実との関係

純粋理念を根本原理とするこの教育学は、哲学を教育学の最大の基礎学とする。ナトルプにおいて、教育学は「具体的哲学」(応用哲学)であり、それは明らかに構成的・規範的性格をもっている。

ところで、教育学は経験から離れては前進することはできない。教育学はどこかでどうにかして、自然の法則性・心理学的歴史的所与としての発達の諸段階およびその諸形態と結合しなければならない。そして、このことは批判的教育学も認めていることである。では、ナトルプの哲学的教育学はそれが形成しようとする経験的現実に対していかなる態度をとるか。また彼の哲学的教育学において、哲学的基礎づけと経験との関係はいかに理解されているか。

真の人間形成は純粋法則科学(論理学・倫理学・美学)に、つまり全体としての哲学に基づかなければならない、とナトルプはいう。というのは、彼によれば、純粋法則科学は内的世界形成の道(方法)、すなわち人間における精神的世界形成の道を前もって叙述することができるからである。

さて、ナトルプの教育学体系の構成は、第一に「陶冶内容の組織論」(Systematik des Bidungsinhalts)である。この体系構成に対しては、陶冶内容を理性の統一的法則に基づいて哲学的体系的に構成するという、ナトルプが提案した方法によっては、特殊な教育学的課題は解決されるであろうか、という疑念が提起される。論理学の形式における陶冶内容の組織論は、それ自体そのまま教育学ではない。陶冶内容にどれほど重点がおかれようとも、教育が常にかかわりあいをもつのは、その内容を習得し、理想的な精神の世界を自己のなかに構成しなければならない子どもや青少年である。フリッシュアイゼン=ケーラーは次のように批判している。

「生徒とその心的成長を顧慮することなくしては、われわれは内容の形成を規定する先験的法則からは、先験的に形成された内容意識へと前進する生徒の主観性を規定する、いかなる陶冶の法則も得ることかできない」[30]。

ナトルプにおける教育学体系構成の第二の部分は、「陶冶活動の理論」(Lehre von der bildenden Tätigkeit)である。それは心理学の援助を必要とする。ナトルプも、教育学の基礎づけのために心理学を要請しているが、意識の直接的なものを再構成するナトルプの心理学は、経験科学ではなくて、純粋な法則科学と全く同じ純粋哲学である。この心理学は確かに意識の主観関係(Subjekt-Bezug)に関する一般理論を提示するが、しかし主観およびその組織、その発達については何も語らない。ナトルプにとって、意識の発展における陶冶の諸段階は意識内容の体系的構成における論理的段階系列である。また個性とは、結局普遍妥当的な、従ってあらゆる人に共通な意識内容の個人的な断面や側面である。従って、この再構成心理学は教育学の経験的基礎づけに対して、いかなる固有の原理も提供しない。教育学はこの心理学から教育活動の出発点は得るが、それ以上のものは何も得ることはできないのである。

ところで、人間陶冶の一般的法則を所与の個々人の個性に適用するための視点、その適用によって個々人の特殊化を規制する視点が教師には必要であり、そのための心理学が特に要請される。ナトルプは理念的世界と経験的所与として人間との結びつきを調整する「タクト」(Takt)の心理学を考えたのである[31]。このことは、一体どういうことを意味するか。それは、理論の一般的法則の側からは教育活動の対象である経験的現実に対していかなる関係も見出し得ないということ、理論はどこまでも意識の純粋に哲学的構成を踏み越えないということを意味する。

教師は子どもの精神生活にできるだけ直接接触し、その精神生活を直接そのまま感じとり、それによってまさしくいま、子どもに何を要求し、何を達成することを期待してよいか、を判断することができなければならない。このようにして、教師は全く理論的ではないが、しかし実際には十分に間に合う方法で、子どもへ及ぼす各瞬間の可能な影響を評価し、それに従って実際の教育を行わなければならない。その技術を「教育的タクト（敏感）」という。ナトルプにおいて、このタクトが理念的世界と経験的所与としての人間との結びつきを調整する。

ところで、ナトルプがタクトの心理学を要請せざるを得なかったということは、一体何を意味しているのだろうか。それは理論一般の側からは教育活動の対象としての経験的現実に対していかなる関係も見出し得ないということ、理論はどこまでも意識の純粋に哲学的構成を踏みこえないということを意味する。タクトは教育者の根源的素質に根ざすのであって、それを教えるのは経験と観察のみである。ナトルプにおける教育学の構成は、所与の組織をもった経験的人間を完全に無視し、教育学的問題を哲学的問題と、心理学的主観を先験的主観と取りかえることによって、教育学的問題領域そのものに達することができなかったといわざるを得ない[32]。

第三節　「経験」と「思弁」との統一の試み

前節で考察したように、本来の教育問題に関しては、哲学的考察は単に一部分の前提を与え得るにすぎなかった。教育学は従来よりさらに一層経験的研究を顧慮することが必要であることが理解された。しかしだからといって、哲学的考察法に、それとは全く異なった経験的考察法をつけ加えるというだけでは、問題の根本的解決にはならない。教育学は経験的契機と理念的契機、心理学と倫理学、存在研究と価値構成の単なる並存のもとに止まるべきではないのである。

教育学を経験的に基礎づけようとする試みは、それがより完全なものとなるためには、最初から理念的世界との交渉をもたなければならない。「経験は教育学的体系形成のための唯一の十分な基礎ではなく、その体系形成のためには、もはや科学ではないが、しかし実際不可欠の手続きとして、ある理想形成が必要であることを、経験的教育学は承認しなければならない」[33]。同様にまた哲学的基礎づけも、たとえそれが超時間的に妥当する抽象的な法則あるいは価値から出発したとしても、もし自己の内部に経験的世界への転向を準備すべきであるならば、それは経験的世界との関係を単に外面的な同化の方法によってではなくて、内面的な融合の方法によって発見しなければならない。

フリッシュアイゼン＝ケーラーによれば、「教育学がかかわりあいをもつのは、単に理想のなかにおける前進(Fortschreiten im Ideal)ではなくて、とりわけ理想に向かっての前進(Fortschreiten zum Ideal)である」[34]。理想に向かっての前進という以上、それは経験的側面を示しているものであり、理想もその外部に存する領域からもまた到達され得るものであるということを意味している。経験から理想への移行(Übergang)、経験と理想との結合(Verbindung)、経験と理想との仲介(Vermittlung)が教育のすべてである[35]。移行・結合・仲介というものは、両世界(経験的世界と理念的世界)において対応的に準備されていなければならない。発達途上の人間の生を指導し規定すべき価値は、人が近づくことができない星のように、地上の出来事を超越して崇高かつ荘厳に輝くことは許されない。それが生命力となるためには、生への接近(Lebensannäherung)を必要とし、生を育て形成するための諸力を発展させなければならない。また生は、その固有の構造が顧慮されずに、その意味がただ永遠の価値との先験的関係によってのみ獲得されるような、そう重要ではない「素材」としてのみ理解されてはならないのである。それでは、経験的世界と理念的世界を統一する根拠はどこに求められるべきか。

フリッシュアイゼン＝ケーラーは次のように述べている。

「この統一性は論理的体系の形式的統一のなかにあるのではなく、ただ全体観のなかに、すなわち教育学的思推や行為のあらゆる個別的論究に先立ってありながら、しかもこのなかに不断に入りこんで作用するところの、存在と価値、生活と理想との交互関係にある現実全体の把握の統一のなかに存し得る」[36]。

そこから、彼は教育学の出発点でありまたその永続的な対象として、「教育活動」(Erziehende Tätigkeit)を措定する。これが存在と価値、生活と理想との交互関係にある現実、すなわち「教育的現実」(Erziehungswirklichkeit)なのである。ここに、経験的教育学や批判的教育学の方法論とは異なった、しかもその師ディルタイ(Dilthey, W.)が定礎し、それを継承したフリッシュアイゼン＝ケーラー教育学の方法論的立場がある。

さて、われわれはこのような「教育活動」を研究対象にして、どのような方法・手続きによって教育の本質を認識し得るであろうか。フリッシュアイゼン＝ケーラーによれば、それは教育的生そのものにおいて、すなわちゆるやかな活動において豊かな諸可能性が形成され、教育の本質の諸特性が現われているような歴史的過程においてよりほかにない。彼においては、教育学は歴史的生の創造物を顧慮してのみ発展し得るのであるが、しかしそれは教育学がみずから歴史主義に堕落することを意味しない。むしろ、教育学はその対象の意味の解釈において構成的体系的態度をとる。教育を自律的な文化機能として規定する諸原理を引き出す理論的作業は、フリッシュアイゼン＝ケーラーによれば、その特性からみて哲学的性格をもつ構成的体系的行為である[37]。かかる仕事が、彼においては教育哲学の任務なのである。

教育哲学は歴史的発展によって形成されてきた教育的現実の構成原理を明らかにしようとする。それは所与の教育的現実において明らかになるものを、哲学的に撤底的に考えぬかれた教育理念の視点のもとに考察することによって、それを解釈することである。従って、教育哲学は個々の現象に束縛されない。それは、むしろ最初から教育活動が特別の隷属や外からの妨害によって、どれほど変容され、不具化され、歪曲されたかを顧慮しなければならない。教育哲学にとって重要なのは、「純粋な状況の構成」(Konstruktion des reinen Falles)[38]である。その純粋な状況は、複雑多様な歴史的現象から見つけ出されなければならないが、しかしそれは教育がそれにさらされているあらゆる萎縮・肥大・濫用から原則として区別されるものである。フリッシュアイゼン＝ケーラーは次のように語る。

「理論的教育学の、少なくともその理論的部分は、具体的個別(das konkrete Einzelnes)において構成原理として作用する一般者(das Allgemeine)だけに制限されなければならない」[39]。

以上、われわれは教育活動を構成する教育の理念とその本質の把握について、フリッシュアイゼン＝ケーラーの方法論を検討してきた。教育の固有の仕事が生活と理想、存在と当為、現在と未来、必然と自由との結合のなかにある以上、そしてその間の移行・結合・仲介が教育の固有の課題である以上、教育学がかかる構造を有する教育活動を対象にし、それを分析するのは、当然の任務といえるであろう。その仕事が少なくとも特殊な経験的認識からも、特殊な哲学的体系形成からも区別されるべきものであることは、これまで述べてきた論述から首肯されるであろう。われわれはここに「経験」と「思弁」との統一の一つの試みをみるのである。

【注】

1　Th. Litt, Die Philosophie der Gegenwart und ihr Einfluß auf das Bildungsideal, 2. Aufl., 1927, S.16.

2　M. Frischeisen-Köhler, Bildung und Weltanschauung, 1921, S.19.

3　経験的教育学には、「実験教育学」をあげなければならないが、前章で論述していることでもあり、ここでは割愛した。その他、次の文献を参照されたい。
拙稿「モイマンの実験教育学」小笠原道雄編著『ドイツにおける教育学の発展』(学文社、一九八四年)。
同「教育哲学の課題」小笠原道雄編『教育哲学』(福村出版、一九九一年)。

4　M. Frischeisen-Köhler, a.a.O.(2), S.9.
5　W. Dilthy, Über die Möglichkeit einer allgemeingültign pädadogischen Wissenschaft, 4. Aufl., 1963, S.16.
6　R. Lochner, Deutsche Erziehungswissenschaft, 1963, S.267.
7　M. Frischeisen-Köhler, Philosophie und Pädagogik, 2. Aufl., 1962, S.16.
8　R. Lochner, a.a.O., S.270.
9　M. Frischeisen-Köhler, a.a.O.(7), S.52.
10　ditto, S.53.
11　ditto, S.55.
12　ditto, S.55.
13　R. Lochner, a.a.O., S.270.
14　Th. Wilhelm, Pädagogik der Gegenwart, 1959, S.117.
15　E. Meumann,Vorlesungen zur Einführung in die experimentelle Pädagogik und ihre psychologischen Grundlagen,Band 1, 2. Aufl., 1911, S.56.
16　ditto, S.58.
17　ditto, S.57.
18　A. Fischer, Über die Bedeutung des Experiments in der pägogischen Forschung und die Idee einer exakten Pädagogik, in; Erziehungswissenschaft und Erziehungswirklichkeit, hrsg. von H. Röhrs, 1964, S.56.
19　ditto, S.57.
20　M. Frischeisen-Köhler, a.a.O.(2), S.64ff.
21　J.G. Fichte, Reden an die deutsche Nation, 2. Aufl., 1824, S.12.
22　ditto, S.137.
23　ditto, S.42.
24　ditto, S.150.「認識的愛」「実践的愛」という概念は、著者が便宜上まとめてつけた名称であって、フィヒテがこのような用語を使っているのではない。
25　ditto, S.150.
26　P. Natorp, Allgemeine Pädagogik in Leitsätzen zu Akademischen Vorlesungen(1905), in; Pädagogik und Philosophie.Drei pädagogische Abhandlungen, 1964, S.6.
27　Th. Litt, a.a.O., S.20-23.

28 P. Natorp, Sozialpädagogik, 6. Aufl., 1925, S.6.
29 M. Frischeisen-Köhler, a.a.O. (2), S.100.
30 P. Natorp, Pädagogik und Philosophie, 1964, S.11. u. S.186.
31 M. Frischeisen-Köhler, a.a.O. (2), S.101.
32 Derselbe, a.a.O. (7), S.65.
33 ditto, S.74.
34 ditto, S.74.
35 Derselbe, a.a.O. (2), S.181.
36 Derselbe, a.a.O. (7), S.85.
37 ditto, S.87.

第七章　教育学における歴史と体系の問題

はじめに

二〇世紀初頭の西欧の学界は、『マックス・ヴェーバー』論を展開した住谷一彦が語っているように、次のような思想状況にあった。

「ディルタイ、ヴィンデルバント、リッカート、ジンメルといったそうそうたる哲学者が取り組んだ『時代』の根本問題は、自然科学の巨大な成果のもとにあらゆる形而上学から自由に現実全体の合理的認識がいまや可能であり、この方法からはみでる領域は芸術だけであると主張する、いわば方法および世界観としての自然主義に対して、精神の領域にはそれに固有な認識の仕方があるとする、精神科学の独自性を主張する思想との対決をめぐって生じてくる認識論的ならびに存在論的諸問題があり、それはやがて社会科学の領域にも燃えひろがっていきました」[1]。

それは、つまり認識の客観性問題および価値自由性問題という、いわゆる社会科学における方法論争として展開することになる。

精神科学の認識論的基礎づけを生涯の課題としたディルタイ(Dilthey, W.)は、七〇歳の誕生日の挨拶でこれまでの研究を回顧して「哲学的諸体系の無限の多様性についての歴史的意識とこれらの体系の普遍妥当性の要求との間の矛盾」[2]の解決に彼自身が取り組んできたことを語り、その解決を将来の課題として弟子たちに期待した。[3]彼の弟子の一人であったフリッシュアイゼン＝ケーラーは、主著『陶冶と世界観』(Bildung und Weltanschauung, 1921)において、この課題に取り組んだのである。

第一節　教育学の普遍妥当性への疑念

教育理論の普遍妥当性要求に対して痛烈な批判を投げかけたのは、ディルタイの論文「普遍妥当的教育学の可能性について」(1888)である。レーブレ(Reble, A.)はこの論文によって教育理論の新しい時代が始まるという。[4]それはどういうことか。

ディルタイは次のように述べている。

「従来の形態における抽象的、普遍妥当的教育学は、自然神学・自然法・抽象的国民経済学・国家論の仲間である。歴史学派が長い間、自然的体系をいたるところで圧迫し、歴史的解釈を取り入れているのに、教育学だけが時代遅れのままである。それで教育学は現代の学問におけるひとつの奇形である」[5]。

自然科学的、実証主義的方法によって教育学に精密科学の性質を付与することも、論理主義的、先験論的方法によって存在や経験を超えたところにある理念の世界に基礎をおく教育の普遍妥当的規範学も、ともに一八世紀の遺物にすぎないとして退けたのである。彼は教育学の普遍妥当的規定が不可能であることを、教育の目的、教育の方法、教育の歴史という観点から検討している。ここでは、教育の目的に限定して、ディルタイの考えを整理しておきたい。

普遍妥当的であろうとする教育学は、たとえばヘルバルト(Herbart, J. F.)のように、教育の目的を倫理学から演繹しようとする。ところが、教育の目的は生の目的から導かれ得るのであり、この生の目的を倫理学は普遍妥当的に規定することはできない。彼は、このことを道徳の歴史・道徳の心理学的分析・道徳の認識論的基礎から論証している。歴史的分析から得たディルタイの次の有名な言葉がそれを語っている。

「人間が何であり何であろうとするかは、数千年にわたる人間の本質の展開において初めて知られるものである。しかも、それは決して究極的な言葉として、すなわち普遍妥当的な概念において知られるのではなく、人間の全本質の深みから生ずる生きた経験においてのみ知られるものである」[6]。

人間の生の究極目的についてのいかなる実質的な定式も、歴史的に制約されているものであって、どのような道徳的体系もこれまで普遍的な承認を得ることはできなかった。論理学的命題や数学的命題のような普遍妥当性は、道徳的命題には存在しない。なぜなら、道徳的命題は所与のさまざまな状況に応じて全く異なった意味と価値とを有するからである。従って、道徳的諸命題や諸規則を単なる論理的操作によって道徳的体系にまで結合することは不可能である。

このように、ディルタイは教育の目的が普遍妥当的に規定され得ないことを明らかにした。たとえば、「個人の啓蒙」

という、教育学が究極的に価値あるものとして一八世紀の主要な道徳的理想から受けとった原理は、絶対的、普遍妥当的真理であると僭称したのであるが、しかしこの原理にしても、ディルタイによれば一八世紀の思考様式の表現にすぎなかったのである。[7] それは、時と所を超えてその抽象的な翼にのって普遍妥当的な領域へ飛翔しようとしたにもかかわらず、結局は制約された歴史的世界の生活と知識を語らざるを得なかったという、歴史のアイロニーに陥った。それは、歴史とこのような定式の創作者が演じた喜劇でもあった。

以上のように、ディルタイは普遍妥当的教育学を自然的体系の残滓として否定した。しかし、彼は単に普遍妥当的教育学を拒否したのではない。「歴史学派がただ過去のものの知識のみを得ようとするならば、それは破棄された自然的体系を補うことはできない」[8]と述べることによって、彼は歴史的相対主義を超えようとする。どんなに歴史学派がかつて存在したものについての知識を提出しようとも、破棄された自然的体系がその時代のために解決したところの、未来を形成するための規範を発展させ、基礎づけようとする課題は、その後も願望として存続しつづけていたのである。

第二節　方法論としての類型の問題

精神科学が偏狭な心理主義を克服し、偏狭な歴史主義の克服をはじめるとき、その歩みは、あらゆる認識論的抗議にもかかわらず、たとえ「歴史的法則」という偶像を断念するとしても、単なる個性概念や一回性の叙述に満足しようとしない歴史的認識において一般化への道をたどる。この一般化への傾向の結果として現れたのが、「類型論」(Typenlehre) である。それは、「具体的一般者」(das konkret Allgemeine) として、歴史的生の流れのなかから取り出されたものである。[9] 精神科学において類型的考察が重視されるのは、「精神科学を自然科学的な法則定立の立場から解放し、精神科学に独自の方法論的基礎を与えることにある」[10]といえる。

ところで、具体的一般者としての「類型」(Typus)とは何であろうか。精神科学における類型は、厳密にいえば、「理念型」(Idealtypus)[11]のことである。この理念型は、周知のように、M・ウェーバーの、いわゆる文化の意義を理解する社会科学方法論として提起されたものである。

理念型とは、経験から得られるものではなく、むしろ僅少の与えられた予想から先験的手段によって構成された包括的な統一的形象であり、ただ事実として存在する個々の事例を測る標準にすぎない。つまり、理念型は歴史的事実から形成されながら、一応歴史的な一回的唯一性が否定されることによって直観されたイデア的本質である。[12]従って、自然科学における「類概念」(Gattungsbegriff)とはその意味を異にする。

類概念は多くの個物に共通な徴表の統一として、事実の構成原理であり、事実を一義的に決定するという構成的意義をもち、絶対的であり、例外を認めない。それに対して、類型は一群の文化現象の特徴を明確に表現することを目的として、比較の標準として、単に規制的意義を有するにすぎない。類概念が絶対的であるのに比して、類型は比較的であり、実在と一定の距離を保ち、一つの事実が唯一の類型にのみ属するということはない。類型は多くの現象を内に包摂するよりも、むしろ一定の見地を高揚し、個性の特質を明らかにすることにある。

また、類型は規範ではない。規範は文化現象の構成原理であるが、類型は規制的発見的な意義を有するとどまる。類型は規範を予想するが、それ自身規範ではない。それゆえに、教育学説の歴史的類型は、似通った学説の特徴を高揚し、あるいは多くあるいは少なく存する要素を結合し統一した一つの思考形象(Gedankenbild)であって、その目的は一群の学説の特徴を明確に表現することにある。[13]

以上要約すれば、類型の本質は純粋に論理的な補助手段、すなわち比較の標準になるという点にある。いかに厳密に類型化したとしても、それはわれわれを反省に導く動因になるにすぎず、模範(Vorbild)とはなり得ないのである。

それはあくまでも一つの思考形象であって、規範となるためには、それを越えて作用する構成原理が働かなければならないのである。

それでは次に、フリッシュアイゼン＝ケーラーの類型論の立場を検討してみよう。彼によれば、「歴史的比較に基づいて発達した陶冶理想や陶冶形式の類型論は、……理論的教育学の玄関に入るにすぎず、その体系のなかへ入っていくものではない」[14]。なぜなら「理論的教育学が基づく体系への意志は、歴史的類型のもとに降伏するのではなく、それを越えて作用する構成への意志だからである」[15]。この引用から推論すれば、フリッシュアイゼン＝ケーラーの関心事は教育理論の単なる類型化にではなく、教育学の体系志向にあると考えられる。単なる規制的意義しかもたない類型は、構成原理となることはできないのである。将来への構成的意図をもたない類型論は、過去を単なる知的認識の対象として取り扱うゆえに、歴史的相対主義の立場にとどまることになる。

体系的哲学が大きな世界観の類型の確立において汲み尽くされないように、教育学もまた歴史的に生成した種々の教育の形式を叙述したり分析したりすることにとどまることはできない。フリッシュアイゼン＝ケーラーは、体系的教育学の建設において「歴史的な道は超歴史的な考察によって補われなければならない」[16]と考える。レーマンの「追悼文」によれば、彼はすでに若いころ、次のように語っている。

「私は普遍のなかに特殊をみるよりも容易に、特殊のなかに普遍をみる。私は個体のなかに迷いこむよりも、むしろ個体と全体との関係の方が、私にとって常に問題である」[17]。

ここには、体験内容の直接性を重視しつつ、しかしなお認識論的基礎づけの厳密な方法を追究しようとしている彼の学問的関心の端緒が語られている。

第三節　教育理論の世界観的背景

この節では、類型論の内容的実質的な問題を取りあげていくことにしたい。換言すれば、フリッシュアイゼン＝ケーラーの類型論的立場が教育学の類型において具体的にどのように展開しているかを検討する。

フリッシュアイゼン＝ケーラーはその主著『陶冶と世界観』において、従来の教育理論を「経験的教育学」「批判的教育学」「思弁的教育学」に類型化した。この類型化は、ディルタイがその『世界観の類型と形而上学的諸体系におけるその形成』(Die Typen der Weltanschauung und ihre Ausbildung in den metaphysischen Systemen, 1911)において区分した自然主義、自由の観念論、客観的観念論の三類型に対応している。[18] フリッシュアイゼン＝ケーラーはディルタイのこの世界観の類型をモデルにして、教育学の類型を構成したのである。

フリッシュアイゼン＝ケーラーは世界観が教育の形成に及ぼした強い影響を歴史的に概観し、学校や教育の仕事がわれわれの文化、および自然全体におけるその地位をどう評価するかにかかっていることを、諸事例を引き合いに出して説明している。[19] 教育の目標はいうにおよばず、教育の内容・方法という、教育学的思惟や行為の堅固な支柱においても、文化の本質把握(本質観)が大きく影を落としているのである。このように、教育概念を明確に規定しようとすれば、結局理想と生活、文化と自然、価値と存在との関係についての根本的な立場の決定が必要になる。そこで、彼は「陶冶概念が全く生の哲学的解釈に依存しているかぎり、事実上基礎づけられた陶冶概念の多様性は、特にそれを支え制約している世界観へ還られなければならない」[20] と考えた。このような根拠から、彼は陶冶概念の根底にある世界観的前提へ還ることによって、教育理論の多様性を三つの類型へ編成したのである。

ここであるいは異論が出るかもしれない。というのは、哲学からの絶縁を宣言し、また世界観的見解のあらゆる抗争から解放されなければならないと主張し、「経験」にのみ基礎をおくべき固有の科学として現われた経験的教育学が世界観と結びついているとは、いささか奇異の念を与えるからである。経験的教育学の重要な支柱である「実証主義」の特徴は、「自然の概念のもとに人間を残りなく排列し従属させることであり、自然科学的思惟から借用した視点と方法とを精神的世界へ転用することであった」。[21] つまり、精神的なものを因果的連続であるとみなし、それをすべて自然科学的方法で研究することができると仮定する。ところが、この仮定そのものは自然科学的方法によっては証明し得ないのである。従って、実証主義がこの仮定に立つかぎり、それは一つの形而上学を表明していることになる。フリッシュアイゼン＝ケーラーに言わせれば、それは「実証主義的世界観」(Positivistische Weltansicht)である。特別の哲学的理念が教育に決定的かつ根本的に影響を及ぼすことを拒否することは経験的教育学の立場であるが、ただ哲学との絶縁が果たして経験的教育学自身によって徹底し得るかどうか、疑問である。

さて、陶冶論と世界観との関係が一層明瞭に現われるのは、批判的教育学である。このことは、事柄の性質上当然のことである。批判的教育学は「純粋理念あるいは妥当価値から教育の目標を発展させようとする」。[22] 純粋理念を根本原理とするこの教育学は、たとえそれが方法的観念論にのみ満足するときでさえ、理性認識の法則に基づいて考えられた現実を、生活の意識的な規制と関係づけざるを得ないのである。そのとき、生活意識(Lebenssinne)の統一的な解釈、すなわち批判的に制限された世界観の表現が与えられる。[23] それは、「先験的観念論」であり、「批判主義」である。

より一層緊密な関係は、思弁的教育学において明らかになる。思弁的教育学は「自然主義的に理解された経験を、形而上学的に深め、理想的存在根拠のなかに陶冶問題を解決するための基礎を見出そうとすることによって、経験的立場を克服しようとする」。[24] 同じく観念論的立場にありながら、批判主義の先験的観念論のシェーマとは違って、精神生活および現実全体におけるその地位についての思弁的教育学の解釈は、一定の形而上学的世界観に基づいているのである。それは、浪漫主義的思惟へ歴史的に還付する、歴史的人生観である。[25] 思弁的教育学の根底には、「思弁的観念論」があり、それに形而上学的定式を与えた「汎神論」がある。従って、この見解に還ることによって、思弁的教育学の特徴は理解される。

以上、教育学の三類型と世界観との関係についての考察から、教育理論の差異は単に具体的な陶治理想の差異にあるのではなく、一層深い根があることが明らかになった。

第四節　教育学における歴史性と体系性

複雑な具体的事実をとらえるには、理論的一般化ではなく、類型化が試みられる。また、具体的事実を媒介にして、一般者を追究しようとする体系的志向に対して、類型はその動因となる。このように、類型的考察は、「下へは、事実のよりよい理解に、上へは、理想的なものの発見へと二重の方向に進む」[26]と考えられる。フリッシュアイゼン＝ケーラーの『陶冶と世界観』における教育学の類型はこの課題に答えるものであり、レーマンはこの著書によって「教育理論の体系的類型化と教育学類型一般の基礎づけがなされた」[27]と評価した。

さてここで問題なのは、歴史的に現象した教育理論の多様性から、いかにして体系的教育学の構築が可能になるか、換言すれば、類型的対立を調整し、和解させることができるか、ということである。

一般化への傾向の結果としての類型、すなわち体系的教育学を構成するための方法的前提としての類型が、たとえそのための手段であるとしても、類型的把握に粗雑さや誇張や曲解があるならば、それによって構成された教育理論の妥当性は疑わしいものになる。

第一に、教育学の普遍妥当性の問題がある。必然性と普遍妥当性という体系の形式において、教育問題を科学的に取り扱おうとすることは、あらゆる合理主義的教育学の夢であった。この夢は、果たして実現可能なのであろうか。

前にも述べたように、類型的対立を再び調整し、和解させようとする体系的研究は、単に教育学的論議の枠内では実行し得ない。教育理論の差異は具体的な陶冶理想の差異ということにとどまらず、なお一層深い根をもっているのであり、その根は世界観であった。従って、その体系的研究は、統一的な、唯一の、普遍妥当的世界観が可能であるか、という問題にかかわる。フリッシュアイゼン＝ケーラーによれば、「教育学の普遍妥当的規定の問題は、普遍妥当的世界観の問題と最も密接に結びついている」[28]のである。

この課題に対して、フリッシュアイゼン＝ケーラーがいかに対処したかについて、篠原助市はその著『欧州教育思想史』下巻に次のよう述べている。「シュプランゲルはヘーゲルの客観的精神を新カント派的に解することによってディルタイを超越し、フリッシャイゼンーケトレルはディルタイの客観的精神をヘーゲル的に転釈することによって歴史主義の相対性を超克しようとした」〈原文のママ〉[29]と。篠原は、歴史的教育学に対するフリッシュアイゼン＝ケーラーの批判的論調から推論して、「彼がディルタイの客観的精神にヘーゲルの夫れを代置し、思弁哲学（客観的唯心論）の上に陶冶の根拠を求めようとする態度は略ぼ看取し得られる」[30]としている。篠原がこのように推論した論拠は、フリッシュアイゼン＝ケーラーが超歴史的な考察を取り入れ、客観的文化を介して精神を形成することを教育の任務としたケルシェンシュタイナーを高く評価しながらも、すべての文化財は創造者の本質的徴表をそのなかに担っているとして、文化の構造をディルタイの意味における客観的精神の表現と解したケルシェンシュタイナーに対して、「なぜ文化財の『客観的精神』はヘーゲルの意味においても解してはならないのか」[31]という疑問を提示した点である。フリッシュアイゼン＝ケーラーは「人間文化において客観化され、表現されるものは個人的な心意ではなくてむしろ超個人的な精神生活であるとの根本確信は、そうたやすく拒否されるべきではない」[32]とし、客観的に形成された人間文化の全体は、精神生活のより高い顕現として解されるべきであるとしている。

第五節　体系的教育学の構想

必然性と普遍妥当性という体系の形式において、教育学を科学的に取り扱おうとすることは、すべての合理主義的教育学の夢であった。フリッシュアイゼン＝ケーラーはこの問題についていかに考えたであろうか。彼は「類型的対立を調整し、和解させようとする体系的研究は、単に教育学的論議の枠内では実現され得ず、より一般的な問題、結局統一的な唯一の普遍妥当的世界観の可能性の問題と関係する」[33]とし、その解決を理論哲学に求めているが、しかし教育学の普遍妥当性の要求に対して、一応次のような結論を下している。「われわれの体系的思惟は、もしそれが主観的意見の無節操に引き渡されるべきでないならば、あらゆる人間と時代とに妥当する堅固な、揺がし難い絶対的原理に基づかなければならないという信仰は、数学的思考様式やそれによって支配された構成的哲学に由来する偏見である」[34]と。

しかしながら、たとえ普遍妥当的教育学の可能性の問題が正当に提起され得ないにしても、そのことが直ちに教育学の体系性、すなわち体系的教育学の可能性を否定するものであってはならない。彼も注目すべき見解を述べている。

「確かに、普遍妥当性の要求は拒否されなければならないだろう。しかし、そのことは同時に科学としての教育学の性格が放棄されなければならないということを意味するものではない」[35]。

では、教育学の体系性の問題はどうなるのか。フリッシュアイゼン＝ケーラーによれば、精神科学あるいは文化科学が体系性を得ようとする限り、確かに超個人的な意義にまで高まることができるが、しかしそれゆえに唯一の妥当性を要求するあの絶対的妥当性にまで高まることができないところの中間領域にとどまらなければならないということが、精神科学あるいは文化科学の運命である。[36] 従って、教育学に許されるのは、「相対的妥当性」[37]ということになる。なるほど、教育学には多くの体系が存在し、自然科学におけるごとく唯一の体系は存在しない。しかし、教育学は「歴史的可変性とその現象の多様性に十分の活動範囲を認める開いた体系（Öffenes System）にまで自己を拡大する」[38]ことによって、体系化への道を歩むことができるのである。このことによって、教育学は歴史的でありながら歴史を越え、相対的でありながら相対主義を克服することができるのではないだろうか。たとえ、普遍妥当的教育学の夢は破れるにしても、教育学が学として次第に体系化されていく道はここに保証されているわけである。それゆえに、教育学の類型的対立は教育学の科学性を否定するものではない。多くの教育理論の弁証法的止揚によって、われわれは普遍へ迫ることができるのである。「歴史的比較は共通なものを目指すよりも、むしろ弁証法的止揚の方面へ向う」[39]。では、その弁証法的止揚がフリッシュアイゼン＝ケーラーの教育学類型論においてどのように展開されているかということを最後に検討しなければならない。

教育学が乖離的な諸要素の単なる集積へと崩壊してはならないとすれば、ここに再び内的統一性が追求されなくてはならない。この統一はいかに可能であるか。フリッシュアイゼン＝ケーラーは次のように述べている。

「この統一性は論理的体系の形式的統一のなかにあるのではなく、ただ全体観のなかに、すなわち教育学的思惟や行為のあらゆる個別的な論究に先立ってありながら、しかもこのなかに不断に入りこんで作用するところのまさしく存在と価値、生活と理想との交互関係にある現実全体の把握の統一のなかに存し得る」[41]。

このことから、彼が類型的対立を単なる論理的形式によって統一しようとしたのではなかったことが理解されるであろう。形式的統一は内部の対立を覆うことはできないのである。そこで、教育学の諸類型の対立に対してその内的統一性を求めようとすれば、われわれは諸類型の根底の深みにまで還って、そこにおける統一的全体から出発しなければならない。教育学は経験的契機と理念的契機、心理学と倫理学、存在研究と価値構成との単なる並存のもとに止まるべきではないのである。

フリッシュアイゼン=ケーラーは教育学の出発点として、しかもその永続的な対象として、「教育活動」(die erziehende Tätigkeit)をあげている。[41] それは科学や芸術の創造に向けられた活動と同様に、創造的行為(Produktives Tun)であり、かつそれが本能的行為を越えていこうとし始めるや否や、みずから現実性や発展能力のある生活形式の世界を産み出すものである。[42] では、創造的行為としての教育活動はいかなる構造をもつか。彼は「教育の固有の仕事は生活と理想、自然と文化、存在と当為、現在と未来、必然と自由との結合のなかにある」[43] という。それはどういうことかといえば、単なる自然的存在として生まれた人間を精神史的世界へ編入しようとすることが教育の仕事である。だから、教育学は当為と存在、理想と生活との交互関係にあるこの教育活動という現実を課題としなければならないのである。教育活動とはかかる弁証法的構造を有する教育的現実ではないだろうか。とすれば、類型的対立の内的統一の根拠はここに求められるべきではないだろうか。しかも、これこそノールが提起する「理論の出発点としての教育的現実」[44] である。

以上、われわれは教育活動を形成する教育の理念とその本質について考察した。教育学はかかる教育活動を対象とするのであるから、「教育学理論は精密な経験科学とは異なる仕方で、その認識対象に関係するのであり、それは認識の対象を追構成するよりもむしろその対象を創造し、形成し、実現する手段である」。「それは存在するものの無関心の認識ではなく、あるべきものの関心のある予示である」[45]。だから、教育学は単なる自然的存在から文化的存在へと向上する精神の陶冶が、いかに一定の文化的理想のなかへ導かれ、形成されるべきかの反省のなかに現われるのである。われわれはここにフリッシュアイゼン=ケーラーの教育学体系の構想をうかがうことができるであろう。

【注】

1　住谷一彦『マックス・ヴェーバー』（ＮＨＫブックス、一九七〇年）六一頁。

2　W. Dilthey, Rede zum 70. Geburtstag, in; Wilhelm Dilthey Gesammelte Schriften, Band 5, 4. Aufl., 1964, S.9.
W. Dilthey, Die Typen der Weltanschauung und ihre Ausbildung in den metaphysischen Systemen, in; Wilhelm Dilthey Gesammelte Schriften, Band 8, 4. Aufl., 1968, S.75.
ディルタイ、山本英一訳『世界観の研究』（岩波文庫、一九六二年）七頁。

3　レーマンによれば、これはディルタイがシュライエルマッハー（Schleiermacher, F. D. E.）から受けとった「思弁的体系的考察法と歴史的経験的考察法の調停」および「教育学類型論の理念」という課題である。
R. Lehmann, Die pädagogische Bewegung der Gegenwart, 2. Teil, 1923, S.81.

4　A. Reble, Geschichte der Pädagogik, 4. Aufl., 1959, S.294.

5　W. Dilthey, Über die Möglichkeit einer allgemeingültigen pädagogischen Wissenschaft. Kleine pädagogische Texte, Heft 4, 4. Aufl., 1963, S.15.

6　ditto, S.10.

7　ditto, S.13-14.

8　ditto, S.16.

9　M. Frischeisen-Köhler, Philosophie und Pädagogik. Kleine pädagogische Texte, Heft 20, 2. Aufl., 1962, S.60.

10　高山岩男『文化類型学研究』（弘文堂書房、一九四一年）三頁。

11　"Idealtypus"という概念は、「理想型」という訳語もあるが、類型概念が規範や模範を意味するものではないという点から、この訳語をさけて、「理念型」という訳語をあてた。

12　高山岩男『前掲書』注10、五頁。

13　篠原助市『教育の本質と教育学』（教育研究会、一九三〇年）三二六〜三三〇頁。
Vgl. M. Weber, Gesammelte Aufsätze zur Wissenschaftslehre, 2. Aufl., 1951, S.190-213.

14　M. Frischeisen-Köhler,Bildung und Weltanschauung. Eine Einführung in die pädagogischen Theorien, 1921, S.53.

15 Derselbe, a.a.O. (9), S.60.
16 Derselbe, a.a.O. (14), S.57.
17 R. Lehmann, Max Frischeisen-Köhler, in; Kantstudien, 29. Jahrgang, S.21.
18 W. Dilthey, Wilhelm Dilthey Gesammelte Schriften, Band 8, 4. Aufl., 1968, S.100-118.
19 M. Frischeisen-Köhler, a.a.O. (14), S.7.
20 ditto, S.16.
21 ditto, S.61.
22 ditto, S.65.
23 ditto, S.182-183.
24 ditto, S.65.
25 ditto, S.123.
26 篠原助市『前掲書』注13、三三〇頁。
27 R. Lehmann, a.a.O., S.92.
28 M. Frischeisen-Köhler, a.a.O. (14), S.16.
29 篠原助市『欧州教育思想史』下巻（創元社、一九五〇年）一九〇頁。
30 篠原助市『前掲書』注29、一八八頁。
31 M. Frischeisen-Köhler, a.a.O. (14), S.62.
32 ditto, S.62.
33 ditto, S.194.
34 ditto, S.196.
35 Derselbe, a.a.O. (9), S.168.
36 Derselbe, a.a.O. (14), S.196.
37 ditto, S.197.
38 ditto, S.194.
39 篠原助市『前掲書』注13、三三〇頁。
40 M. Frischeisen-Köhler, a.a.O. (14), S.181.
41 Derselbe, a.a.O. (9), S.84.

42　ditto, S.84.
43　Derselbe, a.a.O. (14), S.180.
44　H. Nohl, Die pädagogische Bewegung in Deutschland und ihre Theorie, 4. Aufl., 1957, S.119.
45　M. Frischeisen-Köhler, a.a.O. (14), S.13.

第三部　付論

第八章　ペスタッチの歴史哲学思想と教育の課題

はじめに

本論は、各人の権利と所有とが社会的に保証されなかった絶対主義体制から、近代市民社会への転換期に生きたペスタロッチ(Pestalozzi, J. H.,1746-1827)の、歴史と人間、政治と人間についての考えを、彼の社会哲学の主著といわれている『人類の発展における自然の歩みについてのわが探究』(Meine Nachforschungen über den Gang der Natur in der Entwicklung des Menschengeschlechts,1797)―以下『探究』と略称―を中心にして考察しようとするものである。この『探究』はペスタロッチがフランス革命の勃発とフィヒテとの邂逅とを契機にして[1]、初期における環境教育学的立場を脱却して、カント的な道徳的自律思想へ近づき、自律的教育学の立場を自覚するに至った問題の書である。[2]

ペスタロッチは一七八七年『リーンハルトとゲルトルート』(Lienhard und Gertrud)第四巻を発表して以後、『探究』を公刊するまでの一〇年間、著述の面で沈黙を守った。「この間彼はペンを捨てて鍬を取り、農業に励み、生活の支へとした」[3]のであるが、その沈黙の原因として、主に二つのことが考えられている。その一つは、ドウ・ガン(de Guimps, R.)がその著『ペスタロッチ伝、その生涯と思想』(Histoire de J. H. Pestalozzi, sa vie et sa pensee,1874)で述べているように、「彼の家族にパンを与える必要」[4]があったからである。当時の彼の生活は窮乏していた。ところが、著述家として世に出て収入を得るためには、著述家としてさえ必要な商売の能力がペスタロッチには全く欠けていた。そこで、「妻子を養うため、彼は自分の手に残っている土地の耕作を始め」[5]なければならなかったのである。もう一つの原因は、当時のスイスの政治的状況にある。当時のスイスの政治はひどく腐敗し、ペスタロッチの革新的な主張はややもすれば不穏なものでであるかのように誤解された[6]。そのために、彼はたとえば一七九三年『然りか否か—フランス革命の原因について—』(Ja oder Nein? Über die Ursachen der französischen Revolution, 1793)という論文を書いたのであるが、しかしこれをすぐには公にはせず、後年ニーデラー夫人にその草稿を託したのである。この草稿が実際に出版されたのは、一八七二年であるが、ニーデラー夫人はこれを刊行しようとして一八四六年それに序文を書いた。そのなかに、「彼が生きている間にこれを刊行しなかったとすれば、それは疑いもなく、当時総べてをいうことはある危険を伴い、彼が身を献げた教育事業を危くすることを賭そうとは欲しなかったためである」[7]と述べている。このような理由から、ペスタロッチは一〇年間の沈黙を続けたのである。しかしこの間に、ペスタロッチには重要な思想的転換が行われた。それはいうまでもなく、フランス革命をめぐる政治的社会の状況への真摯な対決の結果である。

一七八九年、にわかにフランス革命が勃発した。一七八九年五月、三部会の召集から紛糾の端を発し、パリーは騒然となった。七月一四日蜂起した市民の一隊は、市内のバスティーユ牢獄を襲撃して政治犯を解放した。この暴動が、実に全国的な革命の発端になった。ペスタロッチはこの革命の進行に注意を奪われた。というのは、最初彼はフランス革命が彼の意図する改革を阻む多くの障害物を取り除いてくれるだろうとの期待をよせていたからである。ところが、一七九二年九月、王制の廃止と共和制の成立、一七九三年一月、国王ルイ一六世の処刑にはじまる血なまぐさい恐怖政治の進行は、ペスタロッチの革命観と人間観に深刻な影響を与えずにはおかなかったのである。

さらに当時のペスタロッチの思想に大きな影響を与えた事件として、フィヒテとの邂逅があげられる。一七九三年の冬から春にかけて、チューリッヒ湖畔のリヒタースワイルに滞在中のペスタロッチは、フィヒテの訪問を受けた。ペスタロッチはフィヒテとの会談によって、彼の経験がカント哲学の根本的な結論に通じていたことを確かめて非常に満足した。[8]そしてこの、フィヒテとの思想の交換がペスタロッチの心のなかに「自律思想」をめざめさせたことは、十分に推測できることである。

このような影響のもとに、一七九七年、『探究』は出版されたのである。ペスタロッチはこの『探究』を、「三年の間、信じられないほどの困難をきわめて書いた」[9]と後年『ゲルトルートはいかにしてその子らを教うるか』(Wie Gertrud ihre Kinder lehrt,1801)において告白しているが、実は一七八〇年代の初めのころから、彼は『探究』の執筆の構想をもち、周到な準備をすすめていたことが明らかにされている。[10]それでは、このように長期にわたった熟慮と苦心の末にできあがったこの著作の意図は何であったか。それは端的にいえば、人間自然の本質の探究とそれに基づく人間教育の確実な道の発見である。ペスタロッチの思想の予言書『隠者の夕暮』(Die Abendstunde eines Einsiedlers, 1780)の冒頭は、「玉座の上にあっても、木の葉の屋根の蔭にあっても互いに同じ人、その本質における人、この人とは何であるか」という問いで始まっている。ペスタロッチのこの問いは、単に人間存在の現象面にではなく、その本質面に向けられた。われわれはその解答を『探究』のなかに見出すことができるのである。

人間の不完全性や矛盾に引き裂かれながらも、常に人間に対する信頼を失わず、三年間の思索的な仕事において、限りない辛苦のもとに書きつけたといわれるこの『探究』、リットはそれを「単に理論的に考え出されたのではなく、限りなく敏感な感じやすい心の悩みと向上とからもぎとられた哲学」[11]と形容した。ペスタロッチの人間の哲学の出発点は、彼自身の生の根本にあった。ここにペスタロッチ独自の人間探究の方法論が展開する。

『探究』の主題は、「自己とは何であるか。そして人類とは何であるか」である。彼は確信する。「わたしの真理は民衆の真理である。そしてわたしの誤ちは民衆の誤ちである」[12]と。すなわち、ペスタロッチは人類の問題を自己のなかに求め、自己の矛盾から出発して、国家的・社会的生活を営むわれわれの人間自然（Menschennatur）の矛盾錯綜した姿相をあるがままに明るみに出そうとしたのである。

第一節　ペスタロッチの歴史観の本質構造

この節では、ペスタロッチの歴史哲学思想の本質構造を、観念論のそれとの比較において解明することを意図している。そしてこのことは、論理必然的に歴史哲学的立場からのペスタロッチの人間観の解明に通じる。人間自然の本質を探究するこの『探究』は、単に人類の歴史の哲学（Philosophie der Geschichte der Menschheit）であるだけではなくて、一つの人間学（eine Anthropologie）でもある。[13] リット（Litt, Th.）はその著『生けるペスタロッチ』（Der lebendige Pestalozzi, 1952）において、ペスタロッチ教育学を、彼の拠って立つ生に内在的な弁証法を武器として、「新教的歴史意識の表現としての人間学」（Anthropologie als Ausdruck protestantischen Geschichtsbewußtseins）として把握し、ペスタロッチの人間学的研究の口火を切った。[14] リットはいう、ペスタロッチの『探究』は単にその構成の大筋においてだけでなく、叙述の多くの細部にわたっても、弁証法の精神（Geist dieser Dialektik）によって規定され、支配されている[15]、と。ところで、弁証法的思惟を論理的に完成し、そして方法上の自覚にまで昇華せしめたのは、観念論哲学の不滅の功績である。弁証法的思惟は悟性的思惟と対立する。対立的に張られた力・潜勢力・運動を、互いに対立し反発し合い、そしてその鋭い反駁、その厳しい衝突のゆえに、いかなる結合も浸透もあり得ないと考えるのは、悟性的思惟である。ところが、こうした「排他性」（Ausschließlichkeit）こそ、弁証法的思惟が攻撃しようとするものである。弁証法的思惟の責務は、永久に分離されかつ互いに閉された法廷または領域に分れることなく、その矛盾性に関係なく、互いにからみ合った一つの統一体に合一するような矛盾を把握することである。[16]

ペスタロッチが人間存在の全体的な把握において区別できると考えた三つの状態、すなわち「自然的」「社会的」「道徳的」の三状態(der natürliche, der geselischaftliche, der sittliche Zustand)は互いに調和・同調するものではなく、きわめて鋭い対立関係にある。これらの状態は人間の実存のなかで共存しなければならないものであって、段階的上昇をもって最終の意味完成に近づく力をもつような、合目的的に用意された全プロセスといったものではない。これらの状態を人間が順を追って経過する段階とみることは、悟性の思惟様式である。[17] われわれは、これらの状態を空間的表象の具体性においてとらえてはならないのである。

ペスタロッチは、『探究』はある一定の哲学的根本原理から出発しようとするものではないこと[18]、「学問的陶冶のすべての現代的な方法を用いなかった」[19] ことを言明しているが、それは彼がその時代の文化ならびに歴史哲学的考察によってつくられた雰囲気のなかに全く住み馴れていたため、同時代の人々の思想とどの程度まで結びついていたかということには全く無関心であったためである。前述したように、ペスタロッチの思惟形式は観念論の指導的人物たちときわめて多くの、またきわめて本質的なものを共有していたのである。[20] 従って、この思惟形式という点からみれば、ペスタロッチの人間把握と観念論の言説との間には、大きな偏差は見出されない。この偏差がより深い意味において認められるのは、その歴史観である。

ペスタロッチの独自性はその歴史観にある。リットはその著『生けるペスタロッチ』において、ペスタロッチの歴史観がドイツ観念論のそれと微妙な類似性をもちながら、しかも一点において鋭く対立し、区別されるべきことを明快に論証している。

西洋の歴史的人間の力と栄光とは、あのプロメテウス(Prometheus)に象徴される。彼は神の火を盗んで人間に与え、人間に光をもたらした半神の巨人である。観念論の歴史哲学はこのプロメテウスを人間の典型であると考え、これに則った活動やその活動の産物を、歴史の原動力であると考える。「歴史こそは、創造的な人間精神の勝利の道(via triumphalis) である」[21]。このように、観念論の思想家たちは歴史に照明をあて、それを人間の創造力の演武場であり万神殿であるとみた。そこで彼らにおいては、この人間の業績全体の構想とその完遂とを明らかにすることが必要になった。つまり、無数の人物・共同体・行為・事件等からなる、最初は人を当惑させる閃光のなかから、世界史的全理性の足跡が厳守した基本線を発見することが必要になった。ところが、この課題を解決するためには、人は実際必ずしも高貴な意向・称讃すべき行為・できばえのよい仕事・有益な組合せ等だけを報告することはできなかった。正直な人間の眼には、眼もくらむような光と並んで、はるかに暗い陰影が認められたのである。

人間を讃える歴史のこの輝かしい側面が顕彰されるためには、この部分からその弱点を示す性格が取り除かれなければならない。観念論の歴史哲学は、この暗い陰影をどのように処理したであろうか。それは二つの仕方でなされた。一つは、それを「腐敗した存在」(Faule Existenz)「塵芥的存在」(Schutt des Daseins)[22]という刻印を押し、そしてそれを歴史のなかで自己を完成する精神の殿堂から追放した。他の一つは、それを「歴史の弁神論」(Theadizee der Geschichte)[23]の仲裁で、凄味の少ない光のなかへ混入させた。人間が生み出すさまざまな悪や不正や醜さは、逆に善と美との創造の不可欠の要因と考えられた。悪や不正や醜さは、それなりにやはり歴史の意味に寄与し、それゆえにまた歴史の全体構造にとって欠くことのできないものであるというのである。ヘーゲルは専制的なわがままの無法乱行に対してばかりでなく、フランス革命の血なまぐさいテロリズムに対しても、絶対精神が和解的に完成される必然の段階を見るのである[24]。否定的なものが拒否されることなく、全体の意味連関において止揚される。これによって、歴史は不浄の穢れを除かれて清浄なものとなる。歴史のなかで完成されるものは、結局より高い、いや神々しい現実の意味である。これが「世界史的過程の意味内容に対する否定的なものの役割を保証することを目的とする観念論の思惟過程であった」[25]。リットはこの思惟過程の論理的性格を「弁証法的」(dialektisch)[26]と特徴づけた。ところで、この観念論の歴史解釈は十分であるだろうか。

歴史的人間の本質と価値についてのペスタロッチの探究は、観念論の形而上学的構築物から離れていく。いやむしろ、彼が描く人間存在の絵画は、観念論の歴史解釈者たちのそれと著しい対照をなしている。もちろんペスタロッチは、観念論の形而上学的構築物と同じく、人間存在の絵画のなかに、はっきりと「否定的なもの」(das Negative)を見ている。しかし彼は、この否定的なものの否定性を、たとえそれがどのようなものであっても、とにかく解釈や媒介によってこれを和らげたりあるいは止揚したりしようとは考えなかった。たとえば、専制君主の暴力あるいは革命の残虐さを、「歴史的弁神論」の仲裁で、凄みの少ない光のなかに入れるようなことは、ペスタロッチには到底できなかったのである。[27]ペスタロッチの思惟構造はその形態からみれば、確かに「弁証法的」と名づけることができるのであるが、しかしその思惟は歴史として実現される「理念の自己運動」(Selbstbewegung der Idee)を明示しようなどとは全く意図しなかった。従って、彼は歴史過程を研究して、目標のはっきりした何らかの全体組織をめざすような考えは少しももっていなかったのである。ここが、観念論の弁証法的な歴史把握と性格を異にする点である。ペスタロッチにとって、歴史は「悲惨と幸福・知恵と暗愚・狂気と精神の偉大な高揚との巻き糸」(Gewinde von Elend und Wohtstand,von Weisheit und Torheit,von Wahnsinn und grosser Erhebung des Geistes)[28]である。彼は歴史に対してどのような意味完成の可能性も認めないのである。「人間の過ちの内面的同一性」[29]についての確信を得たペスタロッチは、もはや精神の漸進的自己純化を信ずるいかなる余地ももち得なかったであろう。これがペスタロッチの歴史観の本質構造なのである。

ペスタロッチは現世(die Welt)を肯定しながらも、その根底に巣くう悪を見て、どうしても現世肯定の一面にとどまることができなかった。彼は現世の悪魔的な力の最大・最強なるものを、政治家や権力者のうちにみた。そして、彼らによって非人間と奴隷の状態にたたきこまれている「名もなき多くの民衆」(die Namenlosen)に、彼の眼はそそがれる。彼の心をとらえて離さないのは、無名の人々のこの世における運命である。それは、歴史的行為が演じられる大舞台からこれらの名もなき人々に投げおろされた影響のもとで、これらの人々の存在がどのように形成されたかという問題である。

すでに述べたように、観念論の歴史哲学にとっては、歴史的行為や事件はそれがみずから生み出す「作用（影響）」（Wirkungen）が、歴史的に重要なもの・保存価値のあるものという高さに達する限りにおいてのみ興味があった。従ってこの歴史哲学が問題にしたのは、数千年にわたる「精神」の画期的な歩みだったのである。ニーチェの言葉をかりて表現すれば、まさに「記念碑的歴史」（Monumentale Historie）である[30]。ところが、ペスタロッチの探究の眼はこれとは全く別のところに向けられていた。彼は観念論の遠近法が不明瞭にしているものを明瞭に描き出す。

では、ペスタロッチが描く人間存在の絵画において、彼が問題にしたのは一体何であったろうか。それはいうまでもなく、この世に何のかかわりもない人々の運命・生存中はついに顧みられず死後は忘れ去られてしまうように生まれついている数百万の民衆の、この世における運命だったのである。これらの名もない人々は、観念論の歴史哲学においては、いかなる位置も与えられなかった。ところで、果たして歴史は無名の人々が不参加という資格で見上げることを許された高い舞台で演じられているのであろうか。決してそうではない。歴史の苛酷な現実は、むしろ遠大な要求や変転する運命をもって、彼らの谷間に降りたって彼らに影響を及ぼしているのである。

「この現実は、人間の最もよいものを圧迫して容易に萎縮させてしまうような状態をつくりだす。この現実は、余りにもしばしば心身を歪曲する役目や仕事を人々に強いる。この現実は、物的なものであれ人的なものであれ、それが要求する犠牲において限界を知らない。この現実は、安寧・幸福・健康・生命を廃墟にしてしまうほどの大事件において爆発する。そしてこの現実は、これらすべての災難をこの無名の人々の集団にくだすのである」[31]。

偉人たちはその労苦に対してそれ相当の褒賞を受けるのであるが、無名の人々の集団に関する歴史は覆い隠されているのである。

もちろん、彼らに思想も業績もない。しかしそのことは、彼らを歴史の全体構造において無視してよいと評価するいかなる理由にもならない。もし雑役夫が額に汗して働かないならば、君主たりといえども城を築くことはできないのである。万里の長城は秦の始皇帝ただ一人の力によって築かれたのではない。彼の権力のもとに、血と汗にあえぎながら酷使された奴隷・下層民衆の存在を忘れてはならない。彼らとて歴史の舞台に登場すべきである。歴史はその年代記に記された者のみがその内容ではなく、年代記に記されていない無数の人々の頭や腕もまた歴史の豊かな現実の一部分なのである。ペスタロッチは「このいわば谷間の存在にすぎないものの所在と運命を、現実の歴史の外においてではなく、まさしく歴史のなかで追求しようとしたのである」。[32] 従って彼が描く人間存在の絵画は、この世の荒波から解放され、想像もつかない極めて高い望楼から、足下の雑踏を見下し鑑定する賢者の落ちついた優越性をもっては描かれていない。この絵に描かれているものは、多数のなかの一人として、自分自身の不合理や世の中の苦悩に苦しみ、そして遂には無数の矛盾に鞭打たれて絶望し、それでもなおこの混迷を徹視しようとするやみがたい熱情を感じた一人の人間が、自ら生きぬき苦しみぬいた経験の数々である。ペスタロッチの稀に敏感な人間的同情は、これらの無視され、忘れ去られた人々を引き受けよ、と彼に命令する。まさしく「記念碑的歴史」の照明をそのままにしておくことは、彼の心情として許せなかったのである。

ところが、観念論の歴史哲学に対するペスタロッチの上訴は、実はこの心情以上のものがある。それは、「記念碑的歴史」がその対象を歴史的偉大さという尺度で選び、そしてそれを段階づける場合、この選別法にあてはまる尺度だけが人間的価値を決定する唯一のものであるか、という疑念である。もちろん、歴史的重要性の圏内に入るためには、人間や行為や事件はその強度と勢力範囲において、少なくともある一定の偉大さの等級に達する可視的な光をみずからの内から発しなくてはならない。歴史の眼は巨視的にみる。その作用の外面的尺度からみて目立たぬものや外的作用を欠くものは、すべて歴史の眼にとまらない。従って、みずから効力を発揮し得ないものは、必然的に消滅せざるを得ないのである。しかし、このように消滅するものが、それ自体においてどうして無価値であり、何ら注目に値しないといえようか。歴史的な輝きのない場所にもまた、しばしば美しい精神や心情が生きており、尊敬に値する行為がなされているという事実がないとも限らない。この日のあたらないところにもまた、創造的な力が働いている場合もある。ただそれは個人的な事情あるいは外的な事情のため、成功の偉大な世界に入ることができなかっただけである。ここに歴史的「作用（影響）」と人間的「価値」とを直線的に結びつけることから生ずる歴史の見方の歪みがある。「歴史は、価値あるもの・建設能力のあるもののみを浮び上らせ、つまらないもの・無内容のものを沈下させる一種の選択装置に従って働くと考えるのは、全く根拠のない楽天主義である」[33]とリットも批判している。

以上のように、ペスタロッチが「記念碑的歴史」に無条件に服従するのを戒めたのは、無名の人々の代弁者としてのほかに、この歴史がわれわれに提示する人間観の一面性に対する彼の疑念があったからである。

第二節　政治的世界における権力と人間

ペスタロッチの眼は無数の人々の存在の共通の基盤である「社会的状態」(der gesellschaftliche Zustand)に向かい、そこにおける人間性の堕落を追求する。ペスタロッチにおいて、社会的状態とは政治・経済・社会という三群の現象を包括する概念であるが[34]、彼はこれらの現象のなかで、特に「政治」(Politik)の領域に人間の犯す最大の誤ちの源泉を発見した。そしてペスタロッチの心を深くとらえたのは、政治家や権力者によって非人間と奴隷の状態にたたきこまれている名もなき多くの民衆の、この世における運命である。

さて、この問題ととりくむペスタロッチは政治の世界をどのようにながめているのであろうか。政治は二つの立場から考察することができる。一つは政治を行為者として行使する人間の立場からであり、他はこれを受けるものとしてそれにさらされる人間の立場からである。[35] ペスタロッチの立場が後者であることは申すまでもない。政治的世界を統治されるものの立場からみるとき、政治的行為は「権力」(Macht)の行使として映る。ペスタロッチを最も強く動かしたのは、この権力の本質・起源・行使・堕落(悪化)であった。権力とは人間と人間との間に結ばれる社会関係のうえにのみ成立し、その性質が一定の目的を達成するために、支配＝服従関係を現出する力である。[36] このように、権力を支配＝服従関係に働く力とみるとき、その力は現実にどのように展開するのであろうか。まずその権力の起源をたずねてみたい。

ペスタロッチは権力への憧れが人間の心のなかに芽生え発育し、そして充足を求める必然性を率直に認める。「いたるところで権力を握っている人間は、社会的権利を事実上認めることなしに、しかも市民社会の支配者になろうとしてあらゆる可能な手段を用いる。だがその原因は深くわれわれの動物的本性(Tierische Natur)のうちにひそんでいるのだから、それについてわれわれは何も驚くにあたらない」[37] と。人間の心のなかに存する動物心(Tiersinn)こそ、人間を刺激して権力獲得に挺身させ、そして一度手に入れた権力はこれを味わい尽そうとさせるものである。ところがその同じ動物心がまた、人間のうちに権力への一種の服従衝動を生む。われわれの本性の奥深くにひそんでいる権力意志を虚無のなかから呼び出すものは、この服従衝動である。「人間はすでに彼の洞穴にいたときから平等ではない。屋根の下や門や壁の背後でこの不平等はますます強まる。そして人間が幾千人の集団をなすようになると、欲すると否とにかかわらず、彼は強者に向かって『わたしの楯になってくれ』と言い、悪賢い者に向かって『わたしの指導者になってくれ』と言い、また富める者に向かって『わたしの支持者になってくれ』と言わざるをえなくなる」[38] と。

権力の起源についてのこの考察は、論理必然的に「権力を獲得した者―〈権力者〉―」と「権力に服従する者―〈民衆〉―」とを登場させる。権力構造の最も始原的な基礎概念は、権力が支配＝服従の構造をとるということである。いまここで、権力構造を支配＝服従関係においてみれば、権力者と民衆との関係はいかなるものであろうか。「権力の本質は、自己の動物的立場の堅持することにかかっている」[39]とペスタロッチは述べている。「権力を獲得したものは、あまりに容易に、自己の支配権という意識のなかに横たわっている誘惑に負かされてしまう。権力者の動物心は、彼を駆り立ててその服従者の権利をますます制約し、いよいよ完全に我欲的欲望の奉仕に強制し、ますます厚顔にその独裁の、意志なき道具におとしめる。『探究』の著者は述べている。

「有力で同時に動物的な人間は、いつも無力な同胞に向かって『お前はわたしのために存在するのだ』と言い、弱者どもの群列を、琴の上に張られた弦の列を弄ぶように弄ぶ。弦が切れたとて構うことはないのだ。たかが弦にすぎないのだ。国じゅうの人間はみな彼のもっている弦なのだ。弦がどれだけ切れようとも、切れただけ彼は棄てるのだ。そして棄てられただけの弦を彼はふたたび、孔だらけのちんちん鳴る共鳴板の上に張り替えるだけのことで、まったくただの弦にすぎないのだ」[40]。

そして権力者は次のようにうそぶくのである。

「わたしが権力をもっていてわたしの身体のうちに獅子のような力を感ずるとき、小動物たちの権利などわたしにとって何の意味があろう。わたしを獅子にしたのは彼らなのだといった子どもらしい妄想などわたしにとって何の意味があろう。彼らの群が滅び去ったとて、わたしはやはり獅子であり、わたしの歯もわたしの爪もわたしのものなのだ」[41]。

このように、権力者は人類の善良な弱さがいたるところで彼に寄せている信頼に対して何ら報いようとしない。「自然の作品に屈服した状態で権力をもつと、わたしはわたしに頼って生の楽しみを得ている人たちを、わたしの動物心を満足させるための単なる手段とみなそうとする打ち消し難い誘惑を覚える」[42]とペスタロッチは『探究』のなかで語っている。権力者の恣意は民衆を生まれたばかりでまだ全く人間性をもたない存在のように、ただ支配しようと努め、民衆からその本性のすべての力、すべての権利を奪おうと努め、そしてそれが成功すれば、次にはひどく卑屈な人間性を民衆に恵み与えようとするだけである。

ところで、権力はひとたび不誠実に堕すと、破約の不法をひややかな駄弁で糊塗することを覚えるのである。権力者は平然としていう。「道徳に基づく立法をもたないで、どうして国家が成り立つことができよう」[43]と。権力者は地上における彼と民衆との関係が、民衆の眼には道徳的関係として映るように仕向ける。しかし、道徳的関係を装おうとする権力者の傾向は、民衆に対する彼の関係を変えることはできない。彼は一方では国家が道徳に基づかねばならないことを実際に信じ、他方では彼自らその市民たちを、人類の道徳のすべての基礎を破壊するような、そして反対に民衆の動物心を社会的に硬化させ、狡猾にし、厚かましくさせるような、幾百の関係と境遇と享楽へと導いていっている。そしてまた、権力者は自分の情熱の対象への追求を心の奥底で生気づけているものが、動物的刺激であることを見ぬくことができない。そのために、権力者はどんな場合でも自分は民衆の権利を憎むのではなく、ただ権利の曲解と濫用とを憎むのであり、それも自分自身のためにではなく、公共のためにそれを憎むのだと信じ切っている。だから、「人民は信頼をもたなくてはならない。信頼なしには政治はありえない」[44]と権力者(為政者)がいうとき、それは権力者の堕落せる状態の本質的な不幸を糊塗する手段以外の何ものでもないのである。無法な権力は、国家の独立の基礎を権利なき民衆の自由意志のない服従におく。

それでは、このような権力に人間は服従しなくてはならないのか。権力者の動物的欲望の単純な帰結である彼らの要求を人間はそのまま認めなくてはならないのか。権力者の動物心に服従することが人間の義務であろうか。[45]ペスタロッチはこのように問いかけ、また自ら、「人間はそれに服従し、それを認めるのである」と自答する。もちろん、この服従は社会的義務からの帰結でもなく、また人類に自然にそなわった奉仕の意志でもない。「服従の根拠は自己配慮(Selbstsorge)である」[46]とペスタロッチは断言する。だから、「権力と権利との争いにおいては、人民はいつも前者に味方して後者にそむき、わずか数クロイツエルの日当で権力者に仕え、彼が笛かラッパを鳴らせばすぐにでも国内の義人を打ち殺す」[47]。また「彼はパンのために鼻に輪をつけて踊り、鞭を手にしてこの奴隷踊りを彼に教えこんだ男の前でおじきをして跪きずき、とんぼかえりをしてみせる」[48]。権力の無思慮な不誠実がさらに進行していった場合、民衆はどのような状態に陥れられるであろうか。

「権力の構成要素を尊敬せず、また権力の目的を顧慮せずに権力を行使するということが、暴政の本質である」[49]とペスタロッチはいう。暴政とは、権力の自然的目的による市民的権利の圧迫にほかならない。権力者が約束を破って流血の粗暴な自然の権利を彼の側から立ててくるとき、この一歩とともに、彼は抗弁の余地なく自然的状態のなかに踏みこむのであり、すべての権利の限界を越えて彼の動物力を試そうとする。このとき彼と民衆との契約は、彼の感情の奥底において破棄されたのである。自分にとって不利な権利は一切認めない権力、そういう権力の鎖につながれると、人間は再び堕落した自然的状態のあの全き頼りなさ、あの全き鈍感さへと転落する。

「服従はいつもまた強制の状態、窮乏の状態として現われていて、そこでは人類の弱者は権利のすべての保障から締め出されたも同然で、生活の最も重要な要求までも妨げられており、かりにその生活が著しく悲惨でないにしても、なお根本感情を害われ、権利も名誉も奪われて、卑屈で耐え難い生涯を送るほかない境遇にある」[50]。

そして「人類はこのような状態の下では、一般に嫉妬深く陰険になり、盗みを行い、卑屈となり、不誠実になり、反抗的となる。そして彼は自分より大きな社会的勢力に対して、また自分より幸福な社会的境遇にあるあらゆる人間に対して心の奥底で反抗する」[51]。ところが、人間の感覚的本性はもともと無精にできており、また善良なものだから、現存の権力がたとえどんな不法から生まれたものであったにしても、人間はその不法を喜んで忘れてしまう。そして彼は、将来の国民の共同生活は暴力や不法から守られるだろうという、はかない希望だけで満足するのである。

ところが、民衆が極端な不法に苦しむとき、民衆は一体どういう態度をとるか。それは二種類に分れるとペスタロッチはいう。ある民衆は馬鈴薯をつかみ、他の民衆は棍棒を握る。前者は権力者の自然的生命に対する動物的忍従である。すなわち、自分自身の動物的衰弱からくる不感症のために、権力の我欲が行なう社会的不法を甘受して、権力の堕落した感覚的享楽にできるだけ自らあずかるように努める。それに対して、後者は権力者の自然的生命に対する動物的抵抗である。すなわち、民衆自身も権力者と同じように、不法な暴力を好むようになり、まさに同じように堕落した動物心をもって、権力者が民衆に行なう不法を今度は逆に権力者に向かって加えようとし、また権力者がしたと同じように、自分の感覚的享楽を得るためには、国家の安寧と幸福とを賭ける。これがペスタロッチのいう「暴動」(Aufruhr)である。

「暴動は、公然たる不法の苦しみがいたるところで感じられるとき、……わたしの動物的本性が行なうところの単純な行動である」[52]。

このようなことから考えると、国家における人間相互の関係は、ペスタロッチが述べているように、「単に動物的な関係」(ein bloss tierisches Verhältnis)[53]といわざるを得ない。権力への意志も服従衝動もともに、人間のうちにある動物心にその起源をもつ以上、政治的世界の様相は社会的な組織や制度のもとにおいて、動物的利己心がわがもの顔にはばをきかす状態にほかならない。ペスタロッチは「いまや全世界は、汚れた権力が崇拝した動物力の洗礼を受けて荒廃し切っている」[54]と嘆いている。

さて、権力が惹き起すこれらさまざまな病弊から、人々はどうしたら救済され得るであろうか。まず第一に考えられることは、このような権力の除去である。ペスタロッチは権力の存在権を否定したであろうか。「否」といわざるを得ない。国家は権力組織であり、またそうあらざるを得ない。そして、もともと権力は社会秩序の建設者であり、保護者である。ここには、権力そのものは悪であるという考えは含まれていない。権力者がこの目的を顧慮せずに権力を行使するとき、それが「暴政」(Tyrannei)となるのであって、権力それ自体が悪であるという古い定理は、もし権力が自己節制と自己抑止という条件下におかれるならばもはや妥当しない。ペスタロッチは「人類の堕落に責めを負うべきものは、権力そのものではなくて、権力を握る人間である」[55]と洞察している。もちろん、権力の誘惑はあまりに大きいため、その濫用はほとんど不可避のように思われる。しかしだからといって、権力の単なる否定は有害である。権力に対する単なる反逆は、無力なものの権力志向にほかならない。すなわち、それは権力者から権力を奪取することであり、それは堂々めぐりである。ペスタロッチは権力を排除することがどのような混乱を招くか、よく心得ていた。彼が『探究』を書いた当時、フランスでは「フランス革命」という未曽有の政治的事件が起っている。フランス革命は恐怖政治に転じ、人類を幸福にするという心地よい言葉にかくれて、人間の欲望・我意・復讐心・残虐が乱痴気騒ぎをしていたのである。ペスタロッチは「大衆としての人民がいたるところで不法を感ずるとき、彼らは暴動以外に意志をもたない」[56]という事実認識に立ちながらも、「わたしは悪しき政治的暴力(暴政)を是認しないように、暴動(革命)を是認するわけにはゆかない」[57]と述べることによって、革命に難色を示した。シュプランガーが指摘したように、ペスタロッチが深く憂えたのは、過激革命主義の台頭であった。革命が教えたのは、諸国家が道徳的精神を失うという新たな危機におそわれるということであり、それはやがて無政府状態へ転落していくのである。「やがて過激革命主義の内部感情がひろまってくるにつれて、国家の崩壊が迫ってくる」[58]。

国家の崩壊を導かず、しかも権力者の横暴を阻止する第二の道は何であるか。それは立法による社会秩序の建設である。国家の法律の使命は「社会のすべての市民に安全を保証し、我欲と好意との調和に基づく市民的自由を与えること」[59]である。従って国家の法秩序は、社会的状態において社会的権利を現実に確保し、そしてこの権利によって市民的結合の制約のもとで真の満足を見出す可能性を、人類の弱者にも与えるような秩序でなければならない。ところがこの第二の道にも、われわれは楽天的な期待をよせるわけにはいかないのである。なぜなら、ペスタロッチによれば、国家の秩序は常に強者の秩序だからである。「立法は国家のことを考える。そしてすべての王冠を輝かす。だが、この世に何のわけ前ももたない人間は、前もって立法から忘れられている」[60]。従って、このようにして作られた秩序は、権力者が人類に役立たせるためにではなく、自分に役立たせるために作った力の秩序にほかならない。もちろん、ペスタロッチは人間の社会的強制や社会的秩序を無造作に拒否するものではないが、彼の眼に映った現存の強制や秩序は強者のそれであって、人類の弱者である民衆の市民的権利と市民的自由を保証するものではなかったのである。

それでは、ペスタロッチが求めた第三の可能な道は何であるか。結局、ペスタロッチは悲惨や堕落や頽廃から民衆を救済する道を、彼らの道徳的自律に求めざるを得なかった。これはシュプランガーほか多くの研究者によって、第三の状態、つまり環境から独立している人間内部の道徳力の発見として高く評価されている当のものである。

「この状態(社会的状態)のなかで、わたしがわたしの我欲とわたしの弱さとの双方から圧迫されて、不本意にもそれらの犠牲になっているとき、わたしの心の奥底にひとつの新たな要求が生まれる。そしてこの要求を満足させようとして、わたしはわたしの動物的本性とわたしの社会的硬化とのすべての堕落を、わたし自身のなかで消減させ根絶させる義務を承認するように導かれる」[61]。

ペスタロッチはここに民衆を真に解放する根拠を見出しているのである。

第三節　民衆の道徳的救済

人間性の深淵をさぐるペスタロッチの眼光は鋭い。人間は根本的に改善不可能であるとの人間観をさえ展開しているように思われる。このような人間本質の把握からでてくる諸帰結を前にして、教育はどのような課題を立てなければならないか。ペスタロッチの絶望的なともいえる人間観そのもののなかから、いかなる課題が教育の希望的側面として生まれてくるか、この問題について最後に考察してみたい。

民衆を道徳的に救済する確乎たる基礎は、まず第一に人間の堕落をその根源においてつきとめることでなければならない。というのは、ペスタロッチにおいては、この堕落の培養基である「人間自然」は、同時にまた道徳的状態へと飛翔する自己覚醒基でもあるという、パラドキシカルな構造を有しているからである。

ペスタロッチは社会的状態の諸相を考察することによって、「人間自然の根底は社会生活のどのような状態においても同一である」[62]との確信を得た。社会的状態における人間のさまざまな誤ちは、「自然的状態」に由来した。それが人間の動物的本性のなかに素質づけられていることは、すでに前節で述べたとおりである。「人間は自然的状態において、わずかな無邪気な時期が過ぎると、ただちに過重なエゴイズムにとらわれる。これが本来の『堕落』(das eigentliche "Verderben")であり、最初の状態における堕落(Verdorbenheit)である」[63]。だから人間が自然的状態から社会的状態へ移行するとき、すでに彼は根底から硬化しており、堕落した自然人となっていたのである。ところが人間の堕落は、社会的状態へ移行することによっては除去されなかった。それどころかむしろ、人間の利己心は社会的状態の諸制度や活動形式のなかに、新しく拡大する場所と新しく充足する手段とを獲得したのであった。「社会的状態のなかにあらわれる人間は、彼が自然的状態の単純な最初の堕落においてすでになりはじめていたものと本質的に同じ存在である」[64]。そこでペスタロッチは、社会的状態を次のように描き出す。

「社会的状態はその本質において万人の万人に対する戦いの継続である。この戦いは自然的状態が堕落したところに始まるが、社会的状態においてもただその形を変えるだけで、戦う情熱はそのためにすこしも変えはしない。反対に、人間は社会的状態においては、彼のゆがめられた満たされない自然的状態からくるあらゆる奸智と冷酷さとをもって、この戦いをすすめるのだ」[65]。

ペスタロッチはどんなによい社会的状態でも人類を確実に満足させないし、また人間を完成しないと宣告し、この社会的状態の限界を踏み越えようと努力する。そこに広大で明るい人間的可能性の領域への展望がひらけてくるのである。

ペスタロッチは社会的状態を診断し、それに本質的に附着して決して根絶することのできない病弊を発見するのであるが、そのとき彼はちようどこの病弊の重大さのなかから、この病弊の救済と醇化のために、原則的に可能なものの枠内で人間の力の限りを尽せという、人間良心への訴えを聞きとるのである[66]。リットによれば、「支配と搾取とに夢中になっている利己的衝動の根源や培養基として、極めて多くの人間の堕落を惹き起こすところの同じ自然も、これを正しく育成し発達させれば、たしかに道徳的意志に合流する種々の衝動(Regungen)をそのなかに包含しているのである」[67]。ペスタロッチはこのように人間自然のうちに、利己的衝動と、誠実と結合して愛をへて宗教にまで高まっていく好意的衝動とを認めた。この好意の系列こそ、道徳的自律の根拠となる。

自然的状態と社会的状態とのうえに、「道徳的状態」(der sittliche Zustand)がそびえ立つ。ペスタロッチにおいては、「道徳性」(Sittlichkeit)の概念は全く独特に把握されている。彼の場合、道徳的状態に上昇するとは個人的良心に覚醒することを意味する。彼はいう。「道徳はまったく個人的である。それは二人の間に成り立つものではない」[68]と。道徳性の根源はまったく個人の深みと孤独のなかにある。シュプランガーの表現をかりれば、「形而上学的深層」(eine metaphysische Tiefenschicht)[69]のなかにあるといえる。ところで、道徳が個人的であって、二者の間に成立しないとはどういうことか。岩崎喜一によれば、それは「道徳への究極の転換が徹底的に個体の自己責任を通じてのみ可能であるということを意味する」[70]。道徳は徹頭徹尾内面から、まったく個人から生まれ、しかも社会的堕落のただなかで自由な飛翔でもあり、新しい生誕でもあるような、最も独自な個人的行為として生ずるということである。そして、人間が自分自身を完成する力、つまり道徳に含まれる内面的醇化の力は、ペスタロッチにおいては、人間に本来そなわっているとされる。

「わたしはこの世の万物を、わたしの動物的欲望やわたしの社会的諸関係とは無関係に、ただそれらがわたしの内面的醇化のために何を寄与するかという見地だけから表象し、また万物をただこの見地だけから求めたり、斥けたりする一種の力をわたし自身のうちにもっている。この力はわたしの自然の奥底に自立している」[71]。

「お前の本性のこの大胆な冒険、単に感覚的自然である限りのお前自身から離脱しようとするこの死の飛躍、それは滅殺といってもよい、それは再生と言ってもよい。それは精神に肉体を支配させようとするお前の全本質の最高の努力であり、わたしの本性のなかに生きているより善き力であって、わたしの動物的本質そのものをわたし自身との戦いのために燃え上らせ、わたしの手を不可解な戦いのために振り上げさせる力である」[72]。

われわれはペスタロッチのこの言葉に、最後の念願である人間的生の内面的醇化と、さらにその実現の可能根拠としての意志の自律に対する確信の端的な表明をみる。

さて、中間世界である社会的状態に安住することができない人間は、社会的状態のなかで満ち足りた動物的自然生活の快楽のもとに深く転落していくか、それとも社会的硬化の堕落をのりこえて高く飛翔しなければならない。ここに意志の自由の問題が登場してくる。

人間が堕落するのは、その根原因が利己的衝動にあるにせよ、とにかく人間に「自由」(Freiheit)が与えられていることによる。自由は精神的態度(geistliches Verhalten)の本質的属性である。精神に由来するすべてのものは無分別な必然性の結果ではなく、自由の作品である。ところで、ある行動が「自由な」といい得るためには、一つの意志の決断からある行動をなしたが、もし意欲すれば他の行動もなし得た、あるいはなし得るということが保証されていなければならない。その決断の方向が明白に固定されているものであれば、その態度は自由なとは称し得ない。だから、この意志の決断が善きもの・価値あるもの・規格にあうものに向かった場合には、それは悪しきもの・無価値なもの・規格にあわないものをもその決断の視野のなかに、対抗目標として前提していたということを意味する。従って当然のことながら、堕落への可能性を含まないような精神的態度はどこにも存在しないのである。「動物は本能の楽しみに満足して本能が彼に指示する地点に立つ。ただひとり人間にだけこの本能の無邪気さが欠けている」とペスタロッチは述べている。「人間だけはこの地点に立ちどまることができない。彼はこの地点以上に高まるか、それともこの地点以下に落ちるかしなくてはならない」[73]のである。これは結局意志の問題である。

「人間は彼の意志によって目が見えるが、しかしまた彼の意志によって盲目となる。彼は彼の意志によって自由にもなれば、彼の意志によって奴隷にもなる。彼は彼の意志によって誠実にもなれば、彼の意志によって無頼となる」[74]。

ところで、堕落の培養甚はまた内面的醇化への自己覚醒基でもあった。人間は自己を自らの意志に従って、さまざまに統禦していく一つの力を自己自身のなかにもっていた。この力が道徳的自律の根拠である。さてこの道徳への究極的な転換、つまり「死の飛躍」(salto mortale)はいかなる条件のもとに可能であるか。その条件は何か。それはどのように発生してくるか。このことを少し考えてみたい。

「不法に苦しむ感情が、人間の精神のうちに法(権利)の概念が芽生え出る土壌である」[75]というペスロッチの言葉は何を暗示するか。彼は「わたしの幼児期の錯覚がなく、わたしの徒弟期の権利なき状態がなかったとしたら、わたしは努力への衝動も誠実の力ももたないだろう」[76]と述べている。これは、真の道徳的自覚が必ず社会的状態のただなかで、それを媒介としてのみ可能であることを暗示している。社会的状態は道徳的完成に至るために必ず通過しなければならない過渡段階である。このように社会的状態のなかに内在する矛盾がその克服を求めてより高い状態を開示していくのである。ところで、この矛盾はいわゆる道徳的状態において完全に止揚し尽され得るであろうか。換言すれば、人間は純粋な道徳的状態に上昇し得るであろうか。またそこにとどまり得るであろうか。ペスタロッチの答えは「否」(Nein)である。人間は道徳的状態に上昇することによって、他の二つの状態を克服された段階として捨て去ることはできないのである。人間は道徳性に心を開いたものとしてもまた、依然として自然や社会の心を惑わす種々の要求に当面し、かつ強要にさらされている。もし人間が自然や社会に対して何らの顧慮も払わないとすれば、それはかれ自身の存在を支えている現実的基盤を否定することになる。なぜなら、人間はあくまで社会的状態においてしか存在し得ないからである。ペスタロッチにおいては、人間における純粋の道徳的状態は、自然的状態の純粋無垢とともに否定される。それはいわば一つの極限概念である。「純粋の道徳ということはわたしの自然の真理に反する。わたしの自然においては、動物的・社会的および道徳的の諸力は、別々にあらわれることなく、かえってもっとも緊密に互いに結び合って現われるのだから」。[77]ペスタロッチは中間者として生きなければならない人間の運命を、美しい言葉で冷酷にも見事に描きだしている。

「わたしの動物的無邪気とわたしの道徳的完成との中間には、いまだ開かぬ蕾みの純潔にも、その熟した果実の純潔にも耐え得ないひとつの世界がある。そこに自己の動物的本性の無邪気のなかに落ち着くこともできず、完全な道徳的純潔のうちに地上の生活をなすこともできない人類の姿がある」。[78]

これがペスタロッチの人間観の帰結である。まさしく、人間は肉の繋縛のただなかにあって神のように生きる、いわば中間者として生きる運命を背負わされている。それは両極に輝く光を見ながら、大洋のうえで嵐に翻弄されている舟人のそれにもたとえられる。

【注】

1　Ed. Spranger, Pestalozzis Denkformen, 1959, S.41.

2　『探究』からの次の引用は、ペスタロッチが決定的な転換を言明した中心思想を述べた箇所である。「やがてわたしは環境が人間をつくるということを知った。だが同時にわたしは人間が環境をつくるということ、人間は彼の意志にしたがって環境をさまざまに統禦する一種の力を自分自身のうちにもっているということを知った」(J. H. Pestalozzi Gesammelte Werke, Band 8, 1946, S.106-107. ペスタロッチ、虎竹正之訳『人類の発展における自然の歩みについてのわたしの探究』〈玉川大学出版部、一九六六年〉

八七頁)。

シュプランガーの分析によれば、この命題の前半部は、ペスタロッチの思想発展の第一期の主要命題、つまり個人的境遇(Individuallage)および小説『リーンハルトとゲルトルート』の意味における環境教育学(Milieupädagogik)の論である。その後半部は第二期の新しい思想、つまり人間の道徳的自律と、それとともに現われてくる自己活動の教育学とを含んでいる(Ed. Spranger, Pestalozzis Denkformen, 1959, S.97.)。

3　長田新『ペスタロッチー伝』上巻(岩波書店、一九五八年)一四五頁。

4　ドウ・ガン、新堀通也訳『ペスタロッチ伝』(学芸図書、一九五五年)一一七頁。

5　ドウ・ガン『前掲書』注4、一一七頁。

6　長田新『前掲書』注3、一四五頁。

7　ドウ・ガン『前掲書』注4、一一八頁。

8　ドウ・ガン『前掲書』注4、一二八頁。

P. Natorp, Pestalozzis Pädagogik, in: Pädagogik und Philosophie, 1964, S.92.

9　J. H. Pestalozzi Gesammelte Werke, Band 9, 1944, S.53.

10　ペスタロッチ、虎竹正之訳『前掲書』注2、虎竹正之解説、二九一頁。

11　Th. Litt, Der lebendige Pestalozzi, 1952, S.35.

12　J. H. Pestalozzi Gesammelte Werke, Band 8, 1946, S.40.

ペスタロッチ、虎竹正之訳『前掲書』注2、一四―一五頁。

13　Ed.Spranger, a.a.O., S.94.

シュプランガーによれば、『探究』を一個の歴史哲学を扱ったものとみれば、ペスタロッチが分析した人間自然の三状態(自然的・社会的・道徳的状態)は人類が継起する三つの段階とみなさなくてはならない。フランス革命を旧体制と新体制との間の危機の時代と考えている点、このような「進歩思想」が現われている。次に人間学としてみると、三つの状態はいつも現存していて、互いに相争っている本質層を意味する。これらの三つの動因が人間自然のなかでいつも互いに相争うところに、まさに人間自然の解き難い問題性が生ずる。またこの三つの状態は個々の人間の内部における進歩の道筋とも考えられる。三つの状態は人間の幼児期・青年期および成人期の型に対応する。そして三つの思考様式は子どもの真理・徒弟の真理および師匠の真理に対応する。またリットはその『生けるペスタロッチ』において、ペスタロッチが同時代の人々および後世の人々にはほとんど専ら教育の理論家および実践家としてのみ知られていて、彼の教育理論が一つの包括的な「人間の哲学」を基礎にしていることは、いままであまりにも気づかれなさすぎたことを指摘している(Th. Litt, Der lebendige Pestalozzi, S.35.)。

14　是常正美『ヘルバルト研究』(牧書店、一九六六年)三六八頁。
15　Th. Litt, a.a.O., S.37.
16　ditto, S.36.
17　ditto, S.37.
18　リットによるこの分析は、人間存在の弁証法的把握であって、「進歩思想」的見方を、悟性の思惟様式として拒絶している。
J. H. Pestalozzi, a.a.O. (12), S.39.
19　ペスタロッチ、虎竹正之訳『前掲書』注2、一四頁。
ditto, S.15. 前掲書、一三四頁。
20　Th. Litt, a.a.O., S.38.
21　ditto, S.31.
22　ditto, S.32.
23　ditto, S.33.
24　ditto, S.33.
25　ditto, S.36.
26　ditto, S.36.
27　この点がヘーゲルの歴史哲学との、ペスタロッチの歴史観の根本的相違である。
28　J. H. Pestalozzi, a.a.O. (12), S.95.
ペスタロッチ、虎竹正之訳『前掲書』注2、七五頁。
29　ditto, S.113-118. ペスタロッチ、虎竹正之訳『前掲書』注2、九四～九九頁。
30　Th. Litt, a.a.O., S.39.
31　ditto, S.40.
32　岩崎喜一『ペスタロッチの人間の哲学』(牧書店、一九五九年)二〇二頁。
33　Th. Litt, a.a.O., S.41.
34　ditto, S.42.
リットは、社会的状態に近代的表現を与えて、「経済・社会・国家の組織」(Das Gefüge von Wirtschaft, Gesellschaft und Staat)と形容した。彼によると、国家とは権力意志がひきおこす制度・慣習・行為である。そこで、筆者は国家という概念に対して、その現象を集約的に表現している「政治」という概念を用い、それにおきかえた。

35 ditto, S.68
36 平凡社刊『世界大百科事典』第七巻(平凡社、一九六九年)六八〇頁。
37 J. H. Pestalozzi, a.a.O., 1946, S.49. ペスタロッチ、虎竹正之訳『前掲書』注2、二四頁。
38 ditto, S.95. ペスタロッチ、虎竹正之訳『前掲書』注2、七五頁。
39 ditto, S.81. ペスタロッチ、虎竹正之訳『前掲書』注2、八一頁。
40 ditto, S.97. ペスタロッチ、虎竹正之訳『前掲書』注2、七七頁。
41 ditto, S.49. ペスタロッチ、虎竹正之訳『前掲書』注2、二五頁。
42 ditto, S.215. ペスタロッチ、虎竹正之訳『前掲書』注2、二〇二頁。
43 ditto, S.53. ペスタロッチ、虎竹正之訳『前掲書』注2、二八頁。
44 ditto, S.136. ペスタロッチ、虎竹正之訳『前掲書』注2、一一九頁。
45 ditto, S.50. ペスタロッチ、虎竹正之訳『前掲書』注2、二五—二六頁。
46 ditto, S.55. ペスタロッチ、虎竹正之訳『前掲書』注2、三一頁。
47 ditto, S.152. ペスタロッチ、虎竹正之訳『前掲書』注2、一三五頁。
48 ditto, S.71. ペスタロッチ、虎竹正之訳『前掲書』注2、四七頁。
49 ditto, S.68. ペスタロッチ、虎竹正之訳『前掲書』注2、四四頁。
50 ditto, S.56. ペスタロッチ、虎竹正之訳『前掲書』注2、三一—三二頁。
51 ditto, S.56-57. ペスタロッチ、虎竹正之訳『前掲書』注2、三二頁。
52 ditto, S.220. ペスタロッチ、虎竹正之訳『前掲書』注2、二〇七頁。
53 ditto, S.52. ペスタロッチ、虎竹正之訳『前掲書』注2、二七頁。
54 ditto, S.96. ペスタロッチ、虎竹正之訳『前掲書』注2、七六頁。
55 ditto, S.95-96. ペスタロッチ、虎竹正之訳『前掲書』注2、七六頁。
56 ditto, S.222. ペスタロッチ、虎竹正之訳『前掲書』注2、二〇九頁。
57 ditto, S.70. ペスタロッチ、虎竹正之訳『前掲書』注2、四六頁。
58 ditto, S.99. ペスタロッチ、虎竹正之訳『前掲書』注2、七九頁。
59 ペスタロッチ、虎竹正之訳『前掲書』注2、解説、三〇五頁。
60 ditto, S.47. ペスタロッチ、虎竹正之訳『前掲書』注2、四頁。
61 ditto, S.161. ペスタロッチ、虎竹正之訳『前掲書』注2、一四三頁。

62 ditto, S.151.　ペスタロッチ、虎竹正之訳『前掲書』注2、一三四頁。
63 Ed. Spranger, a.a.O., S.43.
64 J. H. Pestalozzi, a.a.O. (12), S.15O. ペスタロッチ、虎竹正之訳『前掲書』注2、一三三頁。
65 ditto, S.15.　ペスタロッチ、虎竹正之訳『前掲書』注2、一一八頁。
66 ditto, S.196.　ペスタロッチ、虎竹正之訳『前掲書』注2、一八一頁。
67 Th. Litt, a.a.O., S.76-77.
68 J. H. Pestalozzi, a.a.O. (12), S.171. ペスタロッチ、虎竹正之訳『前掲書』注2、一五三頁。
69 Ed.Spranger, a.a.O., S.45.
70 岩崎喜一『前掲書』注32、一五三頁。
71 J. H. Pestalozzi, a.a.O. (12), S.170. ペスタロッチ、虎竹正之訳『前掲書』注2、一五二頁。
72 ditto, S.83-82.　ペスタロッチ、虎竹正之訳『前掲書』注2、六一〜六二頁。
73 ditto, S.83.　ペスタロッチ、虎竹正之訳『前掲書』注2、六二頁。
74 ditto, S.113.　ペスタロッチ、虎竹正之訳『前掲書』注2、九四頁。
75 ditto, S.130.　ペスタロッチ、虎竹正之訳『前掲書』注2、一一二頁。
76 ditto, S.173.　ペスタロッチ、虎竹正之訳『前掲書』注2、一五六頁。
77 ditto, S.175.　ペスタロッチ、虎竹正之訳『前掲書』注2、一五八頁。
78 ditto, S.177-178. ペスタロッチ、虎竹正之訳『前掲書』注2、一六一頁。

第九章　ボルノウにおける「出会い」の教育学的構造

はじめに

ドイツの教育学者、ボルノウ(Bollnow, O. F., 1903-1991)は、「人間のうちには、そのつどさまざまな『層』(Schichten)があり、そこにはそれに応ずるさまざまな教育の形式が生ずる」[1]という前提のもとに、教育理論においてこれまで軽視されてきた層、すなわち見失われていた実存の層における教育の形式に、その正当な権利を認めることによって、教育学的思惟にとって原理的に新しい展望を開こうとした。その成果が、彼の教育学的主著ともいえる『実存哲学と教育学』(Existenzphilosophie und Pädagogik, 1959, 5. Aufl., 1977)である。

ボルノウは啓蒙主義以来の楽天的な進歩思想に支えられた古典的教育学を、その思惟形式から「連続性の教育学」(Stetigkeitspädagogik)と名づけた。古典的教育学は人間そのものに絶対の信頼をおき、人間のうちに潜むいろいろな力や可能性に全幅の信頼をかけている。人間に対する楽天的な過信から生まれた人間観、それに根拠をおく古典的教育学は、ヘルバルト(Herbart, J. F.)が最初に定礎したように、「被教育者の陶冶可能性」(Bildsamkeit des Zöglngs)[2]を自明の前提とする。ところが、ボルノウは一見極めて自明にみえるこの「陶冶可能性」の概念のうちに、もはや自明でない種々の前提が仮定されていると批判する。積極的な形成によるにせよ、あるいは自然のままの成長過程を保護するにせよ、両者に共通している点は、漸次的な完成において人間を教育することは可能である、という前提である。[3] いやしくも教育というものが成立し得るためには、人間は教育作用によって形成され得るもの、まさしく陶冶され得る(bildsam)ものでなければならない。かかる陶冶可能性が欠けるとき、教育の一切の試みもまた無意味なものとなる。従来の古典的教育学はこのように考えた。

実存哲学的思惟はこの前提を否定する。つまり、生の過程の連続性を否定するのである。実存哲学的人間観の根本命題は、ボルノウによると次のとおりである。

「人間には、究極の最も内なる、実存哲学によってそれに特有な概念で『実存』(Existenz)と呼ばれる核心がある。それは、原則的にあらゆる持続的な形成が及ばないものである。というのは、かかる核心はただ一瞬のうちに実現され、しかもまたその瞬間とともに再び消滅するものだからである」[4]。

実存的領域においては、ほんらい生の過程の連続性はなく、またひとたび達成されたものを瞬間をこえて保持するということもない。したがってまた、連続的な発展や形成という可能性もない。あるのは、ただ「力を集中して瞬間に成就される個々の飛躍と、その後再び非本来的な、ただ何となく生きている状態への転落」[5]のみである。古典的教育学において前提された連続的な完成の可能性という立場は、人間的実存という原理的にちがったこの領域においては見失われる。そこでは、人間の最内奥の核心に対する働きかけ、実存への呼びかけだけが問題である。

そこで、ボルノウは人間の連続的な発達を前提として、内からの発展の援助や外からの持続的な形成を企図するこれまでの教育観の根本的限界を指摘し、主体的飛躍をうながす教育の新しい形式を解明しようとする。彼は次のように問うている。

「人間の最も内なる核心に対して、いかなる持続的な形成も可能でないとされるならば、その場合実際に全く、あらゆる教育作用の断念が表明されているのであろうか。あるいは、教育的なという名称を拒み得ない、実存的なものの特殊な性格にふさわしい作用（影響）の他の形式がおそらくここにあるのではないか」[6]。

この問いに対する彼自身の解答が著書『実存哲学と教育学』における危機・覚醒・訓戒・助言・出会いなどの非連続的な教育の諸形式の探究である。

ところで、ボルノウが次のように述べていることには、十分に注意しておかなければならない。

「実存的教育学の新しい形式がそのまま人間全体にあてはまるのではなくて、さしあたり特殊な実存的領域にのみあてはまるということ、そしてその他の生の領域においては、陶冶可能性の概念とその概念から発展した、連続的に完成する教育のすべての形式がその正当な権利を保持するということ、このことをよく考えなければならない」[7]。

したがって、古典的教育学の形式は古くさくなったとか、またそれは実存的教育学の新しい形式と取りかえられなければならないとか、考えられてはならないのである。

さてこの論稿において、われわれは教育の非連続的形式の一つである「出会い」(Begegnung)の教育学的構造を検討することを意図している。つまり、この論稿はボルノウの「出会い」概念の本質構造を分析し、教育の方法原理としての「出会い」の可能性を探究しようとするものである。「出会いという言葉は、今日教育学の流行語である」[8]と、ディコプ(Dickopp, K.-H.)は一九六九年の論文で書いているが、一九五〇年代から六〇年代にかけては、むしろこの言葉が氾濫したといったほうが適切であるかも知れない。その結果、出会い概念の意味内容が多義的になり曖昧になった。そこで、まず最初に教育学において、「出会い」概念がどのように展開したか、そのことをたどることによって、出会い概念の意味内容の整理をしようと思う。次に、ボルノウの出会い概念を検討する。つまり、彼の出会い概念の実存的性格を明確にする。そして最後に、このように性格づけられたボルノウの出会い概念の教育学的意味を検討する。それは、出会い概念の教育学的可能性を追究することを意味する。

第一節　教育学における「出会い」概念の展開

二〇世紀のドイツ教育学において、「出会い」概念が登場したのは「改革教育運動」(Reformpädagogiche Bewegung) の後期であり、それは一九二〇年代の中葉から三〇年代にかけてである。この時期は、前期の改革的創造に対する批判的選別と総括が行われた時代である[9]。

改革教育運動の前期の目標は、「子どもの創造的な生命性の解放であり、客観的諸力の強制からその生命性を解放することであった」[10]。それまでの古い教育学は国家・社会・学問・身分・職業などの客観的課題に奉仕し、子どもをその重要な担い手とみなした。子どもは古い世代およびその目的に適応しなければならない意志のない被造物にすぎなかった。そのような子ども観・教育観に対する鋭い批判が改革教育運動として展開したのである。改革教育学は子どもをその固有な自発的・創造的生命においてとらえ、その目的を子ども自身のなかにおいたのである。そこに、純粋の子どもからの教育学 (Pädagogik von Kinde aus) や極端な青少年教育学が展開することになる[11]。ところが、この立場の限界も明らかになってくる。「人間の創造的諸力は単に内部から発展し得るのではなくて、その発展のためには、既存の文化の媒介が必要である」[12]ということが認識されてきたのである。ここに、客観的なものへの新たな志向が生まれてきた。文化教育学(Kulturpädagogik)の展開がそれである。このような背景のもとに、出会い概念は教育学へ導入されたのである。「第一次世界大戦後の教育危機に際して、出会いはその主観性のなかに自己喪失している人間に、新しい土台と支えとを与える救世主(die rettende Möglichkeit)と思われた」[13]のである。

「教育学上の出会い概念前史」(Zur Vorgeschichte des pädagogichen Begegnungsbegriffs)という、W・ロッホの論文によれば、教育学において最初に出会い概念が登場したのは、教授学の領域においてであった。[14]教授学においては、これまで教授による陶冶財の伝達が重視されていたが、その伝統的な陶冶規準が文化批判的立場に立つ自覚的な青年運動の世代によって歴史的に相対化されて以来、若い世代の行動主義的な主観性と伝統的文化の客観態との間の対立を仲介する新しい形式が招来されなければならなかった。その新しい形式、つまり出会い概念を教育学の新しい専門用語として導入した功績は、ヴェーニガー(Weniger, E.)の「陶冶内容の理論」(Die Theorie der Bildungsinhalte)とフリットナー(Flitner, W.)の「教育方法の理論」(Theorie des pädagogichen Weges und Methodenlehre)である。いずれも、ノールとパラートの編集した『教育学ハンドブック』(Handbuch der Pädagogik)の第三巻(一九三〇年)に収められた。[15]

ヴェーニガーは、陶冶過程を出会いとして把握した。彼は前記論文において、教授学を世代と世代との間の精神的出会いの学、あるいは次の世代と精神的・歴史的世界との間の陶冶的出会い(die bildende Begegnung)の学」[16]と規定した。そこで、教授学的課題にとって、「出会い」という用語は、たとえば伝統や教授という用語よりもいっそうふさわしいものと考えられた。たとえば、ヴェーニガーは次のように語る。

「陶冶内容の信頼性は、文化批判以来これまで続いてきたその伝統という事実にもはや根拠をおくことはできない。それは、今日では常に陶治的出会いの力と作用のなかへ設定されなければならない」。[17] その場合、陶治的な「力と作用」出会いは、ここでは伝統的な陶治内容の信頼性を確認する際の批判的機能を果たす。をもつ陶治内容が妥当なものとされている。

このようにヴェーニガーが陶治過程全体を「陶治的出会い」として解釈したことは、もちろん当時の改革教育運動の教育学的主観主義のあの「かたより」(Befangenheit)[18] に対する彼の批判的対処として理解されなければならないだろう。しかしそのことはまた、反面では危険な敢行でもあった。というのは、W・ロッホによれば、ヴェーニガーのこの考え方では、提供された陶治内容を受容することになると全く同様に、それを拒絶することにもなり得たからである。その警告的な例が、グリーゼバッハの教育学である。彼は教育を「すべての人間の間にあるわれと汝との問題的な相互作用である」[19] と規定する。そして前の世代による後続する世代の教育は、この一般的な相互作用の特殊な事例にすぎないと考えた。このような教育観に立つグリーゼバッハは、出会いに陶治を引き渡してしまい、その結果彼は存続しているあらゆる現存在形態を拒絶してしまったのである。[20] このような理由から、一九三〇年以後のドイツ教育学において、陶治過程は単に出会いの「力と作用」のみに依存させられてはならないということが次第に明らかになってきた。そして、教育学上の出会い概念は、教育の全連関における一つの特殊な事象を示す概念に限定されるようになった。一九三六年に初めてなされたペーターゼン(Petersen, P.)の提案がそれである。

ペーターゼンは、「出会い」という言葉を教育的関係において強力な影響を及ぼす人間の関係が問題になるときにのみ使用することを提唱した。[21] この線を首尾一貫して追究したのが、ボルノウである。彼は「出会い」と「陶治」を人間の現存在の二つの相異なる次元として秩序づけ、出会いを「実存哲学的範疇」として陶治連関から分離した。[22] このようにして、ボルノウは第二次世界大戦後の教育危機に際して、教育の領域における出会い概念の拡張傾向に対して、出会いを再び陶冶という羊の衣服をまとって教育学のなかへ忍び込んだ実存主義の狼として暴露し、その限界を指示することができたのである。[23]

第二節　実存的範疇としての「出会い」概念

前節での歴史的概観から明らかになったように、「出会い」概念は広・狭の二義に用いられている。そして、それぞれなりの一定の歴史的根拠のあることも明らかになった。今日でも、出会い概念の狭隘化に反対して、教育(陶冶)と出会いとを同一視する極端な立場もあるが、[24]ボルノウは「出会いは本来的に実存哲学的範疇であり、そしてより一般的な実存哲学的連関においてのみ正しく把握され得る。厳密な意味での出会いは、常に実存的出会い(Existentielle Begegnung)である」[25]と語り、その立場を首尾一貫して堅持するのである。

ところで、ボルノウにおいて出会い概念がテーマとして登場したのは、最初精神科学の方法論としてであった。一九五〇年六月一四日、マインツ大学で行なった講演がそれである。[26]次に、彼は「出会いと陶冶」(Begegnung und Bildung,1955)[27]という論文において、精神的な成長発達の両極性として、「発展と出会い」「体験と出会い」「陶冶と出会い」とを対比させて検討しながら、出会い概念を「人間と人間との触れ合い」[28]として規定し、その実存的性格を解明した。ところが、このボルノウの出会い概念に対して、デアボラフ(Derbolav,J.)が異議を唱えたのである。それを契機にして、両者の間で一九五五年から五七年にかけて、学界の機関誌『教育学雑誌』(Zeitschrift für Pädagogik)誌上で、出会い概念をめぐって生産的な教育論争が行われた。[29]ところが、デアボラフの疑念・異議にもかかわらず、ボルノウの出会い概念の基本的性格は何ら変化することなく、ますますその刻印を明確化して、さらに彼の教育学的主著『実存哲学と教育学』(一九五五年)において教育の非連続的形式の一つとして体系づけられたのである。

ボルノウは、出会い概念を首尾一貫して狭く「実存的範疇」(Existentielle Kategorie) としてとらえる。次に、われわれはボルノウが出会い概念の実存的性格を、実質的にどのように規定したかを問わなければならない。

一　グアルディーニの「出会い」概念

さて、人間の個的存在のあり方を中核とする実存的人間の問題構造において、出会いは自己と物 (Ich-Es)、自己と他者 (Ich-Du)、自己と超越者 (Ich-Gott) という、形式的には一応分節される三種の関係が連関し合ってまとまりのある統一をなしていると考えることができるであろう[30]。ところで、カトリック神学者、グアルデイーニ (Guardini,R.) によれば、出会いの原初的構造は「ある現実的なものが他の現実的なものと会う (zusammenkommen)」[31]ということである。その場合、この現実的なものとは何か、また両者が会うとはどのようになされるのか、その意味あいによって、出会いとそうでないものとが区別される。本来の意味での出会いは、現実と出会う (zusammentreffen) 人間が存在するときのみ生ずるのであり、その場合でも人間が現実と出会うということは、その現実とただ物理学的、生物学的、心理学的に相互作用しあうことではなくて、「距離をとり、それを正しく注視し、その固有性に胸を打たれ、それをめざして実践的に行動する」[32]という、現実への実存的関係のことである。そしてこのような出会いが可能であるためには、人間は一定の生活領域へ規定されてはならない。たとえば、「習慣的行為」や「純粋な目的的行為」は出会いを不可能にするものである。そこには、「現実関係の自由」[33]がなければならない。自由とは、自己のイニシアティブにおいてすべてのものと関係する、場合によっては関係を拒絶する可能性を意味する。この現実関係の自由において、人間は現実という、相対するものの本質に胸を打たれ、その意味領域へ歩み入り、それに対する態度を決定するように要求される。これを現実の側から見れば、現実が運命的に人間の生のなかへ侵入し、人間を無情にも今までの習慣から切り離し、いや応なく対決に向かわせ、こうして人間の深層をゆさぶるのである。出会いは、いつも人間の究極の核心に訴えるのである。[34]

二 「出会い」概念の実存的性格

グアルディーニは出会いを、人間がある特定の状況(現実)と出会うこととしてとらえている。この見解に対してボルノウは批判的であるが、しかしグアルディーニが新たに見出した出会いの実存的性格は、教育学的出会い概念の形成にとって決定的に重要であると高く評価した。ボルノウはメチュケ(Metzke, E.)の『哲学中辞典』(Handlexikon der Philosophie,1949)の定義を引用して、次のように規定する。出会いとは「人間自身の実存の核心に触れ、人間が自律的にみずからによって生きるのではないことを人間に自覚させる現実との、人間の遭遇をあらわす、最近の哲学的および神学的思惟において現われた概念。出会いは、この意味において人間の存在と生成との根源的条件の一つである」[35]と。ここに出会いの本質的特徴が語られている。それは「人間がその究極の核心において触れられる場合にのみ」[36]、出会いが生じるということである。従ってより厳密には、人間の実存と現実の本質との出会い、といわなければならない。その場合に初めて、出会いは人間をその根抵から動揺させる(erschüttern)のである。人間は「新たに立場を定めることを彼に迫るものに遭遇する」[37]。それは、人間に新たに初めからやり直すように強いるものである。「汝は『汝の生を変える』べきである。汝のこれまでの不十分に思われた生を根本的に転換することが、汝に要求される」[38]。この仮借のない、不可避的な、独特の厳しさをもった要求に直面して、人間は一切の企て・期待・抱負といったものを投げ捨てて、自己自身(真正の自己)にたちかえらざるを得ない。そのとき、人間にとって全く新しい何ものかが始まるのである。ここに、人間が自己となることの決定的に重要な事象が存在する。

ボルノウが出会い概念の多義性を明確に区別していく際に依拠した方法的指標は、「この出会いという言葉によって、何がいい表されるべきか」[39]ということであった。このことについては、前述したことによって一応答え得たと思う。もう一度略述すれば、「出会いは人間自身の真正性の吟味である」[40]。

人間が自己自身にたちかえることを、われわれは「覚醒」(Erwckung)と呼ぶ。覚醒とは、換言すれば、非本来的な状態から本来的な状態への方向転換であり、出会いはその方向転換のために、いわば外から打ちこまれたくさびである。従って、われわれは「出会いによって覚醒させられる」ということができる。グアルディーニが語っているように、出会いは覚醒の発端である[41]。

三　「出会い」概念の諸特性

さてボルノウは、航行中に互いに行き交う二隻の船および街路上で出会う二人の人間を例にとって、出会いの性格を明らかにする。二隻の船が反対の方向からやってきて、互いにそばを通り過ぎるとき、二隻の船は航行中に互いに出会う、といわれる。その場合、重要な契機が二つ指摘される。第一の契機は、船は両方とも動いているということである。これは、エングレルト(Englert, L.)が「出会いの前提と基準について」(Über Vorausetungen und Kriterien der Begegnung)という論文において、出会いの本質的な基準にあげた契機である[42]。エングレルトによれば、「出会う」(begegnen)という言葉は運動(Bewegung)の動詞である[43]。他者と出会うことができるためには、私は自ら動いていなければならない。同時に、私と出会う他者もまた動いていなければならない。両者とも航行中の船は出会うが、燈台と船とが出会うとはいわない。

第二の契機は、出会いには、常に「対して」(gegen)という意味が含まれている。私は私に対して(向かって)進んでくる他者の運動に出くわす。これもエングレルトが第二の基準としてあげる契機である[44]。Begegnungという言葉のなかに、"gegen"という重要な構成要素が含まれている。出会いにとって本質的なことは、他者が私に向かってくる、ということである[45]。

次に、街路で出会う二人の人間の例から、どのような出会いの性格が類推されるか。ボルノウは、他の人に街路上で出会うとはいい得ても、ある会合で他の人に出会うとはいわない、もしそういう場合、それはすでに転義的用語法だと語る。[46] 私が誰かと申し合せておいて、ある場所で会う場合、または誰かを探し求めて、実際にあとで探し出した場合にも、われわれは本来的な意味での出会いについては語り得ない。前に述べたように、グアルディーニも習慣的行為や純粋な目的的行為の場合には、出会いは不可能であると語っている。それはなぜか。ボルノウは、ここで出会いの偶発性・突発性・不可測性を強調する。

「出会いにおいて不意に私に対して現われるものは、常に私や私の計画に依存しないもの、偶然的なもの、予測し得ないものである」[47]。

「人間はここで(出会いにおいて)不意に、また予見され得ずに、むしろ宿命的に彼に向かって現われるもの、彼がこれまでの観念で予期していたものとは全く異なったもの、従って新たに立場を定めることを彼に迫るものに遭遇する」[48]。

レーヴィット(Löwith, K.)もまた、出会いの本質をなすものの一つに、「偶然性」(Zufälligkeit)をあげている。[49]

次に重要な特性は、他者の「異質性」(Fremdheit)である。これはボルノウが弁証法神学者、ゴーガルテン(Gogarten, F.)の出会い概念の検討から取り出した特性である。出会いは、心と心とのおだやかな融和(Verschmlzung)とは全く別物である。「われと汝との間には、越えがたい限界がおかれている」[50]とゴーガルテンは強調する。この特性から論理必然的に導き出されるのが、出会いの「苛酷さ」(Härte)、「仮借なさ」(Unerbittlichkeit)、「不可避性」(Unausweichlichkeit)である。[51] 人間は孤独な自己発展においてではなく、ただ苛酷な現実との運命的な出会いにおいてのみ、自己を実現することができるとされる。

最後にあげ得る特性は、「排他性」(Ausschließlichkeit) である。[52] ボルノウは、これをブーバー(Buber, M.) の出会い概念の検討において見出した。「私に出会い得るのは、ただその都度ただ一人の汝である。そして私に出会うこの一者は、そのことによって他のあらゆる汝との出会いを排除する」。[53] すべて出会いは運命的であって、多面的な出会いはそれ自体一つの矛盾である。なぜなら、一つの出会いは常に他の出会いを閉め出すからである。一つの可能性が人間を強くとらえるとき、その他の可能性はすべて閉め出されてしまう。ここに、出会いの排他的性格がある。

第三節　出会いの教育学的構造

出会いの問題は、最初具体的な他の人間との関係の問題として、すなわち人間と人間との出会いとして生じた。このような考え方で、出会い概念を文学へ導き入れたのは、ブーバーであった。ところが今日では、出会い概念をほとんどあらゆる対象にまで適用するような用語法が流布している。現存の他の人間についてばかりでなく、すでにこの世に存在しない歴史上の人物、この世に生を受けたこともない文学上の人物、芸術作品、哲学体系などについても、出会いということが意味深く語られている。そこで、ボルノウは疑念を呈示する。「その場合、実存的関係という意味での含蓄のある意味あいを犠牲にすることなしに、言葉の用法をこのように拡張することはどこまで可能か」[54]と。前節で検討したように、ボルノウは出会いにおける「人間をその深みにおいて動揺させる真の実存的関係」[55]をあくまで固持しようとする。この原則をふまえたうえで、出会い概念の教育学への転用の可能性を、以下に考察する。

一　出会いと陶冶との対立関係

さて、教授活動(Unterricht)の領域において、子どもと教材領域(陶冶財)との「出会い」を仲介するのが、教育の課題だと一般に考えられている。そしてまた、出会いが最も広い意味で陶冶内容を個々人の魂の深みへ取り入れることを意味するように、出会い概念を拡大しようとする傾向がある。この傾向に対して、ボルノウは抗議する。そこでは、この概念のもつ新しい、代用しがたい本質的特性が失われるからである。ボルノウにおける出会いの教育学的構造を検討する場合、このことは十分注目しておかなければならない。そこでまず最初に、ボルノウは出会いと陶冶(Bildung)との差異についてどう考えたかを明確にしておかなければならない。

一般に、すべての生は有機体と環境との相互作用の連関として特徴づけることができる。そして生は、この相互作用の連関において、時の経過につれて内面から変化し、豊かになっていく。これが「成長」(Wachstum)である。生は、一面では自己のうちに素質として賦与されているものの発展(Entfaltung)を意味するが、しかしこの発展がそのまま成長を意味しない。成長は養分を必要とする。成長には、その媒介となる素材が必要である。「かかる素材の受容によってのみ、単なる発展は現実の成長になる」[56]。すなわち、成長は内からの発展と外からの受容との相互作用ないしは相互侵透において実現される。

ところで、ドイツの陶冶思想史において、「教養(陶冶)」概念(Bildungsbegriff)はドイツ古典主義によって、「獲得された素材と形成された諸力との均衡」[57]と規定された。あるときは、素材に力点がおかれた。その場合、人間の精神はそのなかに素材、つまり陶冶財が順序よくならべられるべき一種の貯蔵庫のようなものとみなされた。ところが、若きヘルダー(Herder, J. G.)やゲーテ(Goethe, J. W.)による教養(陶冶)思想の徹底的な逆転によって、いまや力点は主観の側に、すなわち人間や人間の精神的諸力の形成におかれた。素材(陶冶財)はもはやいかなる固有の意味ももたず、ただ人間の諸力を発展させるための手段とみなされた。素材はこれを受容する人間のうちにおいて、その諸力の発展の養分となって、いわば消滅する。以上のことは、ドイツの陶冶思想史においては、いわゆる実質的陶冶論と形式的陶冶論として展開した。

これに対して、対象との出会いは同じ現実的重みをもった二つの面が相互に衝突することを意味する。つまり、人間に対して要求をもってせまり、また彼が対決しなければならない現実が、仮借なさをもって彼に対峙する。そのとき、彼は深く動揺させられるのである。この場合、この人間のもつさまざまな欲求や期待、起り得る内的豊饒化は全く問題にならない。重要なのは、現実の仮借ない要求に直面して、自己の直正性を確証する瞬間である。つまり、人間の真正性の吟味の瞬間である。[58]

前に述べたように、陶冶においては、それにおいて人間が成長し、それによって人間が内面的に豊饒化する内容が問題であった。出会いにおいては、すべての内容的なものは対象の面でも人間自身の面でも全く重要ではない。陶冶内容は存在するが、出会いの内容は存在しない。陶冶内容は人間によって獲得され同化される。それに対して、出会うものはその独自性において依然として対立し、人間に全く異なった態度を要求する。人間は出会いにおいて彼に立向かってくる要求に対して、適切に答えなければならない。この「適切に」は人間が決定するのではなく、出会う対象が決定する。適切に答を要求するというその要求とは、かつてリルケがアポロのトルソーを前にして語った言葉、「汝は汝の生を変えなければならない」という要求である。この要求に直面してそれに屈しないとき、人間は自己自身になるのである。[59] 自己の真正性にめざめるのである。

第二は、この自己になるという問題である。古典的な陶冶思想においては、個性は他のさまざまな可能性と相互に多面的に作用しあうことによって、その偶然的制約を脱し、全体性・普遍性へ発展することができると考えられている。つまり、自己の個性を発展させるためには、他のいろいろな可能性を経験することが必要であるという考えである。そこでは、他の可能性を取りいれたことによって、自己の可能性が拡張されたという喜ばしい感情が起る。

ところが、出会いにおいては、一切の個的類似性と差異性を超えたむき出しの実存があり、それが人間に語りかけるのである。それに対して、人間が彼自身の実存において誠実に答えなければならないのである。したがってこの場合、人間が自己自身になるということは、陶冶におけるように、精神内容が豊かになっていくことではなく、自己の決断において、道徳的に飛躍することを意味する。[60]

第三の差異は、排他的性格にかかわってくる。陶冶においては、人間の諸能力の多面的・調和的な発達が問題であるが、出会いはその苛酷さのゆえに、あらゆる調和的な形成を無意味に化してしまう。人間の諸能力の多面的・調和的な発達のためには、人はできるだけ多方面にわたる陶冶内容に触れることが必要である。ところが、「多面的な出会いは自己矛盾である。というのは、一つの出会いは、いうまでもなく常に他の出会いを閉め出すからである」[61]。一人の人間が私に決定的に歩み寄ってくるとき、他のすべての人々は全く色あせてしまうのである。

二　出会いと陶冶との補完関係

この項では、出会いと陶冶との相互関係を正しく規定することが問題である。前項でわれわれは両者の差異性を明確にしたのであるが、ここではそれを慎重におさえたうえで、両者の結合関係を考えていかなければならない。

ボルノウが次のように述べていることを考察の出発点にしよう。「あらゆる出会いに先立って、まず第一に幅広い可能性が準備されていなければならない。それは、この範囲において真の出会いが生じ得るためである。しかし、このことはそれに先行する陶冶の活動を前提にしているのである」[62]と。ある人間にとって、いつどこで出会いが生ずるかは決してわからないことである。それは突発的な出来事である。「すべての出会いは、……それゆえに原則として一切の意図的な教育的計画化を拒むものである」[63]。このことを前提にするとしても、しかしなお陶冶の地平において、教師の側からも生徒の側からも、出会いが生ずるような幅広い可能性を準備することは可能である。ボノウは語っている。「かかる出会いは、決して何らの準備もなく行きずりの交わりにおいて偶然与えられるのではなくて、長い間のしんぼう強いきびしい研究と、それによって人間のうちに準備性が生み出されてのち、はじめて生ずる」[64]と。「対象についての厳密なきびしい研究(学習)こそ、人間が彼の方から出会いに対して準備することのできる唯一の可能性である」[65]。このように、教師と生徒との両側から、陶冶の地平において出会いの可能性への準備がなされ得る。その場合、ここでは陶冶が時間的にも実質的にも先行する。

ところが、ボルノウは他の箇所で「出会いは陶冶に優先する」[66]と述べている。出会いのこの優位性は、もちろん出会いが陶冶に時間的に先行することでも、また陶冶の価値が引き下げられることを意味するものでもない。「陶冶そのものを深化させるのが出会いである」とボルノウが語っているように、出会いはむしろ対象をその全き深さにおいて体験させるのである。「人間関係のみならず、真に核心に迫ろうとする認識行為もまた、すなわちそれゆえに実際に究極の深みにまで迫っていく真の理解もまた、かかる出会いにおいてこそ生ずるのである」[67]。ところが、陶冶における体験は、その本質において豊かさと充実への要求をもっている。しかし、有限な人間は任意に多くのものを体験的に自己のなかへ取りいれることはできない。できるだけ多くのことを体験しようとする人は、多様性のなかに埋没し、真の体験の深みを見失なう[68]。そこで、ボルノウは「拘束的な実存的触れ合いが、それ自体非拘束的な、単に美的に理解されるべき陶冶概念に対して、優位性を占める」[69]と語る。陶冶の暫定的性格が真の出会いの決定的性格によって補完される必要がここに生じてくる。

三　出会いの教育的方法化の問題

出会い概念を教育学的に評価する場合の難点は、一定の対象との出会いを教育的手段によって統制できないという点にある。教育を意図的・計画的な発達の要件だと考えれば、出会い概念は教育学的思惟の可能性の範囲をふみこえることになる。逆に、出会いが教育学的に重要な事象であるとするならば、その連関は極めて複雑な仕方で規定されなければならないであろう。

教育的方法化の第一の可能性は、前節ですでに述べたように、出会いの準備性である。出会いの生起を意図的・計画的に仕組むことはできないにしても、それへの準備は可能である。授業に際して教師の側からなされる準備として、ボルノウは次の三点をあげている。[70]

(1)　教師は、出会いが生起し得るような素材を仲介することによって、出会いの前提条件をつくり出し、教師の側から生徒たちに偉大な人物（形象）への情熱を起させるようにすることができる。

(2)　教師は、精神的世界の人物（形象）との非拘束的な交わりの危険に、すべての単に歴史的知識は暫定的なものであることを示すことによって（必要な場合には、かるいアイロニーによって）抵抗し、その背後で起り得る出会いのための空間をあけておくことができる。

(3)　教師は、とりわけその人格的な模範によって、生徒たちをしてこの畏敬すべき真摯な精神のあり方に親しみをもたせることができる。

それでは、生徒の側からはどうであろうか。当然、そのための準備がなされなければならない。すでに引用したことだが、「対象について厳密な、きびしい研究（学習）こそ、人間が彼の方から出会いに対して準備することのできる唯一の可能性である」[71]とボルノウが語っているように、これは授業に際して生徒に要請される態度である。

この準備性は、授業における素材（陶冶財）と生徒との出会いという次元の問題であった。その場合、教師の側からの準備性の特性は、素材と生徒との出会いの媒介者としての役割にすぎなかった。いわば、教師は出会いの当事者ではなく脇役であるにずぎない。ここではまだ、教師自身と生徒との出会いは語られていない。

四　教育的関係論からみた出会いの問題

「教育的関係」という概念を教育学理論に取りいれ、その教育学の中核的カテゴリーとして体系化したのは、ボルノウの師、ノール(Nohl, H.)である。ノールは、教育的関係を次のように定式化した。

「教育活動の最後の秘密は、正しい教育的関係、すなわち教育者と被教育者とを結びつける固有の創造的関係である」[72]。

さて、教師と生徒との出会いを、教育的関係の一つの特殊形態とみなすことができるであろうか。ボルノウは、「人間と人間とがその究極的な核心において出会うや否や、すべての内容的に規定し得るものは非本質的なものになる」[73]という。とすれば、教師と生徒、教育者と被教育者との関係にとって本質的なこと、つまり教育的関係の本質的属性は脱落してしまうことになる。そのとき、教師は教師であることをやめ、生徒は生徒であることをやめざるを得ない。そこでは、両者が年令の差や立場の相違を超えて、人間と人間として全く同等の資格で相対峙する。ボルノウは語る。そこには「人間的な出会いそのものがあるだけである」[74]と。

それでは、出会いにおいて教育的関係は放棄されてしまうのであろうか。ボルノウは教師との出会いは特別に教育学的問題にはならないとして、教育的出会いのこの特殊形態を否定するのである。そして、教師が他の人間に対して教育的な態度を取る限り、出会いは本質上排除される[75]と語る。ボルノウはここで教育的関係の独特な特性を守ろうとして、このような区別をしているのであり、そういう意味では、出会いは教育的意図をもつ働きかけという教育的関係の概念枠を超えるものといわざるを得ない。

おわりに

現代教育の本質的課題は何か。それは、幸福・富・知識・権力を獲得して、より快適な生活が送れるように、多くの技術的な知識や技能を学習させることであろうか。いやそうではなくて、それはいわゆる地位や名誉や財産や権力を獲得することが人生の目標であるとする如上の人生観の否定の上に成り立つ新しい価値観の創造でなければならない。その場合、当然そこに前提として過去を否定して新たに生まれ変わるという断絶と飛躍がなければならない。

さて、本来の自己に立ち返ること、自己の真正性にめざめることを、ここでわれわれは「人格的覚醒」と呼ぼう。ボルノウは眠っている人間のめざめという肉体的・感覚的事象から類推して、「覚醒は非本来的な状態から本来的な状態へのめざめである」[77]と述べている。非本来的な、いわゆる眠りの状態とは、人間が彼自身のもとにいない状態のことであり、めざめるとき彼自身に立ち返る。本来的なめざめの状態とは、人間が完全にその本来性を自覚した状態のことであり、そのとき人間は彼自身なのである。ところで、このめざめは人間の自発的なめざめという方向をとらず、他の人間によってめざめさせられるという方向をとる。めざめは、外からの介入によって眠りからもぎとられるのである。それは、突発的なきびしい苦痛をともなう出来事である。[78]またそのめざめは連続的な過程ではなく、断絶と飛躍である。なぜなら、二つの状態は質的に異なる、価値的に極めて明確なアクセントをもった事象だからである。もちろん、この質的転換は潜勢的にすでに存在していたものの現実化であって、全く新しいものがそこに生みだされ、作りだされるのではない。

ここで注意すべき点は、覚醒は他からの介入によってなされるということである。つまり、覚醒させられるのである。覚醒の契機はそれ自体のなかにはない。それは覚醒の外にある。ボルノウの場合、それは、たとえば「危機」「挫折」「訓戒」「出会い」などである。われわれは危機によっても覚醒させられるのである。われわれは出会いによって覚醒させられるのである。

人間は他者との出会いによって、自己が根底から揺り動かされて自己を開き、自己を超えて他者の本質的なものと直面する。出会いにおいて、これまでの自己は否定されて、質的転換が要求される。人間が自己自身になるとは、以上のように理解する。このように出会い概念を位置づけてくると、出会いは教授学的課題を真に基礎づけるとともに、とりわけ道徳教育・宗教教育の領域で、より一般的には人間教育の次元で極めて重要な教育的役割を担っていると考えることができる。

【注】

1 O. F. Bollnow, Existenzphilosophie und Pädagogik, 2. Aufl., 1962, S.23.

2 J. F. Herbart, Umriß pädagogicher Vorlesungen, in: J. F. Herbart's Sämtliche Werke, hrsg.von K.Kehrbach u. O. Flügel, Band 10, 1964, S.69.

3 O. F. Bollnow, a.a.O. (1), S.18.

4 ditto, S.15.
「実存」概念について、ボルノウは他の著『人間学的に見た教育学』(Pädagogik in anthropologicher Sicht, 1971)でより適切に次のように説明している。
「すべてのものが人間に疑わしいものとなり、人間からすべり落ちるおそれがあり、また自分を支えるであろうものをもはや何ももたない瞬間に、人間は独特の『転換』を体験する。そして、外部のものによってもはや脅かされることのない究極の絶対的な拠り所を自分自身のなかに見出すのである」(S.78-29.)。

この究極の絶対的な拠り所が、「実存」と呼ばれる。これは一定の内容をもたないので、形式的に定義づけることができない。そこでボルノウは、実存の概念は実存的体験においてのみ把握することができるとして、次のように説明を続ける。

「人間が何らかの意味でそれを『もっている』と言うことのできるすべてのものは、本質的にその人間のものではなく、彼からそれを奪っても、そのことによって彼の究極の最内奥の核心はいささかも傷つくものではないということを、人は適切な瞬間に体験することができる。たとえば、彼の所有物と財産のすべて、さりとて身体の領域では彼の健全な四肢あるいは感覚の所有、さらに心意的領域では彼の素質や能力、いやそれどころか道徳的な意味での彼の徳や生活のなかで確証された性格すらも同じである。これらすべてのことが日常生活でどんなに大切であろうとも、それらは究極の意味で人間の外にあるもので、このような規定をどんなにしてもとらえることのできない究極の核心が人間の内にあるということを、人は再び体験することができる」(S.79-80.)と。

5　ditto, S.15.
6　ditto, S.19-20.
7　ditto, S.23.
8　K. -H. Dickopp, Der pädagogiche Sinn von Begegnung, in:Pädagogiche Rundschau, 23.Jangang, 1969, S.769.
9　W. Loch,Der Begriff der Begegnung in der Pädagogik des 20. Jahrhunderts, in:Begegnung, hrsg.von B. Gerner, 1969, S.197. 岡本英明『ボルノウの教育人間学』(サイマル出版会、一九七二年)四六～四七頁。
10　F. Bollnow, Pädagogik in anthropologischer Sicht, 1971, S.11.
11　参照、拙稿「ノール」杉谷稚文編著『現代のドイツ教育哲学』(玉川大学出版部、一九七四年)。
12　O. F. Bollnow, a.a.O.(10), S.11.
13　W. Loch, Zur Vorgeschichte des pädagoschen Begegnungsbegriffs, in: Pädagogische Arbeitsblätter zur Fortbildung für Lehrer und Erzieher, 12, 1960, S.29.
14　ditto, S.26.
15　H. Nohl u. L. Pallat(Hrsg.), Handbuch der Pädagogik, Band 3, 1930.
16　E. Weniger, Die Theorie der Bildungsinhalte, in: Handbuch der Pädagogik, hrsg. von H. Nohl u. L. Pallat, 3. Band, 1930, S.9.
17　ditto, S.16.
18　ditto, S.9.
19　E. Grisebach, Die Grenzen des Erziehers und seine Verantwortung(1924), 1966, S.11.
20　W. Loch, a.a.O.(13), S.28.
21　P. Peteren, Führungslehre des Unterrichts, 10. Aufl., 1971, S.155.

22 O. F. Bollnow, Begegnung und Bildung, in: R. Guardini u. O. F. Bollnow, Begegnung und Bildung, 4.Aufl.,1965.

23 W. Loch, a.a.O. (12), S.29.

24 この立場の代表として、次のものがあげられる。
F. Schulze, Begegnung und Unterricht, 1950.
Derselbe, Der Mensch in der Begegnung, 1956.
J.Derbolav, Vom Wsen geschichtlicher Begegnung, in: Zeitschrift für Pädagogik, 2. Jahrgang, 1956.
Derselbe, "Existentielle Begegnung" und "Begegnung am Problem", in: Zeitschrift für Pädagogik, 3.Jahrgang, 1957.
E. Rotten, Erziehung als Begegnung, in: Pädagogiche Blätter, 6.Jahrgang, 1955.
H. Roth, Die "originale" Begegnung als methodiches Prinzip, in:H.Roth, Pädagogiche Psychologie des Lehrens und Lernens, 1957, 14.Aufl., 1973.

25 O. F. Bollnow, a.a.O. (22), S.37.

26 Derselbe, Die Methode der Geisteswissenschaften, 1950.

27 Derselbe, a.a.O. (22).

28 ditto, S.41.

29 この論争は、次の著書にまとめて編集された。
W. Faber (Hrsg.), Pädagogiche Kontroversen, Band 1. 1969.

30 人間的主体の存立構造において、人は対物・対人・対神という三つの関わりを必要とする。次の著書を参照。鈴木亨『生きる根拠を求めて』(三一書房、一九八二年)。

31 R. Guardini, Begegnung, in: R. Guardini u. O. F. Bollnow, Begegnung und Bildung, 4.Aufl.,1965, S.10.

32 ditto, S.11.

33 ditto, S.12.

34 グアルディーニは、このことを「泉」の例で説明する。つまり、私が初めて泉を見た場合、あるいは以前に見たことはあるが、そのときそれをあまり心にとめてなかった、それが今私の注意を深くひいた場合のことを考えてみよう。
私は水という要素が地球の深部から湧出するという現象に胸を打たれる。地下に水が集まり、それが一定の圧力関係によって地表に現われるという地質学的事実の背後に、より本質的なものが現われる。それは深みから湧き出ること、絶え間なく流れ出ること、注ぎ続けること、すなわちいまだ触れられも用いられもしなかった秘密である。これが人生における事物の根源像になる。それが出会いである。出会いは以前もっていなかったような一つの像、しかもそれなしには現存在を充分に理解できないような一つの像を私に与えてくれるのである(R. Guardini, a.a.O. (31), S.14.)。

35 O. F. Bollnow, a.a.O. (1), S.98.
36 ditto, S.100.
37 ditto, S.99.
38 ditto, S.100.
39 ditto, S.97.
40 ditto, S.100.
41 R. Guardini, a.a.O. (31), S.24.
42 L. Englert, Über Voraussetungen und Kriterien der Begegnung, in:Erziehung zur Menschlichkeit. Festschrift für Ed.Spranger zum 75.Geburtstag, 1957, S.231-232.
43 ditto, S.232.
44 ditto, S.234.
45 ditto, S.235.
46 O. F. Bollnow, a.a.O. (1), S.99.
47 ditto, S.99.
48 ditto, S.99.
49 K. Löwith, Das Individuum in der Rolle des Mitmenschen, 1928, S.65.
レーヴィット、佐々木一義訳『人間存在の倫理』(理想社、一九六八年)一一三頁。
50 O. F. Bollnow, a.a.O. (1), S.90. Vgl., F.Gogarten, Glaube und Wirklichkeit, 1928, S.31.
51 ditto, S.99. Derselbe, a.a.O. (22), S.34.
52 ditto, S.89.
53 ditto, S.89.
54 ditto, S.102.
55 ditto, S.102.
56 ditto, S.28.
57 ditto, S.29.
58 ditto, S.34.u. S.37.
59 ditto, S.34.

60 O. F. Bollnow, a.a.O.(1), S.120-121.
61 ditto, S.121.
62 ditto, S.123.
63 ditto, S.124.
64 ditto, S.117.
65 ditto, S.124.
66 ditto, S.122.
67 ditto, S.110.
68 O. F. Bollnow, a.a.O.(22), S.36.
69 Derselbe, a.a.O.(1), S.122.
70 ditto, S.125.
71 ditto, S.124.
72 H. Nohl, Pädagogik aus dreißig Jahren, 1949, S.153.
73 O. F. Bollnow, a.a.O.(1), S.130.
74 ditto, S.130.
75 ditto, S.131.
76 Ed. Spranger, Pädagogiche Perspektiven, 2.Aufl., 1952, S.83.
77 O. F. Bollnow, a.a.O.(1), S.45.
78 ditto, S.45-46.

第一〇章　自己実現と自己超越の問題
——教育学的自叙伝の試み——

一　教育学者の自叙伝

定年退官時の最終講義を、「教育学的自叙伝の試み」というようなテーマでやってみたいとかねがね考えていた。しかし、最後の五年ほどは、管理職として大学改革にともなう業務に追われ、ゆっくりその準備をする余裕とてなく、結局ありきたりの最終講義でお茶を濁してしまった。

このテーマに関してすぐに頭に浮かんでくるのは、篠原助市の『教育生活五十年』（相模書房、一九五六年）である。教員養成大学に在学し、小学校教員をめざしながら、研究者の道へ進むことに憧れ、その能力の無さと経済的条件に思い悩んでいた学生時代に、私はこの書にどれほど勇気づけられたかわからない。その他に、海後宗臣の『教育学五十年』（評論社、一九七一年）や皇至道の『教育学研究の軌跡』（玉川大学出版、一九八六年）が想起される。これらは、それぞれの著者の個人史であると同時に、教育および教育学の同時代史ともいえるものである。海後は「単なる私個人の研究経歴を記述するだけでなく、それぞれの時代の教育学研究についても記して、その系譜が明らかになるようにした」と語っている。海後が記述した彼の研究生活は、それ自体が東京大学の教育学研究史、さらには日本教育学研究史の一面を明らかにしているのである。皇もまた次のように語っている。「本書は、著者の研究の記録であり、人生の記録である。それとともに、一研究者による、日本の教育学研究史の一面に光をあてた、生の表現になればよいと念じている」と。このような日本の教育学を代表する教育学者の自叙伝は、それ自体が日本の教育学史、教育学研究史を構成しているのである。

いま私は「教育学的自叙伝」を試みようとしている。しかし、この先達たちと比べて、その経歴と能力と業績において天と地ほどの隔たりがある私の人生を語る意味はどこにあるのか。かりに語り得る何ものかがあるとしても、それを「教育哲学研究」誌に公表する意義がどこにあるのか、今もって逡巡せざるを得ない。先の先達たちは自己を語ること(自分史)が即歴史の証言(教育史、教育学史)になっている。教育学的自叙伝といっても、私のそれは全く趣を異にする。私の場合は、私の単なる自己形成史の一断面、それもその一断面の心象風景を綴るにすぎない。

二　研究の軌跡

これまでの私の教育哲学研究は、二つの道筋を歩んできたように思う。ひとつは、「二十世紀初頭ドイツにおける科学的教育学の形成過程に関する研究」として総括できるものである。この研究は、「教育学とはいかなる学問であるか」という教育学の方法論的学理論的問題を、歴史を媒介としながら体系性を追究していこうとするものであり、これまで著書・論文として発表してきたものの多くはこの系列に属する。

大学院に入学してから間もなく、研究のことについて指導教授の杉谷先生(当時の広島大学教育哲学講座主任)に相談したところ、M・フリシュアイゼン＝ケーラーの著書『陶冶と世界観』(M.Frischeisen-Köhler, Bildung und Weltanschauung, 1921)を示され、これを読んで研究テーマを探すようにということであった。ここで見出したのは、「教育学の方法としての類型論」であった。このときも、篠原の著作に随分と助けられた。修士論文においては、M・ウエーバーの理念型(Idealtypus)論に学び、個別と普遍とを媒介する「類型」の、教育学におけるその方法論的意義を明らかにした。

もう一つは、教育人間学的研究といえるものである。「現代教育への人間学的アプローチ」というテーマを設定した。これは現代の教育問題に対して人間学的立場からアプローチを試みるものであり、人間存在の基本構造の分析から教育のあり方を問うという手法をとる。そのモデルは、すでにノール、シュプランガー、W・フリットナーによって、またわが国では森昭によって示されていた。

このテーマに取り組むようになった直接のきっかけは、中国四国教育学会の広島支部会(昭和四〇年)での研究発表である。この例会は比較的若い研究者たちの研鑽の場として開かれていたように思う。そのときは、教育哲学研究室の院生の順番であった。杉谷先生は、今回はボルノウとグアルデイーニの共著『出会いと陶冶』(Guardini, R. u. O. F. Bollnow, Begegnung und Bildung, 2. Aufl., 1965.)を示され、これをもとにまとめて発表するようにということであった。そのときは、テーマを「教育の方法原理としての『出会い』の問題」として発表し、後年「ボルノウにおける『出会い』の教育学的構造」という論文にまとめた。

しかしこのとき、私の心をとらえたのは別のことであった。それは、グアルデイーニの論文のなかに引用されていた、新約聖書のマタイ伝第一六章二四、二五節と彼の解釈であった。

「それからイエスは弟子たちに言われた。『だれでもわたしについてきたいと思うなら、自分を捨て、自分の十字架を負うて、わたしに従ってきなさい。自分の命を救おうと思う者はそれを失い、わたしのために自分の命を失う者は、それを見いだすであろう。……』」(『新約聖書』日本聖書協会、一九九三年)。

これはキリストの受難に関する第一の告知に続く部分である。この箴言には、二つのことが語られている。第一は、イエスに従い歩もうとする者は、自己を放棄して、自己自身の十字架を負うのでなければならない、と。自己否定、自己放棄が強い形で要求されている。第二は、この自己否定、自己放棄を通してのみ、真の自己は見出され得る、と。自己を肯定し、拡張し、獲得する、いわゆる自己への愛は、滅びに至る道とされるのである。

さて、グアルディーニはこの引用に続いて、イエスの言葉は「人間の現存在一般を理解するためのキーワードである」と語っている。この文章を読んだときは、まだそう気にも留めなかった。しかし、それから七行ほどさきに、これは「一見逆説的(パラドックス)に見えるが、真に人間の現存在における根本態度を厳密に言い表したものである」という文章を読んで、この言葉の容易ならざることに気づかされたのである。

私はそれまで、聖書の言葉はキリスト教を信仰するクリスチャンにとって有意味なものであり、他宗教を信ずる者や無信仰の者にはかかわりのないこととあまり気にもとめていなかったのである。ところが、イエスのこの言葉は、特殊な信仰上の問題ではなく、私自身の現実生活の根本的なあり方を問うているのである。和田修二氏が語るように(「教育と宗教—現代における超越の問題」『教育哲学研究』第八号、一九六三年)、日常生活から最も遠いと考えられている究極的実在は、実は人間的現実の根底にあり、最も直接的で最も身近なリアリティではないのか。そのことに気づかされたのであった。私たちはこのリアリティから背き出たために、かえってそこから派生した抽象的非現実的なものを実在と錯覚しているのである。

このように受けとめる素地はすでに私のなかに醸成されていたように思う。私は大学時代、劣等感とエゴイズムに苛まされていた。今思えば、小さな「自己」に執着していたのである。そのころの私は、夏目漱石の文学に救われた。漱石が抱えていた近代的自我の問題と、その内実において同じものであったかどうか、それはわからない。しかし、彼の著書を読み救われたことは事実である。八木誠一氏は「エゴとは、本来的自己から離れて、そのような自己の存在・

内容・能力の確保充実を求めて思い煩う自己」といい、「エゴイズムとは、本来的主体が覆われ隠され働いていないままの自己が、自分で自分に好ましい自分を思い描き、そのような自分を実現し維持しようと努め、同時にその自分を他者に押しつけ、認めさせようとする営みの全体」（『自我の虚構と宗教』春秋社、一九八〇年）と説明する。私の場合、他者への志向がこのように積極的ではなかったにせよ、いわゆる自己中心的な生き方を貫こうとしていたのである。

それから、私にとっては、自己内・外の宿業ともいえるものからいかに脱出するかが、そのころの課題だったとも考えられる。篠原助市は『教育生活五十年』の序に「三歳の幼児で貧農の家庭に養子となった私は、水呑百姓として生を送るべく運命づけられていた」と書いている。それを私の人生に重ね合わせれば、「貧農の五人兄弟の長男として生まれた私は、水呑百姓として生を送るべく運命づけられていた」と綴ることができる。高等教育を受けて名を成した人々が自分で自分の人生の目的を定めて、大学を選び専攻を選んだということを聞いたり読んだりしたとき、その境遇をどれほどうらやましく思ったことか。そのような自由は私には許されなかった。少なくとも、当時は自己選択の余地などほとんどないと感じていた。

大学を出て山里の小学校に勤めたが、心のなかの悩みや迷いは消えやらず思い余ってＪＲ久留米駅そばにある、旧有馬藩の菩提寺・梅林僧堂を訪ねた。ここは鎮西一の厳しい禅の修行道場として有名である。専門の雲水と一緒の修行は一般の人にはなかなか難しい、在家の人を対象にした「黙聲会」（この寺で明治以来続いている居士大姉の坐禅会）が夏休みに一週間ほど開催されているのでそちらに参加するようにとの指導を受け、禅とのかかわりが始まった。ここには三年間通い基本的な指導を受けた。大学院に進学してからは、広島の三原市からバスで一時間ほど山に入ったところにある、仏通寺という専門道場に通った。そしてここの師家・青松軒老大師の鉄槌を受けることになった。

その頃綴った一文がある。それは、禅会の機関誌『大愚』（二六号、一九七三年）に寄稿したものである。

《昔の日記をひもといていたら、次のような章句があった。その頃の真剣さが偲ばれて懐かしい。》

……原爆記念日。朝六時に起きて坐禅を組む。仏通寺から昨日帰ってきた。仏通寺の生活を思えば、広島のこの暑さは気にならない。独参に何度もいったが、老師の応答はただ一つ、「隻手と一つになってこい」と。「声にとらわれるな」とも「隻手音声にとらわれる必要はない」とも言われた。あるとき、「公案、隻手の音声!!」とだけ言い、老師を睨みつけて黙っていると、「何か聞こえたか」と詰め寄られた。答に窮し、黙して語らなかった。

この声は三昧にはいり、隻手とわれと一つになりきったときに聞こえてくるものだとすれば、一つになれない今の自分にはもとより聞こえようもない。だが、今までなんとか理屈で答えようとしていた自分が、とにかく坐りきることだとわかっただけでも、進歩というほかない。それには、全く強固な意志の力がいる。また、人間は自分ひとりではどうしても真剣になれないから、他から窮地に追い込まれる場が必要である。禅堂は、全くそのような場所なのである。

……今朝、『読売新聞』にて、鈴木大拙の文章を読む。対象的世界を了解しようと思えば、一度絶対の世界にまで入ってこなければいけない、というようなことが書いてあった。虎山老師は「隻手に成りきってこい」と言われた。今までいろいろな本を読んだが、結局は「坐れ」という結論になった。

頭で理解しても、この自分はどうにもならない。胆で体得する以外に、この自分はわかりもしなければ、救われもしない。

……今日、仏通寺より帰る。この冬の臘八大接心は寒かった。辛かった。でもよかった。ほんとうによかった。新しい方向が見出せたようだ。しかし、この感激もいつかは消え去るのか。今度も、「隻手」透過せず。老師に叱られても叱られてもでていく、そういう真剣さがないと何事も成就しない。

……仏通寺参禅の五日間のうちにも、私の内面にいくらかの変化が感じられた。それは、他者志向から自己志向への生き方の転向である。自己本位の生き方であるが、それはエゴイステイックなそれとは違うのである。

他人を気にして自己を誇りにしようとする何らかの作為が、これまで常に心の内面にうごめいていた。意識が他人に向かっていて、それによって自分の行動が決定されていたのである。ありのままの自然な生き方ではなかったのである。隻手が常に自己の中心にあるような生き方、これこそが真の生き方である。一日が隻手三昧の生活だったら、どんなにか尊いことだと思う。

……自分の内面に、ある思想が形成されつつあることを感じる。それは、現実に生きつつ現実を超越するということである。超越とは、時間的にせよ空間的にせよ、ある時ないしはある場所から他の時ないしは他の場所への移行ではない。たとえば、《苦》と《楽》とが同一線上に区画されていて、《苦》の線上を通りぬけると、全く別の《楽》の世界に入ることを意味しない。超越とは、《苦》の真っ只中にありながら、その《苦》そのものが《楽》に転成することである。だからここでは、連続的思惟は有効ではない。どうしてもそこには、断絶というものがあり、質的転換といえるものがある。親鸞の「地獄は必定の住居ぞかし」の世界である。

《青春期に自己の生まれ変わりを決意した私は、ふとした機縁から禅に導かれ、その道程は「隻手」との格闘の過程であった。今にして思えば、それは途方もなく大変な、しかし絶対間違いなかった選択だったのである。》

禅は「己事究明」を本旨とする。自己本来の面目を明らかにしようとする。それは、本来の自己を体得することにあると言い換えてもよいであろう。そのようなわけで、当時の私はボルノウの実存思想にも大きな関心をもった。それは単に教育学研究者としての認識関心ばかりではなく、私自身の実存の問題でもあった。

ボルノウは、実存概念は形式的に定義できないという。それは体験することができるだけだという。実存は、実存的な体験を通して覚知されるのである。

「人が何らかの意味でそれを『持っている』と言うことのできるすべてのものは、本質的にその人間のものではなく、彼からそれを奪っても彼の究極の内部の核心はそれによって傷つくこともない、ということを適切な時に体験することができる」(ボルノウ『人間学的に見た教育学』玉川大学出版部、一九六九年)。

昔、松本昭(故人、鳥取大学元教授)がこの教育哲学会の研究発表で、教育は「持ち物」への配慮は十分にしてきたが、「持主」自身への配慮を怠っていたとの趣旨の発表をしたのを記憶している。ボルノウがいうように、私たち人間の諸特性である健康な四肢や感覚や容貌・才能や能力・美徳や性格でさえ、これらが日常の生活でどれほど大切なものであっても、究極的な意味でそれらは人間の外にあるものである。これらは究極のところで人間を支えてくれるものではない。「もはや外部のものから脅かされることのない究極の絶対的な拠り所」(実存)は、ボルノウにおいては「生の非連続的事象」として説明されているが、独特の超越体験において自覚されるのである。ボルノウのいう「実存」が、禅が求めている「本来の面目」と同じものかどうか、今の私にはわからない。しかし、ボルノウの実存思想にこよなく心を惹かれたのは、そのころの私の禅体験によるものと考えられる。

三　今日の教育課題

私は今、三十三年間勤めた教員養成大学を定年で退職し、神戸の私立女子大学に勤務している。平成一四年四月から開設される大学院の要員として赴任した。大学院の一つの専攻として、「現代のさまざまな教育課題に対応できる広い視野と見識をもち、高度な専門的知見と実践的指導力をそなえた教員を養成する」ことを目指して、教育学専攻を立ち上げたが、これから取り組まなければならない課題は山積している。

ところで、「現代のさまざまな教育課題」をどうとらえ、それにどう対処するか。一つには、文部科学省が進める上からの、いわゆる「教育改革」が提起する「生きる力の育成」(第一五期中教審答申)、「心の教育の推進」(第一六期中教審答申)等の一連の課題が想定される。もう一つは、下から、教育現場からその解決を迫られている緊要の課題、たとえばいじめ、不登校、校内暴力、家庭内暴力、学級崩壊、学校崩壊、家庭崩壊、幼児・児童虐待、自殺等の問題行動、病理現象であろう。下からと上からとの、課題の受け止め方と課題解決の展望に隔たりがあることは認めざるを得ないが、その乖離をどう埋めていくかもこれからの課題であろう。

ところで、教育現場が突きつけてくるこれらの問題にどう対応するか。解決策としては、およそ次のような三つことが想定される。

① 予防措置的解決策＝早期発見、早期対応、予防教育

② 対処療法的解決策＝管理強化、カウンセリング

③ 抜本的解決策

現代の教育問題に対しては、多様なアプローチが可能であろう。それでは、教育学、教育哲学はこの事態にどういうスタンスをとるのか。最近読んだ和田、皇編著『臨床教育学』(アカデミア出版会、一九九六年)において、皇紀夫氏は、臨床教育学は病理事象の「治療」や「解決」あるいは「予防」を第一の課題とするものではない、という。「臨床教育学の最も重要な課題は、教育上の『問題』において、それを通して、教育の意味の連関を(再)発見すること、その手法を発明し工夫すること、であると考えている」と。一つのあり方を示されたと受け止めている。

また、高橋史朗氏はその著『臨床教育学と感性教育』(玉川大学出版部、一九九八年)のなかで、次のように語る。

「登校拒否などの子どもの『問題行動』の背景には、病める近代文明と近代学校システムなどの根の深い問題が胚胎しており、その問題を素通りして、子どもの『不適応』のみを問題視し、現象に現われた『問題行動』に対する『対処療法』にとどまってきた従来の指導の在り方を改めない限り、もはやこれらの問題を根本的に解決することはできない」。

高橋氏が語るように、今日の教育の危機は人類史的・文明論的危機の全体的文脈において把握する必要があり、今日の危機をもたらした近代とその延長線上にある学校と教育学のパラダイムを根本的に見直す必要があろう。彼の場合は、新たな学問としてホリスティックな臨床教育学を樹立し、危機を克服するための具体的な教育実践の在り方を提示しようとする。

四　現代教育への人間学的アプローチ

今日社会問題になっている「いじめ」「不登校」等の問題の根は深く、近代以降の私たちの人間のありように起因しているように思われる。このような見方をしてくると、私の視線はかつて取り組んだ「現代教育への人間学的アプローチ」へと回帰する。すでに述べたように、私の教育人間学的研究は本来的には私自身の実存の問題であったし、最も関心が深かったのは、「自己超越」の問題であった。

「人間であること」(人間存在)、また「人間になること」(人間生成)をどうとらえるか、それは人によって多様であり得る。ここでは、人間存在の基本構造を、第一にその重層性に着目し、第二にその否定的契機に焦点をあてて解明することを通して、人間と世界とのかかわりの様相を明らかにすることができるのではないかと考えた。

「重層性」とは、人間存在を成層的にとらえる視点であり、そのことによってそれぞれの層の意味と役割を明らかにすることができる。成層論は、古代ギリシャ以来の伝統的な人間理解の方法論であるが、近年ではロータッカーが『人格の成層論』を展開しているし、またノールが「教育的人間論」を構想している。フリットナーの『一般教育学』は、まさに「教育現象」への成層論的アプローチといえるものである。

自然的層、歴史的層(社会的と文化的側面)、人格的(実存的)層の三層は、人間存在を構成する基本的成層である。自然的、社会的、文化的の諸側面には、それぞれに対応する環境世界がある。それらの環境世界との相互作用によって、私たちはそれぞれの側面の人間的生を豊かに成長発達させているのである。これは「世界に対して対象的に立ち向かう存在」(皇、松井、和田『人間と教育』ミネルヴァ書房、一九八一年)としての人間のありようである。人間は世界に開かれた存在として、世界を認識し世界に働きかけながら、さまざまな文化を産み出してきた。またそのことを通して、人間は自己形成を行ってきた。これは、「自己実現」の側面であると考えている。この面での配慮は、これまで多くの「教育」が行ってきたのである。

しかしまた、人間は「世界の中で自己の意味を問う存在」(皇、松井、和田、前掲書)として、人間とは何か、生きることはどういうことか、人生が生きるに値するのはどういうことか、さらには人間は何によって生かされているのか、といった「生きる意味」を問わざるを得ない。これは「人格的(実存的)層」の働きである。シュプランガーは教育の主要局面の一つとして「内面性の覚醒」をあげているが、彼はこの覚醒のうちに「人間になることの全く新しい次元」をみるのである。人間的実存という、人間の生における原理的に特別な構造をもつこの人格的層においては、人間の最内奥の核心への働きかけ、いわゆる実存への呼びかけが問題である。「だれでもわたしについてきたいと思うなら、自分を捨て、自分の十字架を負うて、わたしに従ってきなさい」と。それは「自己否定」による「自己超越」への呼びかけとしてとらえることができるのではないか。この自己超越の側面も、私は自己形成のもう一つの重要な局面であると考える。

第二の視点、「否定的契機」というのは、「近代的自我」にかかわる問題である。近代的自我は「自己肯定」の系として形成されてきた。それは、欲望追求の系と考えてもよい。近代の科学と技術は、これまで人間のこの欲望追求に奉仕してきた。あるいは逆に、人間の飽くなき欲望追求が近代の科学技術を発展させてきたと言い換えてもよい。この自己肯定の系を放置すると、きわめて独善的・恣意的・利己的な生き方を導き出す。ここに「自己否定」の契機が要請されるわけである。それは、欲望の充足のみを図るあり方に疑問を投げかけ、それを〈否〉というあり方である。それは、生存から発するあらゆる欲望に対して規制する作用をもつ。ここでは、単なる生存が生きがいのある生に質的に転換することが求められている。

この考えは、飯島宗享氏に教えられた（「実存主義における人間」岩波講座　哲学Ⅲ『人間の哲学』一九六八年）。彼は実存の主体性を「自己肯定」と「自己否定」との両契機の緊張関係においてとらえようとする。しかし、イエスの場合は、徹底して自己否定、自己放棄をせまるのである。

私たちは根本的には人間を支えてくれない、いわゆる「持ち物」に心を奪われて、それを後生大事に育ててきたと言わざるを得ない。松本昭が言いたかったことは、このことであろう。これまで私たちは、近代公教育システムにおいてその概念が刻印されてきた、いわゆる「教育」において、「持ち物」への配慮はしてきたが、「持主」自身に対してはあまり配慮をしてこなかったのではないか、そういうことが反省させられる。

五　共生の思想

さきに述べたことがらに関連づけて、最近話題になっており、また昨年の教育哲学会大会でも取り上げられた「共生」問題を考えてみよう。この問題は、私が長いことかかわってきた「福岡県社会科研究協議会」の、平成一〇年からの研究テーマである。求めに応じて、およそ次のような問題提起を行った。

最近、「自然にやさしい」とか「環境にやさしい」とかいう、大変耳触りのよい言葉が行き交っている。この言葉は、これまで私たち人間が自然や環境にあまり優しくしてこなかったことの裏返しの表現だと考えることができる。自然破壊や環境汚染は地球の生態系を破壊し、地球規模での人類の生存基盤を脅かしている。オゾン層の破壊、CO^2濃度の上昇による地球温暖化、酸性雨、熱帯林の減少、砂漠化、野生動物種の絶滅など、数え上げるときりがない。もう待った無しの状況である。

自然からの反撃に遭って、私たち人間は自分自身の生存の危機にようやく気づきはじめたのである。「共生」という言葉は、自然や環境と仲良くやっていこうという、人間の側からの呼びかけなのであろうが、なぜ今ごろになってこのような呼びかけをしなければならなくなったのであろうか。換言すれば、このような問題を惹き起した背景ないしは要因は何であろうか。

ルネッサンスに生まれ、啓蒙主義によって完成した近代ヒューマニズムは、人間を神から解放し、個人の自由と理性の力を説いて、人間社会の無限の進歩を約束した。そのような「進歩の思想」を支えたのは、合理性を追求する近代科学と技術のめざましい進歩発展である。

近代文明は「貧困からの解放」「政治的・社会的抑圧からの解放」「精神的解放」（石川・高橋編「ホリスティック医学と教育」

『現代のエスプリ』三五五、至文堂、一九七二年）をもたらしたが、同時に近代社会の物質的豊かさを現実化し、「人間の欲望の解放」という風潮を瀰漫させ、人間中心主義の偏った世界像をつくりあげてしまった。人間の知性はこれまでこの欲望に奉仕してさまざまな発見を行い、技術を開発して、文明を形成してきた。ところが、合理性を追求する分析的知性へのこの傾斜はさまざまな歪みをもたらした。大量生産、大量消費、大量破棄による自然破壊や環境汚染は、その必然の帰結であった。

「快適さ」と「便利さ」という「禁断の木の実」を一度味わってしまった私たち人間は、容易にその呪縛から解放され得ない状況にいる。開発と近代化をすすめながら、果たして大規模な環境破壊をくい止めることが可能であるか。共生の思想はこのことを私たち人間に突きつけているのである。現代社会に通低しているこの近代主義の残滓の徹底した反省と克服こそ、「共生の視点」の導入の何よりの前提でなければならない。

開発優先で自然や環境への配慮が欠如したことへの反省にたって、平成一〇年度の『建設白書』は「環境」と「共生」をめざす地域づくりを構想し、そのライフスタイルのモデルを示した。それは、「自他が融合する共同体への回帰」という共生の一つの視点を提示する。

だが、自然保護、環境保護の意識はエコロジカルな意識であって、人間が中心であるという意識についての反省がなく、そこには他者は現われないという指摘がある。学会のシンポジウムでも話題になった「他者性」の問題である。

共生のもう一つの視点は、他者存在との対立緊張を引き受けつつ、そこから豊かな関係性を創出しようとする立場で、排除・隔離および同化・融合から異質性への許容へと進展する。ここには、シンポジウムで土戸敏彦氏が指摘したように、「態度変更を迫るものとしての共生」の思想が表明されている。「共生という問題意識は、近代を貫流する原理ないし規範としての発展、進歩、支配、拡大、合理化、生産性、有用性等に対する深い懐疑と批判を含んでいる」（廣松渉他編『岩波　哲学・思想事典』岩波書店、一九九八年）と。その上にたった態度変更を通して、それぞれの存在のかけがえのなさ、個というものの究極の尊厳が姿を現わす、と強調されている。

六　自己実現と自己超越の意味を問う

これまで、私は二〇代から三〇代にかけての私の思想形成の背景を、現在の私の職務上の諸課題とも絡めながら、自己形成史の心象風景として語ってきたが、最後に自戒の言葉を胸に刻んでおきたい。それは、水島恵一氏がその著『人間の可能性と限界』(大日本図書、一九九四年)において語る次のような言葉である。

「自己実現や自己超越の意味を問うていくとき、とくに忘れてならないのは、食うや食わずの人々、偏見や差別の中にある人々、身体的・精神的に弱い人々、その他不幸な運命を担った人々の実存である。彼らは……人に劣り、ろくに働けもせず、役立たず、疎外され、存在する価値さえないような無価値観の中にいる。そうした中での『自己実現』とか『自己超越』とはいったい何なのか」。

深い苦悩と運命に絶望した人々を前にして、私たちはどれほど「自己実現」と「自己超越」の教育的意義を説いていけるのか。水島氏はこのことを問いかけている。そのことは、基本的に私自身の自己形成の意義と内実が問われていると受けとめなければならないと考える。

【参考文献】

1　篠原助市『教育生活五十年』相模書房、一九五六年。
2　海後宗臣『教育学五十年』評論社、一九七一年。
3　皇至道『教育学研究の軌跡』玉川大学出版、一九八六年。
4　『新約聖書』日本聖書協会、一九九三年。
5　和田修二「教育と宗教―現代における超越の問題」『教育哲学研究』第八号、一九六三年。
6　八木誠一『自我の虚構と宗教』春秋社、一九八〇年。
7　ボルノウ『人間学的に見た教育学』玉川大学出版部、一九六九年。
8　和田修二・皇紀夫編著『臨床教育学』アカデミア出版会、一九九六年。
9　高橋史朗『臨床教育学と感性教育』玉川大学出版部、一九九八年。
10　皇紀夫・松井春満・和田修二『人間と教育』ミネルヴァ書房、一九八一年。
11　飯島宗享「実存主義における人間」岩波講座　哲学Ⅲ『人間の哲学』岩波書店、一九六八年。
12　石川光男・高橋史朗編「ホリスティック医学と教育」『現代のエスプリ』三五五至文堂、一九七二年。
13　廣松渉他編『岩波　哲学・思想事典』岩波書店、一九九八年。
14　水島恵一『人間の可能性と限界』大日本図書、一九九四年。

引用・参考文献一覧

〔欧文〕

(1) Bartels, K.: Die Pädagogik Herman Nohls in ihrem Verhältnis zur Werk W. Diltheys und zur heutigen Erziehungswissenschaft, Weinheim, 1968.

(2) Bartels, K.: Pädagogische Bezug, in: Speck, J. und Wehle, G.(Hrsg.): Handbuch pädagogischer Grundbegriffe, Band 2, München, 1970.

(3) Bergemann, P.: Soziale Pädagogik auf erfahrungswissenschaftlicher Grundlage und mit Hilfe der induktiven Methode als universalistische oder Kultur-Pädagogik, Gera, 1900.

(4) Blochmann, E.: Herman Nohl in der pädagogischen Bewegung seiner Zeit, Göttingen, 1969.

(5) Bollnow, O. F.: Existenzphilosophie und Pädagogik. Versuch über unstetige Formen der Erziehung, 2.Aufl., Stuttgart, 1962.

(6) Bollnow, O. F.: Pädagogik in anthropologischer Sicht, Tokyo, 1971.

(7) Bollnow, O. F.: Die Methode der Geisteswissenchaften, Mainz, 1950.

(8) Dahmer, I. und Klafki, W.(Hrsg.): Geisteswissenschaftliche Pädagogik am Ausgang ihrer Epoche–Erich Weniger, Weinheim, 1968.

(9) Derbolav, J.: Vom Wesen geschichtlicher Begegnung, in; Zeitschrift für Pädagogik, 2.Jahrgang, 1956.

(10) Derbolav, J.: "Existentielle Begegnung" und "Begegnung am Problem", in; Zeitschrift für Pädagogik, 3.Jahrgang, 1957.

(11) Dickopp, K.-H.: Der pädagogiche Sinn von Begegnung, in; Pädagogiche Rundschau, 23.Jahrgang, 1969.

(12) Dilthey, W.: Gesammelte Schriften, Band 5, hrsg. von G. Misch, 4.Aufl., Stuttgart/Göttingen, 1964.

(13) Dilthey, W.: Gesammelte Schriften, Band 7, hrsg. von R. Groethuysen, 7.Aufl., Stuttgart/Göttingen, 1979.

(14) Dilthey, W.: Gesammelte Schriften, Band 8, hrsg. von R. Groethuysen, 4.Aufl., Stuttgart/Göttingen, 1968.

(15) Dilthey, W.: Gesammelte Schriften, Band 9, hrsg. von O. F. Bollnow, 2.Aufl., Stuttgart/Göttingen, 1960.

(16) Dilthey, W.: Über die Möglichkeit einer allgemeingültigen pädagogischen Wissenschaft. Kleine pädagogische Texte, Heft 4, 4.Aufl., Weinheim, 1963.

(17) Englert, L.: Über Voraussetzungen und Kriterien der Begegnung, in; Erziehung zur Menschlichkeit. Festschrift für Ed. Spranger zum 75.Geburtstag, hrsg. von H. W. Bähr, Th. Litt, und N. Louvaris, Tübingen, 1957.

(18) Faber, W. (Hrsg.) : Pädagogiche Kontroversen, Band 1, München, l969.

(19) Fichte, J. G.: Reden an die deutsche Nation, 2. Aufgabe, Leipzig, 1824.

(20) Flitner, W.: Gesammelte Schriften, Band 2, Paderborn, 1983.

(21) Flitner, W.: Das Selbstverständnis der Eziehungswissenschaft in der Gegenwart, 4.Aufl., Heidelberg, 1966.

(22) Flitner, W. (Hrsg.) : Die Erziehung. Pädagogen und Philsophen über die Erziehung und ihre Probleme, Bremen, 1953.

(23) Frischeisen-Köhler, M.: Bildung und Weltanschauung. Eine Einführung in die pädagogischen Theorien, Charlottenburg, 1921.

(24) Frischeisen-Köhler, M.: Philosophie und Pädagogik, hrsg. von H. Nohl. Kleine pädagogische Texte, Heft 20, 2.Aufl., Weinheim, 1962.

(25) Gogarten, F.: Glaube und Wirklichkeit, Jena, 1928.

(26) Grisebach, E.: Die Grenzen des Erziehers und seine Verantwortung (1924) , Halle, 1966.

(27) Grunwald, G.: Die Pädagogik des zwanzigsten Jahrhunderts, Freiburg i. Br., 1927.

(28) Guardini, R. und Bollnow, O. F.: Begegnung und Bildung, 4.Aufl., Würzburg, 1965.

(29) Herbart, J. F.: Umriß pädagogischer Vorlesungen, in: J. F. Herbart's Samtliche Werke, hrsg. von K. Kehrbach und O. Flügel, Band 10, Langensalza, 1964.

(30) Hermann, U.: Die Pädagogik Wilhelm Diltheys, Ihr wissenschaftstheoretischer Ansatz in Diltheys Theorie der Geisteswissenschaft, Göttingen, 1971.

(31) Herget, A.: Die wichtigsten Strömmungen im pädagogischen Leben der Gegenwart, 2. Teil, 6. erweiterte Aufl., Leipzig, 1930.
(32) Huschke-Rhein, B.: Das Wissenschaftsverständnis in der geisteswissenschaftlichen Pädagogik, Stuttgart, 1979.
(33) Klafki, W.: Die Pädagogik Theodor Litts–Eine kritische Vergegenwärtigung–, Königstein/Ts., 1982.
(34) Klafki, W.: Engagement und Reflexion im Bildungsprozeß, in: Zeitschrift für Pädagogik. 8. Jahrgang, 1962.
(35) Klafki, W.: Geisteswissenschaftliche Pädagogik. Kurseinheit 1, Fernuniversität-Gesamthochschule in Hagen, 1978.
(36) Kollmann, R.: Bildung・Bildungsideal・Weltanschauung. Studien zur pädagogischen Theorie Eduard Sprangers und Max Frischeisen-Köhlers, Düsseldorf, 1872.
(37) Lassahn, R.: Einführung in die Pädagogik, Heidelberg, 1974.
(38) Lay, W. A.: Experimentelle Pädagogik mit besonderer Rücksicht auf die Erziehung durch die Tat, 2.Aufl., Leipzig, 1912.
(39) Lehmann, R.: Max Frischeien-Köhler (1878–1923), Nachruf, in: Kantstudien, Band 29, 1924.
(40) Litt, Th.: Der lebendige Pestalozzi, Heidelberg, 1952.
(41) Litt, Th.: Führen oder Wachsenlassen. Eine Erörterung des pädagogischen Grundproblems, 9.Aufl, Stuttgart, 1961.
(42) Litt, Th.: Die Philosophie der Gegenwart und ihr Einfluß auf das Bildungsideal, 2.Aufl., Leipzig/Berlin, 1927.
(43) Loch, W.: Der Begriff der Begegnung in der Pädagogik des 20. Jahrhunderts, in: Begegnung, hrsg. von B. Gerner, Darmstadt, 1969.
(44) Loch, W.: Zur Vorgeschichte des pädagogischen Begegnungsbegriffs, in: Pädagogische Arbeitsblätter zur Fortbildung für Lehrer und Erzieher, 12, 1960.
(45) Lochner, R.: Deutsche Erziehungswissenschaft, Meisenheim, 1963.
(46) Löwith, K.: Das Individuum in der Rolle des Mitmenschen, München, 1928.
(47) Meumann, E.: Abriß der experimentellen Pädagogik, 2.Aufl., Leipzig, 1920.
(48) Meumann, E.: Vorlesungen zur Einführung in die experimentelle Pädagogik und ihre psychologischen Grundlagen, Band 1, 2.Aufl., Leipzig, 1911.
(49) Meyer, H. J.: Die Anfänge der erweckenden Erziehung im pädagogischen Denken Eduard Sprangers, in: Retter, H.und Meyer-Willner, G. (Hrsg.): Zur Kritik und Neuorientierung der Pädagogik im 20. Jahrhundert, Hildesheim, 1987.

(50) Natorp, P.: Allgemeine Pädagagik in Leitsätzen zu Akademischen Vorlesungen (1905), in; P. Natorp: Pädagogik und Philosophie.Drei pädagogische Abhandlungen, Paderborn, 1964.

(51) Natorp, P.: Sozialpädagogik. Theorie der Willenserziehung auf der Grundlage der Gemeinschaft, 6.Aufl., Stuttgart, 1925.

(52) Nohl, H.: Die pädagogische Bewegung in Deutschland und ihre Theorie, 4.Aufl., Frankfürt a. M., 1957.

(53) Nohl, H.: Pädagogik aus dreiβig Jahren, Frankfürt a. M., 1949.

(54) Nohl, H.: Erziehergestalten, 2. Aufl., Göttingen, 1960.

(55) Nohl, H.: Das Verhältnis der Generationen in der Pädagogik (1914), in: Erziehungswissenschaft und Erziehungswirklichkeit, hrsg. von H. Röhrs, Frankfurt a. M., 1964.

(56) Nohl, H.: Ausgewählte pädagogische Abhandlungen, besorgt von Josef Offermann, Paderborn, 1967.

(57) Nohl, H. und Pallat, L. (Hrsg.): Handbuch der Pädagogik, 3.Band, Weinheim, 1981.

(58) Paulsen, F.: Pädagogik, hrsg. von W. Kabitz, Stuttgart/Berlin, 1911, 6.u.7. Aufl., 1921.

(59) Paulsen, F.: Ausgewählte pädagogische Abhandlungen, Paderborn, 1960.

(60) Pestalozzi, J. H.: Pestalozzi Gesammelte Werke, Band 8, Zürich, 1946.

(61) Petersen, P.: Führungslehre des Unterrichts, 10.Aufl., Weinheim, 1971.

(62) Reble, A.: Geschichte der Pädagogik, 4.Aufl., Stuttgart, 1959.

(63) Rombach, H. (Hrsg.): Lexikon der Pädagogik, Band 2., 9. Aufl., Freiburg, 1967.

(64) Roth,H.: Die "originale" Begegnung als methodiches Prinzip, in: Roth, H.: Pädagogiche Psychologie des Lehrens und Lernens, 1957, 14.Aufl., Hannover, 1973.

(65) Roth,H.: Jugend und Schule zwischen Reform und Restauration, Hannover, 1961.

(66) Roth,H.: Die realistische Wendung in der pädagogischen Foschung, in: Erziehungswissenschaft und Erziehungswirklichkeit, hrsg. von H. Röhrs, Frankfurt a. M., 1964.

(67) Rotten, E.: Erziehung als Begegnung, in: Pädagogiche Blätter, 6.Jahrgang, 1955.

(68) Scheibe, W.: Die reformpädagogische Bewegung 1900-1932. Eine einführende Darstellung, 2.erg. Aufl., Weinheim/Basel, 1971.

(69) Schulze, F.: Der Mensch in der Begegnung, Nürnberg, 1956.
(70) Schulze, F.: Begegnung und Unterricht, Nürnberg, 1950.
(71) Speck, J. und Wehle, G. (Hrsg.): Handbuch pädagogisher Grundbegriffe, Band 2, München, 1970.
(72) Spranger, Ed.: Gesammelte Schriften, Band 2, hrsg. von O. F. Bollnow und G. Brauer, Heidelberg, 1973.
(73) Spranger, Ed.: Gesammelte Schriften, Band 7, hrsg. von H. W. Bahr, Tübingen, 1978.
(74) Spranger, Ed.: Gesammelte Schriften, Band 10, hrsg. von W. Sachs, Heidelberg, 1973.
(75) Spranger, Ed.: Lebensformen. Geisteswissenschaftliche Psychologie und Ethik der Persönlichkeit, 8.Aufl., Halle, 1950.
(76) Spranger, Ed.: Pädgogische Perspektiven. Beiträge zu Erziehungsfragen der Gegenwart, 2. Aufl., Heidelberg, 1952.
(77) Spranger, Ed.: Pestalozzis Denkformen, 2. stark erweiterte und veränderte Aufl., Heidelberg, 1959.
(78) Weniger, E.: Die Theorie der Bildungsinhalte, in: Handbuch der Pädagogik, Band 3, hrsg. von H. Nohl und L. Pallat, hrsg. von Nohl, H. u. Pallat, L., 3 Band, Langensalza, 1930, Weinheim, 1981.
(79) Wilhelm, Th.: Pädagogik der Gegenwart, Stuttgart, 1959.

〔邦文〕

(1) 天野正治編『現代に生きる教育思想』第五巻、ドイツⅡ、ぎょうせい、一九八二年。
(2) 飯島宗享「実存主義における人間」岩波講座　哲学Ⅲ『人間の哲学』岩波書店、一九六八年。
(3) 石川光男・高橋史朗編「ホリスティック医学と教育」『現代のエスプリ』三五五、至文堂、一九七二年。
(4) 岩崎喜一『ペスタロッチの人間の哲学』牧書店、一九五九年。
(5) 稲毛金七『教育哲学』二版、目黒書店、一九四三年。
(6) 上野・阿部編『モイマン実験教育学綱要』大日本図書、一九一九年。

(7) 大浦猛「第二次大戦前の日本におけるディルタイ派文化教育学研究の推移」『教育哲学研究』第一〇号、一九六四年。
(8) 大瀬甚太郎『欧米教育史(最近世の部)』成美堂書店、一九二五年。
(9) 小笠原道雄編著『ドイツにおける教育学の発展』学文社、一九八四年。
(10) 小笠原道雄編『教育哲学』福村出版、一九九一年。
(11) 小笠原道雄編『精神科学的教育学の研究』玉川大学出版部、一九九九年。
(12) 長田新編『教育哲学の課題』東洋館出版社、一九五四年。
(13) 長田新『ペスタロッチー傳』岩波書店、一九五八年。
(14) 海後宗臣『教育学五十年』評論社、一九七一年。
(15) 高坂正顕『現代哲学』著作集第四巻、理想社、一九六四年。
(16) 高坂正顕『教育哲学』著作集第六巻、理想社、一九六九年。
(17) 是常正美『ヘルバルト研究』牧書店、一九六六年。
(18) 『新約聖書』日本聖書協会、一九九三年。
(19) 坂越正樹『ヘルマン・ノール教育学の研究』風間書房、二〇〇一年。
(20) 篠原助市『欧州教育思想史』玉川大学出版部、一九七二年。
(21) 篠原助市『教育生活五十年』相模書房、一九五六年。
(22) 篠原助市『教育の本質と教育学』教育研究会、一九三〇年。
(23) 篠原助市『理論的教育学』教育研究会、一九二九年。
(24) 杉谷雅文『現代哲学と教育学』柳原書店、一九五四年。
(25) 杉谷雅文編『現代のドイツ教育哲学』玉川大学出版部、一九七四年。
(26) 鈴木享『生きる根拠を求めて』三一書房、一九八二年。
(27) 住谷一彦『マックス・ヴェーバー』ＮＨＫブックス、一九七〇年。
(28) 皇至道『教育学研究の軌跡』玉川大学出版、一九八六年。
(29) 皇紀夫・松井春満・和田修二『人間と教育』ミネルヴァ書房、一九八一年。

(30) シュプランガー（村井実・長井和雄訳）『文化と教育』玉川大学出版部、一九六二年。
(31) シュプランガー（村田昇・片山光宏訳）『教育学的展望』東信堂、一九八七年。
(32) 高橋史朗『臨床教育学と感性教育』玉川大学出版部、一九九八年。
(33) 高山岩男『文化類型学研究』弘文堂書房、一九四一年。
(34) 竹内真一『青年運動の歴史と理論』青木書店、一九七六年。
(35) ディルタイ（尾形良助訳）『精神科学における歴史的世界の構成』以文社、一九八一年。
(36) ディルタイ（久野昭訳）『解釈学の成立』以文社、一九七三年。
(37) ディルタイ（山本英一、上田武訳）『精神科学序説』以文社、一九七九年。
(38) ディルタイ（山本英一訳）『世界観の研究』岩波文庫、一九六二年。
(39) ドウ・ガン（新堀通也訳）『ペスタロッチ伝』学芸図書、一九五五年。
(40) ナトルプ（篠原陽二訳）『社会的教育学』玉川大学出版部、一九五四年。
(41) 廣松渉他編『岩波　哲学・思想事典』岩波書店、一九九八年。
(42) フリットナー（島田四郎・石川道夫訳）『一般教育学』玉川大学出版部、一九八八年。
(43) 平凡社刊『世界大百科事典』第七巻、平凡社、一九六九年。
(44) ヘルバルト（是常正美訳）『一般教育学』玉川大学出版部、一九三八年。
(45) ペスタロッチ（虎竹正之訳）『探究』玉川大学出版、一九六六年。
(46) ボルノウ（峰島旭雄訳）『実存哲学と教育学』理想社、一九六六年。
(47) ボルノウ（浜田正秀訳）『人間学的に見た教育学』玉川大学出版部、一九六九年。
(48) ボルノウ（戸田春夫訳）『生の哲学』玉川大学出版部、一九七五年。
(49) 細谷恒夫『教育の哲学』創元社、一九六六年。
(50) 正木正『教育心理学序説』同学社、一九五六年。
(51) 水島恵一『人間の可能性と限界』大日本図書、一九九四年。
(52) 村田昇編『教育哲学』東信堂、一九八三年。

(53) 村田昇「シュプランガー・その生涯」滋賀大学教育学部紀要『人文科学・社会科学・教育科学』第四一号、一九九一年。
(54) 村田昇編『シュプランガーと現代の教育』玉川大学出版部、一九五九年。
(55) 村田昇『シュプランガー教育学の研究』京都女子大学研究叢刊二六、一九九六年。
(56) 村田昇『パウルゼン・シュプランガー教育学の研究』京都女子大学研究叢刊三三、一九九九年。
(57) 森昭「教育の人間学的攻究」『大阪大学文学部紀要』第七巻、一九六〇年。
(58) 森昭『ドイツ教育学の示唆するもの』黎明書房、一九五四年。
(59) 八木誠一『自我の虚構と宗教』春秋社、一九八〇年。
(60) ラサーン(平野智美・佐藤直之・上野正道訳)『ドイツ教育思想の源流』東信堂、二〇〇二年。
(61) レーヴィット(佐々木一義訳)『人間存在の倫理』理想社、一九六八年。
(62) レールス・ショイアール編(天野正治他訳)『現代ドイツ教育学の潮流』玉川大学出版部、一九九二年。
(63) 和田修二「教育と宗教―現代における超越の問題」『教育哲学研究』第八号、一九六三年。
(64) 和田修二・皇紀夫編著『臨床教育学』アカデミア出版会、一九九六年。

あとがき

ちょうど五年前に、前任校・福岡教育大学を停年退官する際にまとめて出版した『体験的活動の理論と展開』(東信堂)の「あとがき」に、教育哲学、道徳教育論、教育実践論の三部作を構想していたのであるが、「教育哲学領域は、一応の整理はしたものの、不備なところが多々あり、さらに一層の彫琢をしなければばらないと考え、後にまわすことにした」と書いていた。このたび、幸いにも現在の勤務校である神戸親和女子大学の、平成一七年度の出版助成を受けることになり、何とかまとめて刊行することができた。この出版助成がなければ、まだまださきに延ばしていたに違いない。学術的な著書の出版が困難な状況のなかで、このような助成制度によって研究成果を公表できるようになったことを、学校法人親和学園ならびに大学当局に感謝申し上げたい。

さて、ここに公刊したものは、著者が大学院時代以来取り組んできた包括的なテーマ「二〇世紀初頭ドイツにおける科学的教育学の成立過程に関する研究」のその時々の研究成果である。その多くは、若い時代の問題意識を、その都度論文として、また共著の一章としてまとめてきたものである。本書は三部構成で全一〇章からなっているが、その内容はもともと著書原稿(第一章、第三章、第四章)、論文原稿(第二章、第五章、第六章、第七章、第八章、第九章)、エッセイ(第一〇章)として発表されたものであり、今回一書にまとめるにあたり統一性をもたせるために加筆・修正を行った。さらに、全体をできるだけ論文調にまとめようとしたが、各章の文調に違いがあることは否めない。また、内容の重複もあり、この点もご了承いただかなければならない。

ここで各章の初出およびその執筆経緯について説明しておきたい。

第一章　生の哲学と教育学

村田昇編『教育哲学』(現代教育学シリーズ1)有信堂高文社、一九八三年。村田昇編『教育哲学』(東信堂、一九九二年)に再録。原題「生の哲学と教育」

第二章　フリッシュアイゼン＝ケーラーにおける教育的関係論の成立

『福岡教育大学紀要』第二四号第四分冊(教職科編)、一九七五年。原題「フリッシュアイゼン・ケーラーにおける教育的関係論の成立―初期論文『教師と生徒』を中心にして―」

第三章　教育学の自律性とノールの教育学的立場

杉谷雅文編『現代のドイツ教育哲学』玉川大学出版部、一九七三年。原題「ノール」

第四章　精神科学的教育学の潮流とシュプランガー

村田昇編『シュプランガーと現代の教育』玉川大学出版部、一九九五年。

第五章　モイマンにおける実験教育学の方法論的前提

『福岡教育大学紀要』第二三号第四分冊(教職科編)、一九七三年。小笠原道雄編著『ドイツにおける教育学の発展』(学文社、一九八四年)に「モイマンの実験教育学」として改作の上再録。

第六章　教育学における「経験」と「思弁」の問題

『福岡教育大学紀要』第二六号第四分冊(教職科編)、一九七七年。原題「教育学における『経験』と『思弁』およびその関係についての方法論的考察」　小笠原道雄監修、林忠幸・森川直編『近代教育思想の展開』(福村出版、二〇〇〇年)に「二〇世紀初頭ドイツ教育学の方法論争」として改作の上再録。

第七章　教育学における歴史と体系の問題
『福岡教育大学紀要』第四九号第四分冊(教職科編)、二〇〇〇年。原題「教育学における歴史性と体系性の問題―フリッシュアイゼン＝ケーラーにおける教育学類型論の検討―」

第八章　ペスタロッチの歴史哲学思想と教育の課題
『福岡教育大学紀要』第四六号第四分冊(教職科編)、一九七一年。原題「『探究』におけるペスタロッチの歴史観と人間観」

第九章　ボルノウにおける「出会い」の教育学的構造
『福岡教育大学紀要』第三三号第四分冊(教職科編)、一九八四年。

第一〇章　自己実現と自己超越の問題
―教育学的自叙伝の試み―
『教育哲学研究』第八五号、二〇〇二年。

最初に、「付論」から説明することにしたい。各章のなかで最も古いものは、第八章である。この論文の末尾に、〔後記〕として次のような文章を書いている。

私のペスタロッチ研究は、昭和三四年に始まる。当時私は、ペスタロッチの伝記を読んで感動し、彼の思想を卒業論文の研究テーマに決めたのであった。私は、リットの『生けるペスタロッチ』(Der lebendige Pestalozzi, 1952)を手懸りに、それに示唆されながら、ペスタロッチの歴史哲学思想の解明にとりかかった。そこから、人間とその教育の問題を考えていこうとしたのである。本稿の第二節「ペスタロッチの歴史観の本質構造」の基本構想はそのときできあがった。これが卒業論文の骨子をなしている。この卒業研究は、後年第四六回ペスタロッチ祭(昭和四二年二月、広島大学教育学部主催)での発表の素材になった。また、第三節「政治的世界における権力と人間」は、第一二回教育哲学会(昭和四四年一〇月、於大阪教育大学)での研究発表に手を加えて成ったものである。これは第二節の問題を検討しているうち、そこから論理必然的に派生してきた一つの問題領域であり、換言すれば、第二節の実質的な裏付けをなすものといってよい。

学部の学生時代に、卒業研究としてペスタロッチ研究を志しながらその後本格的に研究に取り組むこともなく未完に終わった。ただ、ここでの問題意識とそのとき培われた歴史観、世界観は不動のものとして著者の胸中深くに刻まれている。このような論文を「付論」としてここに加えたのは、著者の教育学研究の出発点をなした一里塚として記念に残しておきたかったからである。ドイツ語の初歩を学習しつつあったときに、今思えば無謀にもあの難解で有名なリットの原文の翻訳に取り組んだのであった。四年次の半年間は、辞書や文法書と首っ引きで汗水流して格闘したことは今も忘れられない。そのときの翻訳原稿は櫃底に眠っている。また、第九章の「出会い」論は、第一〇章のエッセイにも触れているように、本来の教育学の学理論的・方法論的研究と平行して、教育人間学的関心から取り組んだものである。因みに、第一〇章のエッセイは著者の簡単な研究歴を素描している。

私の本来の研究の出発点は、ディルタイの弟子で、四五歳で夭折し、そのために残した業績はトルソーに終わった、ドイツの哲学者・教育学者マックス・フリッシュアイゼン＝ケーラー（Max Frischeisen-Köhler, 1878-1923）の教育学研究であった。彼が課題としたのは、哲学と教育学との関係および教育学と心理学との関係であった。私は、前者の観点から、教育学の自律性・体系性の問題をテーマにして取り組んだ。精神科学的教育学派にとって、教育学研究における歴史的体系的方法は、重要なテーマだったのである。第六章と第七章がその研究成果である。後者の観点から、当時の実証主義の流れとして、実験心理学を母胎として成立しつつあった実験教育学の方法論と対決した。そこでは、W・ヴントの弟子・モイマンの実験教育学をその方法論的な面に焦点をあてて批判的な検討を行った。それが、第五章の実験教育学方法論批判である。

そして、第一章は現代教育学シリーズの一巻として企画された『教育哲学』（有信堂高文社、一九八三年）の「現代哲学思想と教育学」というテーマのもとに、生の哲学とその教育学的展開をまとめたものである。精神科学的教育学の内容記述に関しては、ノールの所論に負うところが多い。第二章は、フリッシュアイゼン＝ケーラーの初期論文「教師と生徒」を教育的関係論史のなかに位置づけて論じたものである。「教育的関係」は、ディルタイにおいて教育学的テーマとなり、フリッシュアイゼン＝ケーラーを経てノールにおいて体系化された、精神科学的教育学の中心テーマである。従って、それは第三章第三節のノールの教育的関係論と内面的に密接に関連している。第三章は、恩師杉谷雅文先生の広島大学停年退官の記念論集『現代のドイツ教育哲学』（玉川大学出版部、一九七三年）に寄稿したものである。この論稿も、ノールについてまとめて寄稿せよとの杉谷先生の要請に応えたものであった。ノール研究は、さらにその後天野正治編『現代に生きる教育思想』第五巻・ドイツⅡ（ぎょうせい、一九八二年）に「H・ノール―民衆の立場に立つ教育学者―」としてまとめた。第四章は、研究と仕事の面でお世話になっている村田昇先生の滋賀大学の停年退官記念論集『シュプランガーと現代の教育』（玉川大学出版部、一九九五年）に寄稿したものである。この論文では、ボルノウに示唆されながら、シュプランガーの「覚醒」概念の二重性を明らかにすることができたと考えている。

以上のように、私の教育学研究はフリッシュアイゼン＝ケーラー教育学研究を出発点・中心点としながらも、それとの関連でノール、シュプランガー、ボルノウの教育理論・教育思想、またその対極にあるモイマンの実験教育学へと研究対象を広げていった。その多くは彼らの理論や思想の「祖述」に終わって研究といえるものではないかもしれない。今一応のまとめを終わって、論究の不十分なところが多々目につき、内心忸怩たるものがある。しかし、賽は投げられた。批判は謙虚に受けなければならない。大方の御叱正をいただき、さらに充実したものにしていきたいと願っている。

さて、私はこれまで多くの方々に言葉では言い尽くせないほどのお世話になった。大学時代は、福岡教育大学名誉教授・大津親人先生、大学院時代は故杉谷雅文先生、またその後御一緒に仕事をさせていただいた滋賀大学名誉教授・

村田昇先生、広島大学教育哲学研究室の先輩・後輩の諸氏、とりわけ広島大学名誉教授・小笠原道雄氏、福岡教育大学在職中の学校教育講座の同僚諸氏、また神戸親和女子大学児童教育学科の同僚諸氏等々、数えあげることはできないくらいである。ここに改めて感謝の言葉を捧げたい。

思えば、福岡教育大学停年後この神戸親和女子大学に奉職できたのは奇しき縁であった。同志社大学名誉教授・佐野安仁先生を介しての、山根耕平現学長からの、大学院開設にむけて一緒に仕事をしないかとのお誘いであった。この大学も残すところあと一年となった。大学院教育学専攻主任として、草創期にあった大学院の研究・教育体制を整えることに専念し、研究上の仕事は思うようにはできなかったが、教員、事務職員ともどもよい同僚に恵まれ助けられて、また女子大ならではの優しい思いやりのある学生たちにも恵まれて、第二の楽しい有意義な大学生活を送ることができた。いささか感傷気味になったが、この大学で仕事ができたことを心から感謝している。

最後に、この著書もふくめてこれまで三冊の本を東信堂から出版したが、すべて編集部の松井さんに大変お世話になった。遅々としてすすまない原稿を辛抱強くまって、立派な本に仕上げてくださった。感謝の気持ちでいっぱいである。

この出版は、平成一七年度神戸親和女子大学出版助成を得て刊行されものであることをここに明記しておきたい。

平成一八年二月

神戸・鈴蘭台の寓居にて

璋秀しるす

〔事項索引〕

索　引

〔人名索引〕

著者紹介

林 忠幸（はやし ただゆき）

神戸親和女子大学発達教育学部・同大学大学院文学研究科教授。
福岡教育大学名誉教授。
専門：教育哲学、道徳教育。

〔略歴〕

1937年福岡県に生まれる。1960年福岡学芸大学教育学部卒業、1968年広島大学大学院教育学研究科博士課程教育哲学専攻単位取得満期退学。1978年ドイツ連邦共和国マールブルク大学留学。福岡県公立小学校教諭、福岡教育大学助手・講師・助教授・教授を経て現職。

〔最近編・著書〕

『教育原理総説』（共著、コレール社、1996年）、『道徳教育の基礎と展開』〔教職専門叢書 第5巻〕（編著、コレール社、1998年）、『教材開発の理論と実際』（共著、渓水社、1998年）、『近代教育思想の展開』（編著、福村出版、2000年）、『体験的活動の理論と展開』（単著、東信堂、2001年）、『新世紀・道徳教育の創造』（編著、東信堂、2002年）、『道徳の指導法』（共著、玉川大学出版部、2004年）など。

現代ドイツ教育学の思惟構造　　＊定価はカバーに表示してあります

2006年 3月31日　初　版　第1刷発行　　〔検印省略〕

著者©林　忠幸　　発行者下田勝司　　印刷・製本／中央精版印刷

東京都文京区向丘1-20-6　郵便振替00110-6-37828
〒113-0023　TEL（03）3818-5521　FAX（03）3818-5514

発行所
株式会社 東信堂

Published by TOSHINDO PUBLISHING CO., LTD
1-20-6, Mukougaoka, Bunkyo-ku, Tokyo, 1130-0023, Japan
E-mail：tk203444@fsinet.or.jp

ISBN4-88713-662-5　C3037　¥3800E　ⓒTadayuki Hayashi

東信堂

- 教育の平等と正義　K・ハウ著　大桃敏行・中村雅子・後藤武俊訳　三二〇〇円
- 大学教育の改革と教育学　K・ノイマン著　小笠原道雄・坂越正樹監訳　二六〇〇円
- ドイツ教育思想の源流—教育哲学入門　R・ラサーン著　平野智美・佐藤直之・上野正道訳　二八〇〇円
- 経験の意味世界をひらく—教育にとって経験とは何か　市村・早川・松浦・広石編　三八〇〇円
- 洞察＝想像力—知の解放とポストモダンの教育　D・スローン著　市村尚久・早川操監訳　三八〇〇円
- 文化変容のなかの子ども—経験・他者・関係性　高橋　勝　二三〇〇円
- 教育の共生体へ—ボディ・エデュケーショナルの思想圏　田中智志編　三五〇〇円
- 人格形成概念の誕生—近代アメリカの教育概念史　田中智志　三六〇〇円
- ナチズムと教育—ナチス教育政策の原風景　増渕幸男　二八〇〇円
- サウンド・バイト：思考と感性が止まるとき　小田玲子　二五〇〇円

- 体験的活動の理論と展開—「生きる力」を育む教育実践のために　林　忠幸　二三八一円
- 新世紀・道徳教育の創造　林忠幸編　二八〇〇円
- 学ぶに値すること—複雑な問いで授業を作る　小田勝己　二二〇〇円
- 階級・ジェンダー・再生産—現代資本主義社会の存続メカニズム　橋本健二　三二〇〇円
- 再生産論を読む—バーンスティン、ブルデュー、ボールズ＝ギンティスの再生産論　小内　透　三二〇〇円
- 教育と不平等の社会理論—再生産論をこえて　小内　透　三二〇〇円
- 情報・メディア・教育の社会学—カルチュラル・スタディーズしてみませんか？　井口博充　二三〇〇円

〒113-0023 東京都文京区向丘1-20-6　☎TEL 03-3818-5521 FAX 03-3818-5514 振替 00110-6-37828
Email tk203444@fsinet.or.jp　URL: http://www.toshindo-pub.com/

※定価：表示価格（本体）＋税

東信堂

人間の安全保障—世界危機への挑戦	佐藤誠・安藤次男 編	三八〇〇円
東京裁判から戦後責任の思想へ〔第4版〕	大沼保昭	三二〇〇円
〔新版〕単一民族社会の神話を超えて	大沼保昭	三六八九円
不完全性の政治学—イギリス保守主義思想の二つの伝統	A・クイントン 岩重政敏 訳	二〇〇〇円
入門 比較政治学—民主化の世界的潮流を解読する	H・J・ウィーアルダ 大木啓介 訳	二九〇〇円
ポスト社会主義の中国政治—構造と変容	小林弘二	三八〇〇円
クリティーク国際関係学	関下稔・永田秀樹・中川涼司 編	二二〇〇円
軍縮問題入門〔新版〕	黒沢満 編著	二五〇〇円
実践 ザ・ローカル・マニフェスト	松沢成文	一二三八円
ポリティカル・パルス：現場からの日本政治裁断	大久保好男	二〇〇〇円
時代を動かす政治のことば—尾崎行雄から小泉純一郎まで	読売新聞政治部 編	一八〇〇円
明日の天気は変えられないが明日の政治は変えられる	岡野加穂留	二〇〇〇円
ハロー！衆議院	衆議院システム研究会 編	一〇〇〇円
大杉榮の思想形成と「個人主義」	飛矢崎雅也	二九〇〇円
〔現代臨床政治学シリーズ〕		
リーダーシップの政治学	石井貫太郎	一六〇〇円
アジアと日本の未来秩序	伊藤重行	一八〇〇円
象徴君主制憲法の20世紀的展開	下條芳明	二〇〇〇円
〔現代臨床政治学叢書・岡野加穂留監修〕		
村山政権とデモクラシーの危機	岡野加穂留・藤本一美 編著	四二〇〇円
比較政治学とデモクラシーの限界	岡野加穂留・大六野耕作 編著	四二〇〇円
政治思想とデモクラシーの検証	岡野加穂留・伊藤重行 編著	三八〇〇円
〔シリーズ制度のメカニズム〕		
アメリカ連邦最高裁判所	大越康夫	一八〇〇円
衆議院—そのシステムとメカニズム	向大野新治	一八〇〇円
WTOとFTA—日本の制度上の問題点	高瀬保	一八〇〇円
フランスの政治制度（近刊）	大山礼子	一八〇〇円

〒113-0023 東京都文京区向丘1-20-6　TEL 03-3818-5521 FAX 03-3818-5514 振替 00110-6-37828
Email tk203444@fsinet.or.jp　URL: http://www.toshindo-pub.com/

※定価：表示価格（本体）＋税